Atlas van mijn wereld

Boordevol informatie over landen en culturen om je heen!

Boekverzorging: *de Redactie,* Amsterdam
Vertaling: Marten van de Kraats, Dominique van der Lingen en Jacqueline Toscani
Bewerking: Gerard M.L. Harmans

Parragon Books Ltd
Chartist House
15–17 Trim Street
Bath BA1 1HA, UK
www.parragon.com

Additional cover images by Getty Images

Printing Hong Kong

ISBN: 978 1 4723 2919 6

Atlas van mijn wereld

Boordevol informatie over landen en culturen om je heen!

Bath • New York • Singapore • Hong Kong • Cologne • Delhi
Melbourne • Amsterdam • Johannesburg • Shenzhen

INHOUD

WERELD

NOORD-AMERIKA

MIDDEN-AMERIKA EN DE CARIBEN

ZUID-AMERIKA

AMERIKA

EUROPA

AZIË

AFRIKA

OCEANIË

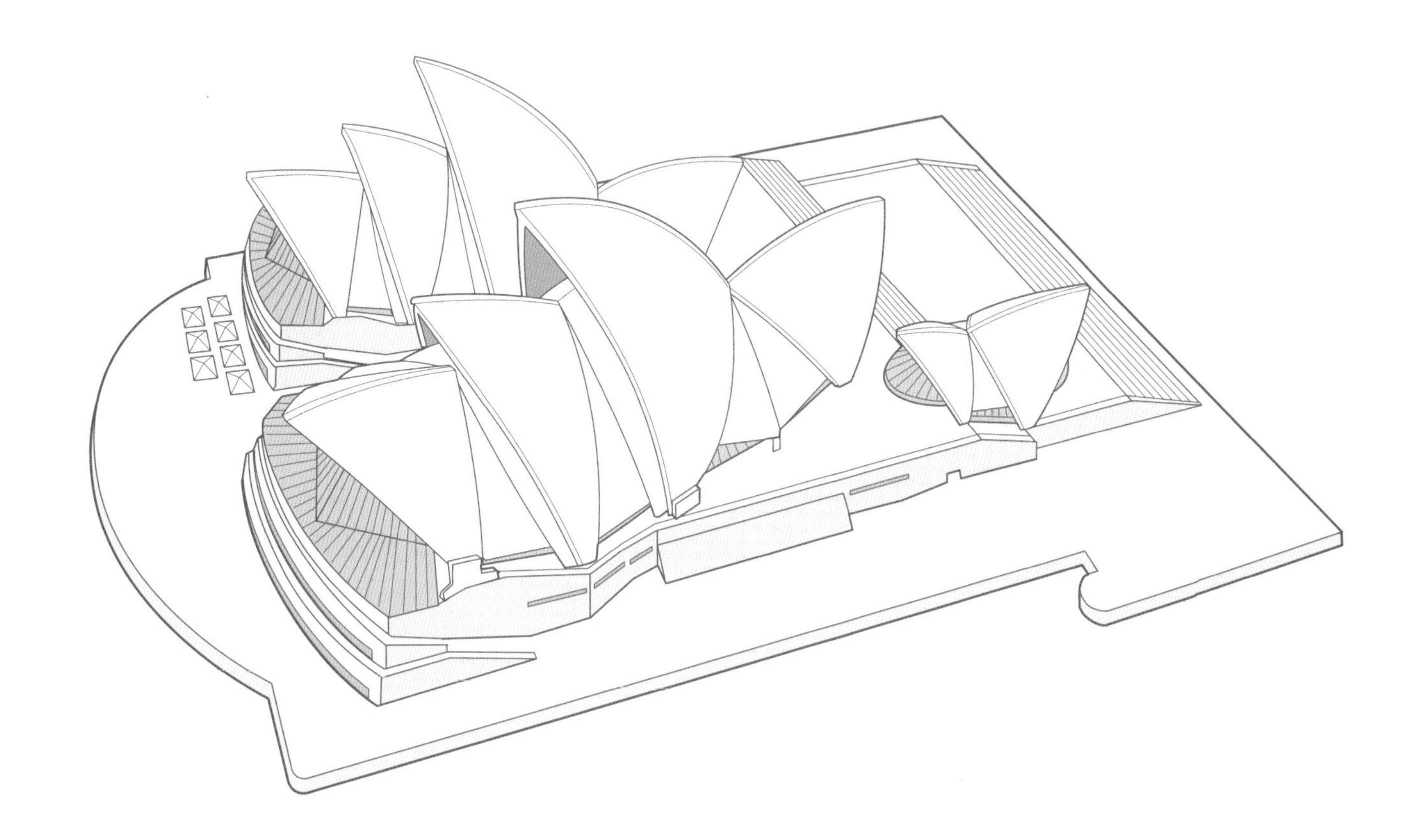

DE WERELD IN CIJFERS

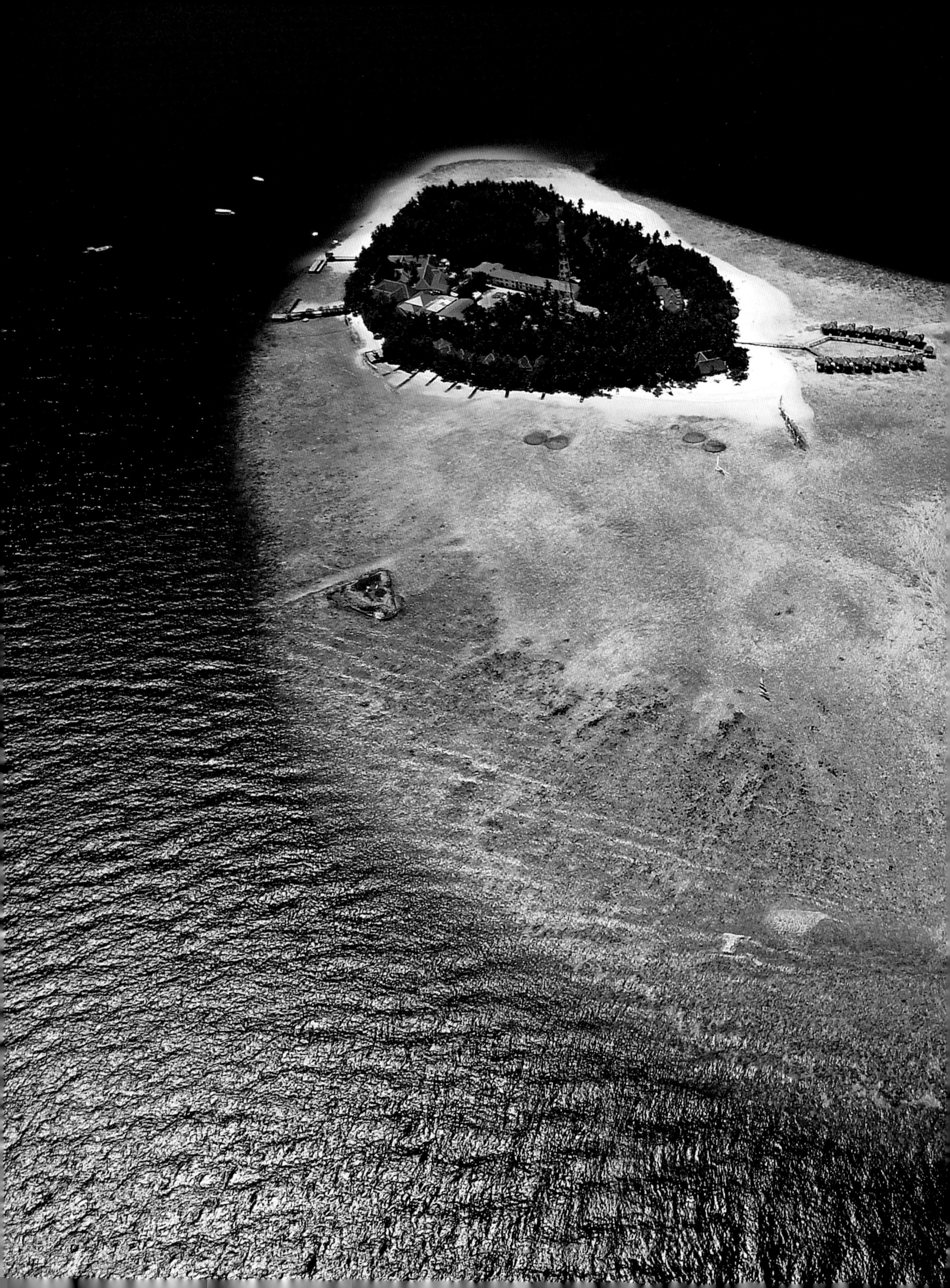

INLEIDING

Onze planeet is een heel bijzonder plek!

In de zeeën en oceanen leven ontelbare opmerkelijke planten en dieren, van piepkleine koralen tot enorme walvissen.

Op het land lopen de landschappen uiteen van snikhete woestijnen en vruchtbare vlakten tot hoge bergen. Al deze fantastische kenmerken zijn in de loop van miljoenen jaren gevormd door de sterke krachten van tektonische platen (verschuivende delen van de aardkorst) en de voortdurende invloeden van wind, regen, ijs, sneeuw en hitte.

Deze atlas neemt je mee op een grandioze reis door alle continenten. Bij elk werelddeel krijg je informatie over de natuur. Ook zie je wie er wonen en een aantal opzienbarende bouwwerken.

TROPISCH PARADIJS
DIT ATOL (KORAALEILAND) OMGEVEN DOOR EEN ONDIEPE LAGUNE IS EEN VAN DE 1300 KLEINE EILANDEN DIE SAMEN DE MALDIVEN VORMEN.

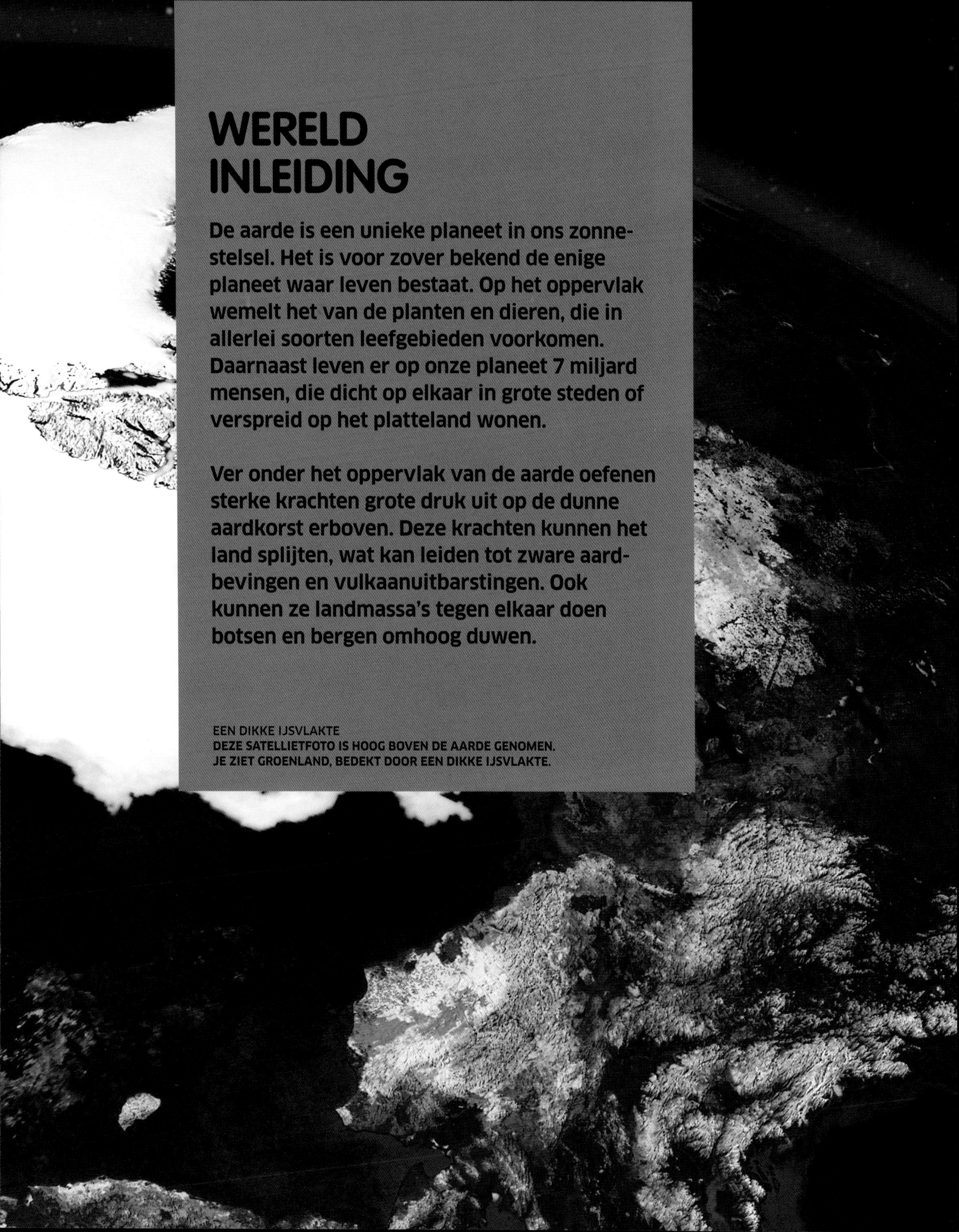

WERELD INLEIDING

De aarde is een unieke planeet in ons zonnestelsel. Het is voor zover bekend de enige planeet waar leven bestaat. Op het oppervlak wemelt het van de planten en dieren, die in allerlei soorten leefgebieden voorkomen. Daarnaast leven er op onze planeet 7 miljard mensen, die dicht op elkaar in grote steden of verspreid op het platteland wonen.

Ver onder het oppervlak van de aarde oefenen sterke krachten grote druk uit op de dunne aardkorst erboven. Deze krachten kunnen het land splijten, wat kan leiden tot zware aardbevingen en vulkaanuitbarstingen. Ook kunnen ze landmassa's tegen elkaar doen botsen en bergen omhoog duwen.

EEN DIKKE IJSVLAKTE
DEZE SATELLIETFOTO IS HOOG BOVEN DE AARDE GENOMEN. JE ZIET GROENLAND, BEDEKT DOOR EEN DIKKE IJSVLAKTE.

WERELD
NATUURKUNDIGE KAART

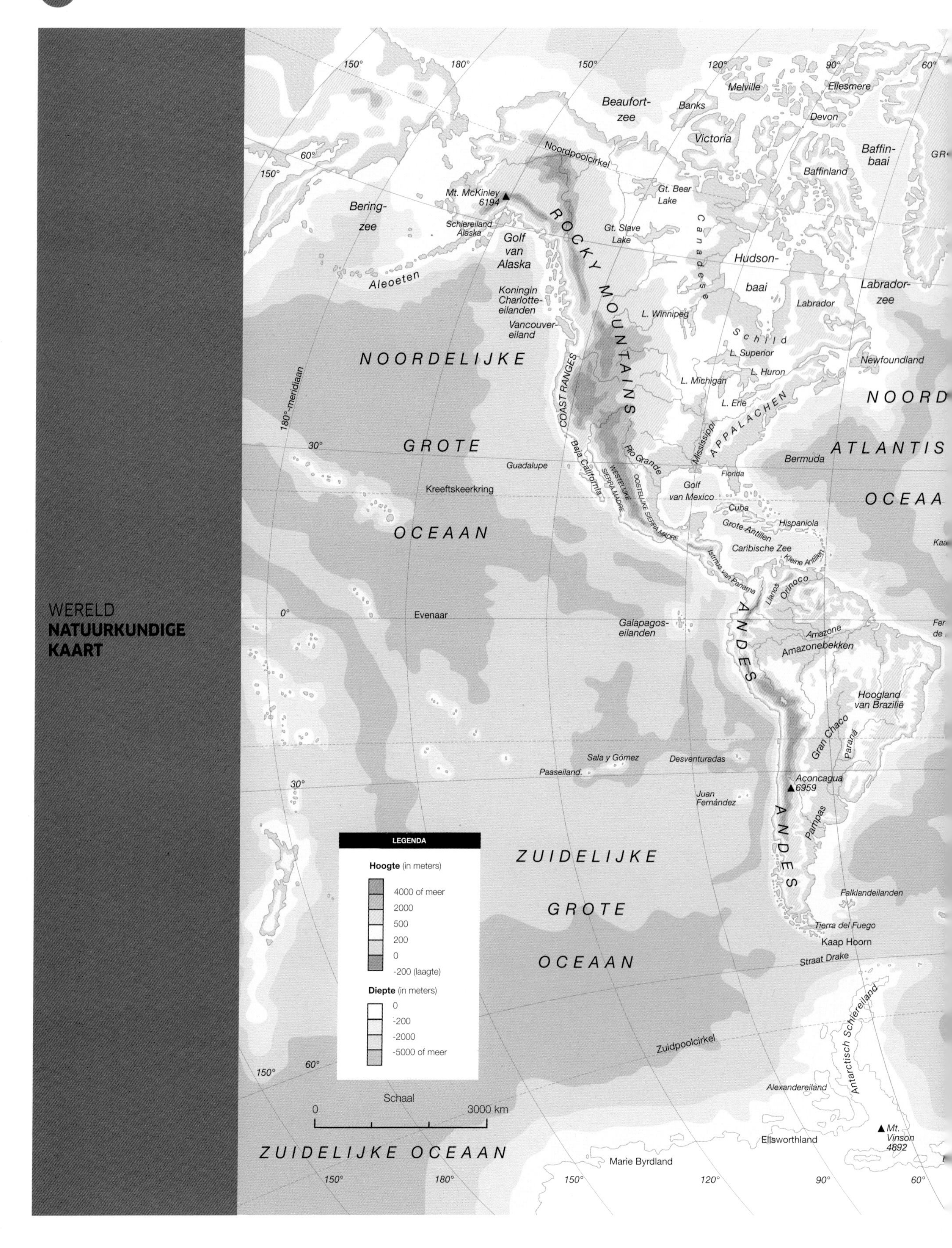

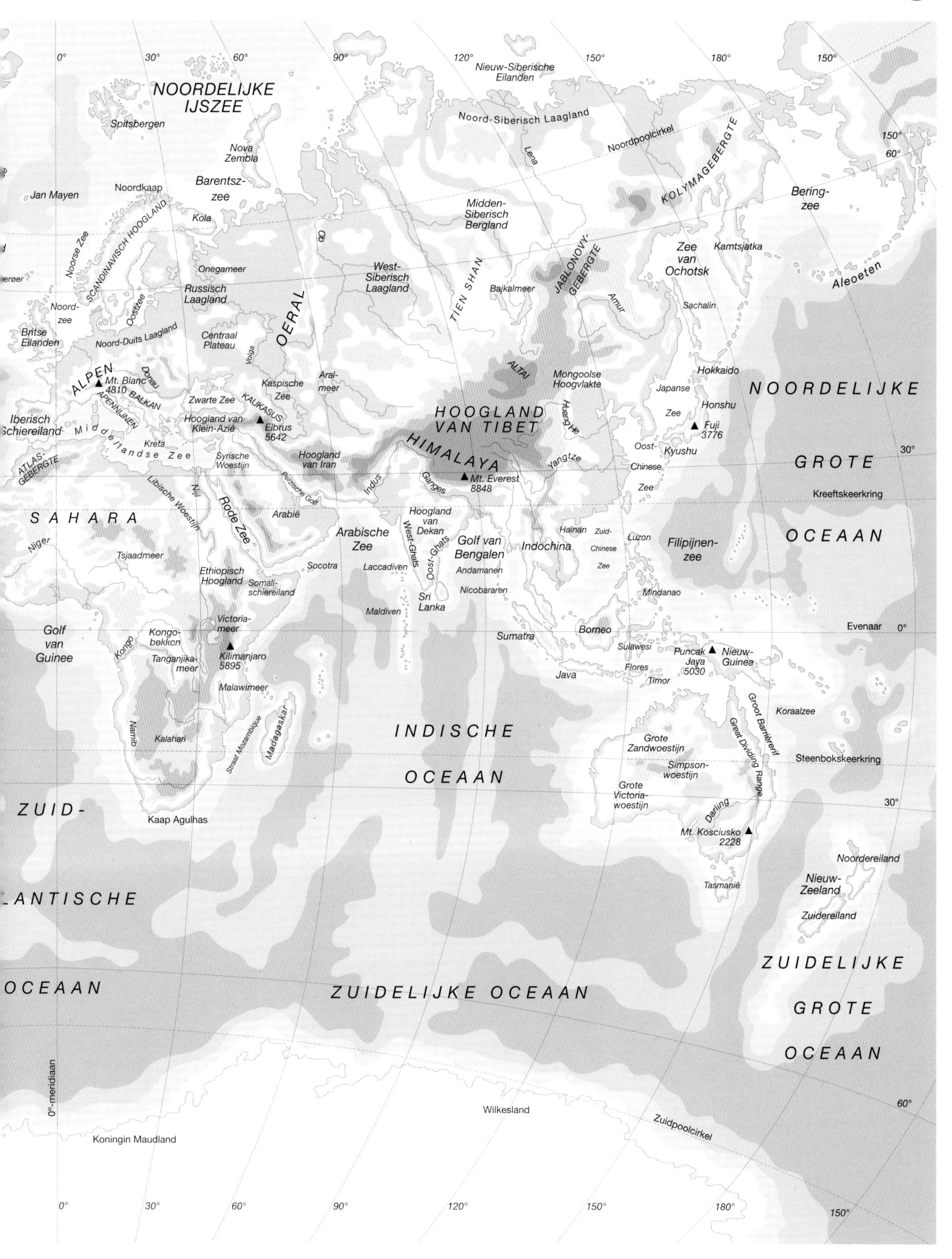
NOORDELIJKE IJSZEE
Spitsbergen
Nova Zembla
Barentsz-zee
Jan Mayen
Noordkaap
Kola
SCANDINAVISCH HOOGLAND
Noorse Zee
Onegameer
Russisch Laagland
Noord-zee
Oostzee
Britse Eilanden
Noord-Duits Laagland
Centraal Plateau
OERAL
Volga
ALPEN
Mt. Blanc 4810
Donau
BALKAN
APENNIJNEN
Kaspische Zee
Aral-meer
Zwarte Zee
KAUKASUS
Hoogland van Klein-Azië
Elbrus 5642
Iberisch Schiereiland
Middellandse Zee
Kreta
ATLAS-GEBERGTE
Syrische Woestijn
Hoogland van Iran
Perzische Golf
Libische Woestijn
Nijl
Rode Zee
Arabië
SAHARA
Niger
Tsjaadmeer
Ethiopisch Hoogland
Somali-schiereiland
Socotra
Arabische Zee
Golf van Guinee
Kongo
Kongo-bekken
Victoria-meer
Kilimanjaro 5895
Tanganjika-meer
Malawimeer
Namib
Kalahari
Straat Mozambique
Madagaskar
Kaap Agulhas
ZUID-ATLANTISCHE OCEAAN
Ob
West-Siberisch Laagland
Nieuw-Siberische Eilanden
Noord-Siberisch Laagland
Lena
Noordpoolcirkel
KOLYMAGEBERGTE
Midden-Siberisch Bergland
TIEN SHAN
Bajkalmeer
JABLONOVY-GEBERGTE
Amur
ALTAI
Mongoolse Hoogvlakte
HOOGLAND VAN TIBET
HIMALAYA
Mt. Everest 8848
Huang He
Yangtze
Indus
Ganges
Hoogland van Dekan
West-Ghats
Oost-Ghats
Golf van Bengalen
Indochina
Laccadiven
Andamanen
Nicobararen
Sri Lanka
Maldiven
Sumatra
Java
Borneo
Hainan
Zuid-Chinese Zee
Luzon
Mindanao
Sulawesi
Flores
Timor
Puncak Jaya 5030
Nieuw-Guinea
Filipijnen-zee
Zee van Ochotsk
Kamtsjatka
Sachalin
Bering-zee
Aleoeten
Hokkaido
Japanse Zee
Honshu
Fuji 3776
Kyushu
Oost-Chinese Zee
NOORDELIJKE GROTE OCEAAN
Kreeftskeerkring
Evenaar
INDISCHE OCEAAN
Groot Barrièrerif
Koraalzee
Great Dividing Range
Grote Zandwoestijn
Simpson-woestijn
Grote Victoria-woestijn
Darling
Mt. Kosciusko 2228
Tasmanië
Steenbokskeerkring
Noordereiland
Nieuw-Zeeland
Zuidereiland
ZUIDELIJKE GROTE OCEAAN
ZUIDELIJKE OCEAAN
Wilkesland
Zuidpoolcirkel
Koningin Maudland
0°-meridiaan
0°
30°
60°
90°
120°
150°
180°

WERELD
STAATKUNDIGE KAART

NOORDELIJKE IJSZEE
Spitsbergen (Noorwegen)
Nova Zembla
Nieuw-Siberische Eilanden
Jan Mayen (Noorwegen)
ALASKA (VS)
Noordpoolcirkel
RUSLAND
NOORWEGEN
ZWEDEN
FINLAND
Aleoeten (VS)
Sachalin
180°-meridiaan
KAZACHSTAN
MONGOLIË
Ulaanbataar
Astana
Moskou
OEKRAÏNE
Kiev
POLEN
Warschau
NOORD-KOREA
ZUID-KOREA
Pyongyang
Seoul
Beijing
JAPAN
Tokyo
Hokkaido
Honshu
CHINA
Ryukyu-eilanden
NOORDELIJKE GROTE OCEAAN
Kreeftskeerkring
TAIWAN
Taipei
OEZBEKISTAN
TURKMENISTAN
AFGHANISTAN
PAKISTAN
IRAN
IRAK
TURKIJE
Ankara
SYRIË
SAUDI-ARABIË
JEMEN
OMAN
INDIA
New Delhi
NEPAL
Kathmandu
BHUTAN
BANGLADESH
MYANMAR (BIRMA)
LAOS
THAILAND
VIETNAM
CAMBODJA
FILIPIJNEN
Manila
Luzon
Mindanao
PALAU
SRI LANKA
MALDIVEN
MALEISIË
Kuala Lumpur
SINGAPORE
BRUNEI
Borneo
Sulawesi
INDONESIË
Jakarta
PAPOEA NIEUW-GUINEA
Port Moresby
NAURU
SOLOMON-EILANDEN
Honiara
TUVALU
VANUATU
Port Vila
FIJI
Suva
NIEUW-CALEDONIË (FRANKR.)
Nouméa
Evenaar
Steenbokskeerkring
AUSTRALIË
Canberra
NIEUW-ZEELAND
Wellington
Laccadiven (India)
Andamanen (India)
Nicobaren (India)
Socotra (Jemen)
SEYCHELLEN
Victoria
COMOREN
Moroni
MADAGASKAR
Antananarivo
MAURITIUS
Port Louis
Réunion (Frankrijk)
INDISCHE OCEAAN
ALGERIJE
LIBIË
EGYPTE
Cairo
MAROKKO
MALI
NIGER
TSJAAD
SUDAN
Khartoum
ZUID-SUDAN
ERITREA
ETHIOPIË
Addis Abeba
SOMALIË
Mogadishu
NIGERIA
KAMEROEN
CENTRAAL-AFRIKAANSE REP.
DEMOCRA-TISCHE REP. KONGO
KONGO
GABON
KENYA
Nairobi
TANZANIA
Dodoma
ANGOLA
Luanda
ZAMBIA
Lusaka
NAMIBIË
Windhoek
BOTSWANA
Gaborone
MOZAMBIQUE
Maputo
ZUID-AFRIKA
Kaapstad
SPANJE
Madrid
FRANKRIJK
Parijs
VER. KONINKRIJK
Londen
0°-meridiaan
ZUID-ATLANTISCHE OCEAAN
ZUIDELIJKE GROTE OCEAAN
Zuidpoolcirkel
A R C T I C A
LAND | HOOFDSTAD
1 MACEDONIË | Skopje
2 MONTENEGRO | Podgorica
3 BOSNIË-HERZEGOVINA | Sarajevo
4 KROATIË | Zagreb
5 SLOVENIË | Ljubljana
6 SAN MARINO | San Marino
7 LIECHTENSTEIN | Vaduz
8 LUXEMBURG | Luxemburg
9 ANDORRA | Andorra la Vella
10 KOSOVO | Pristina
11 BAHREIN | Manama

BEWEGINGEN VAN DE AARDE

Net als alle andere planeten in het zonnestelsel draait de aarde zowel om zijn eigen as als in een baan om de zon. Deze twee bewegingen veroorzaken het verschil tussen dag en nacht en het wisselen van de seizoenen.

23,5°
De hoek waarin de aardas staat.

Jaarlijkse omwenteling

De aarde doet er 365 dagen, 5 uur en 48 minuten over om rond de zon te draaien. Door de veranderende stand van de aarde veranderen ook de seizoenen en de duur van de dag en de nacht. De winterzonnewende (het begin van de winter) is de kortste dag van het jaar en de zomerzonnewende (het begin van de zomer) de langste dag. Bij de equinoxen (het begin van de lente of de herfst) zijn de dag en de nacht overal op de aarde even lang.

20/21 JUNi
De langste dag op het noordelijk halfrond vindt plaats bij de zomerzonnewende.

ZON

22/23 SEPTEMBER
Dit is het begin van de herfst (de herfstequinox) op het noordelijk halfrond. Dag en nacht duren allebei 12 uur.

147,5 MILJOEN KM

21/22 DECEMBER
Dit is de winterzonnewende op het noordelijk halfrond. Het is dan de kortste dag van het jaar.

Dagelijkse omwenteling

De aarde draait iedere dag om zijn eigen as. Hierdoor ontstaan dag en nacht. De omwenteling veroorzaakt ook dat de aarde ietsje platter is bij de polen en zorgt voor zeestromingen.

152,5 MILJOEN KM

20/21 maart
Dit is het begin van de lente (de lente-equinox) op het noordelijk halfrond. Dag en nacht zijn even lang.

Halfronden

De aarde is verdeeld in twee helften of halfronden: het noordelijk halfrond en het zuidelijk halfrond. De evenaar is de denkbeeldige lijn die de halfronden van elkaar scheidt. Als het in het noorden zomer is, is het in het zuiden winter.

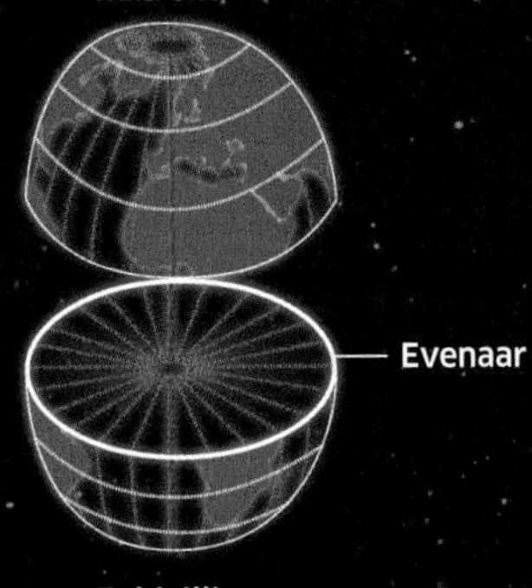

SCHRIKKELJAAR
Om de vier jaar telt de maand februari niet 28 maar 29 dagen. Zo'n jaar noem je een schrikkeljaar.

Jetlag
Van heel lange vliegreizen kun je een jetlag krijgen. Doordat je in een heel andere tijdzone terechtkomt, raakt het natuurlijke ritme van je lichaam in de war.

Tijdzones

De aarde is door denkbeeldige lijnen verdeeld in 24 verschillende tijdzones. Deze lijnen lopen van de Noord- naar de Zuidpool. Tussen naast elkaar gelegen tijdzones zit telkens een uur verschil. In het midden loopt de 0°-meridiaan.

0°-MERIDIAAN
24.00 UUR
west
oost
3.00
21.00
6.00
N
18.00
9.00
15.00
12.00 UUR

STRUCTUUR VAN DE AARDE

Onder het oppervlak van de aarde is de structuur heel anders. De steenachtige bodem waarop wij leven is maar een dunne korst. Onder deze korst ligt de mantel, die uit vast en vloeibaar gesteente bestaat. Het centrum van de aarde is een hete metalen kern. De hele planeet wordt omgeven door een laag gassen, die de dampkring (atmosfeer) vormt.

Bovenmantel
De beweging van de bovenmantel veroorzaakt aardbevingen en vulkanen.

Tot hoe diep zijn we gekomen?

Het is meer dan 6000 kilometer van het oppervlak naar het centrum van de aarde. Tot nu toe zijn we erin geslaagd om tot op 12 kilometer diepte onderzoek te doen.

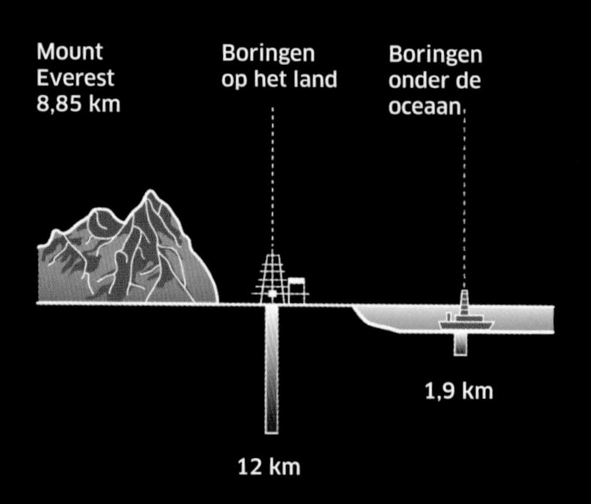

700 KM

2900 KM

2270 KM

1216 KM

Binnenkern
De binnenkern bestaat uit vast ijzer en nikkel.

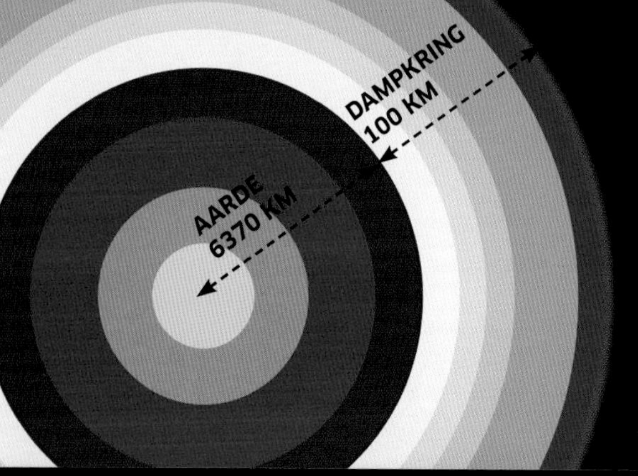

Buitenkern
De buitenkern bestaat uit gesmolten ijzer en nikkel.

Ondermantel
De mantel bestaat uit zware gesteenten. Deze hebben een temperatuur van meer dan 1000 °C.

EXOSFEER

THERMOSFEER

MESOSFEER

STRATOSFEER

TROPOSFEER

HEET BINNENSTE
Hoe dichter je bij het centrum van de aarde komt, hoe heter het wordt.

Dampkring

De dampkring of atmosfeer bestaat uit een mengsel van gassen, vooral stikstof en zuurstof. Hij is opgebouwd uit verschillende lagen boven elkaar. Elke laag vertoont een andere samenstelling van gassen. De dampkring bevat de lucht die we inademen en beschermt ons tegen de schadelijke zonnestralen.

Aardkorst
Deze buitenste gesteentelaag is 6-70 kilometer dik.

zonne-straling

zonne-straling

Geen dampkring
Zonder een dampkring zou het leven worden vernietigd door de straling en de hitte.

Dampkring
Filtert de zonnestralen en verspreidt de hitte.

Hydrosfeer

De hydrosfeer is de naam voor het vloeibare deel van de aarde, zoals oceanen, meren, rivieren, grondwater en het water in de dampkring. Meer dan twee derde van het aardoppervlak is bedekt met water.

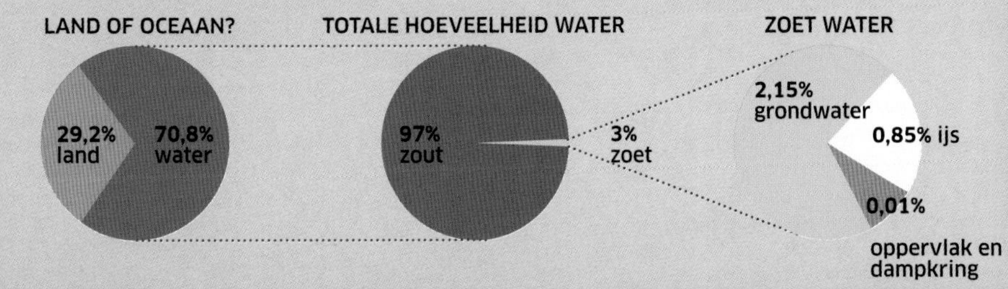

AARDKORST

De continenten en oceanen liggen op de aardkorst. Deze korst bestaat uit enorme stukken die als een puzzel in elkaar passen. De stukken worden tektonische platen of schollen genoemd. Deze platen drijven op gesmolten gesteente of magma.

NIEUW GESTEENTE
Als magma uit een vulkaan afkoelt, vormt het nieuw gesteente in de aardkorst.

Vorming van de aardkorst

1 Plooien
Als twee platen tegen elkaar aan duwen, ontstaan er plooien. Deze zijn aan de oppervlakte zichtbaar als bergen. De Alpen, Andes en Rocky Mountains zijn plooiingsgebergten.

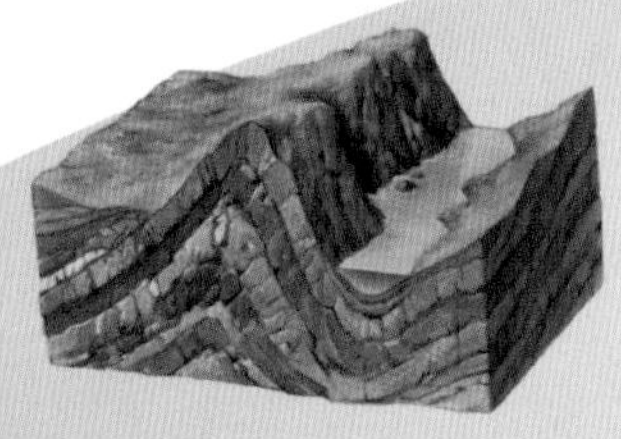

2 Ruggen
Als twee tektonische platen uit elkaar bewegen, ontstaat er een opening. Deze wordt opgevuld met magma uit het binnenste van de aarde. Het magma stolt en vormt een rug.

Continentverschuiving
De tektonische platen bewegen voortdurend en kunnen per jaar wel 10 centimeter verschuiven. Deze beweging wordt continentverschuiving genoemd.

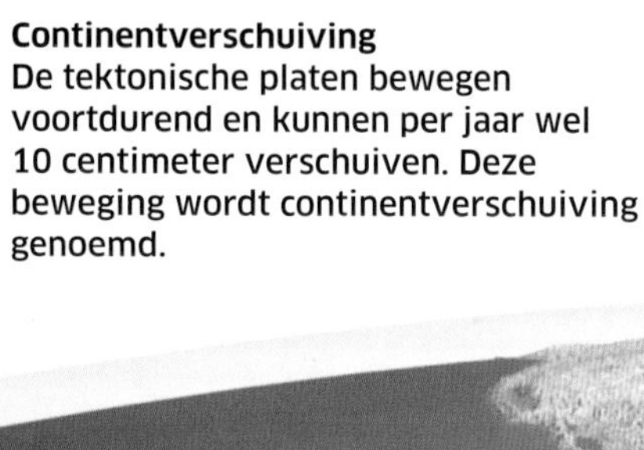

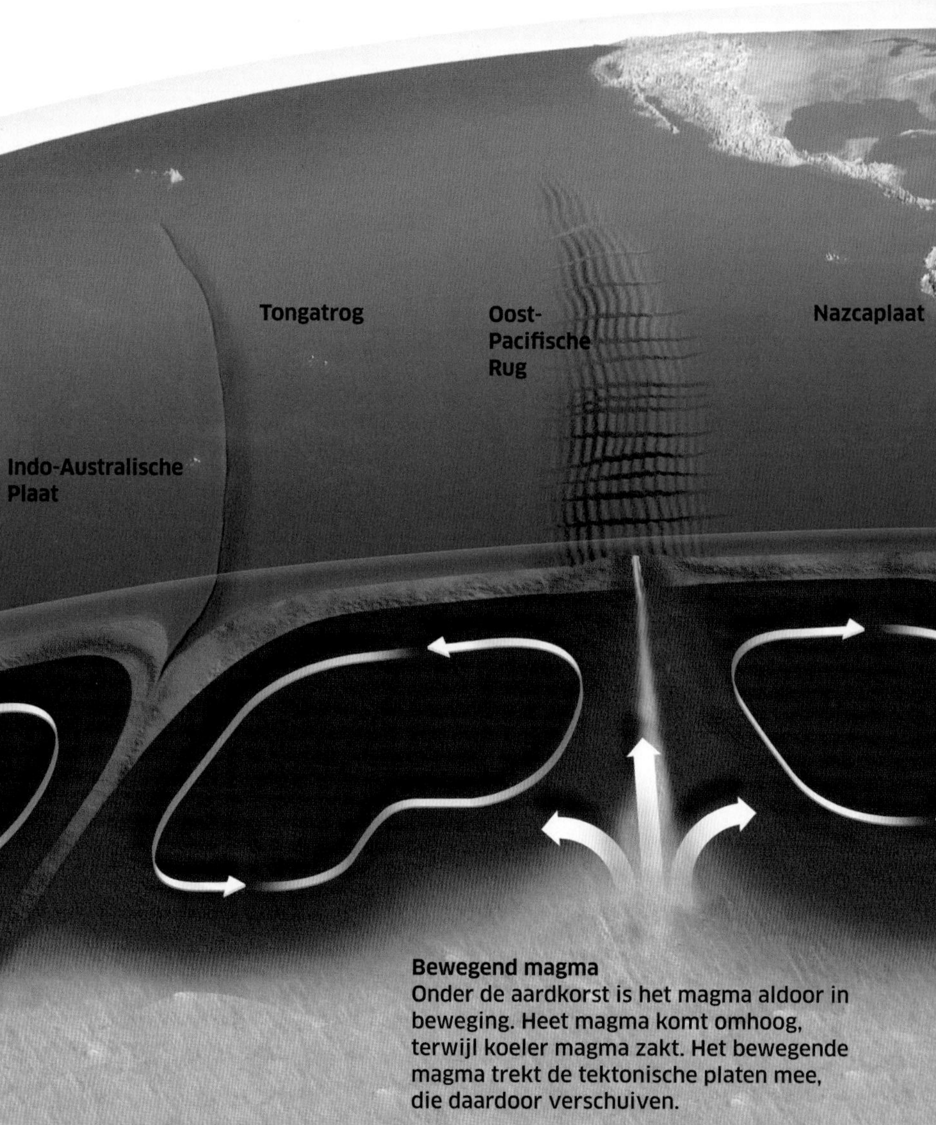

Bewegend magma
Onder de aardkorst is het magma aldoor in beweging. Heet magma komt omhoog, terwijl koeler magma zakt. Het bewegende magma trekt de tektonische platen mee, die daardoor verschuiven.

70 km

De maximale dikte van de aardkorst.

Breuklijnen

Tussen de platen van de aardkorst zitten scheuren, die breuklijnen worden genoemd. Het gesteente langs zo'n breuklijn kan plotseling bewegen. Als dat gebeurt, voelen we deze beweging als een aardbeving.

Tektonische platen

De aardkorst bestaat uit zeven grote tektonische platen plus een aantal kleinere.

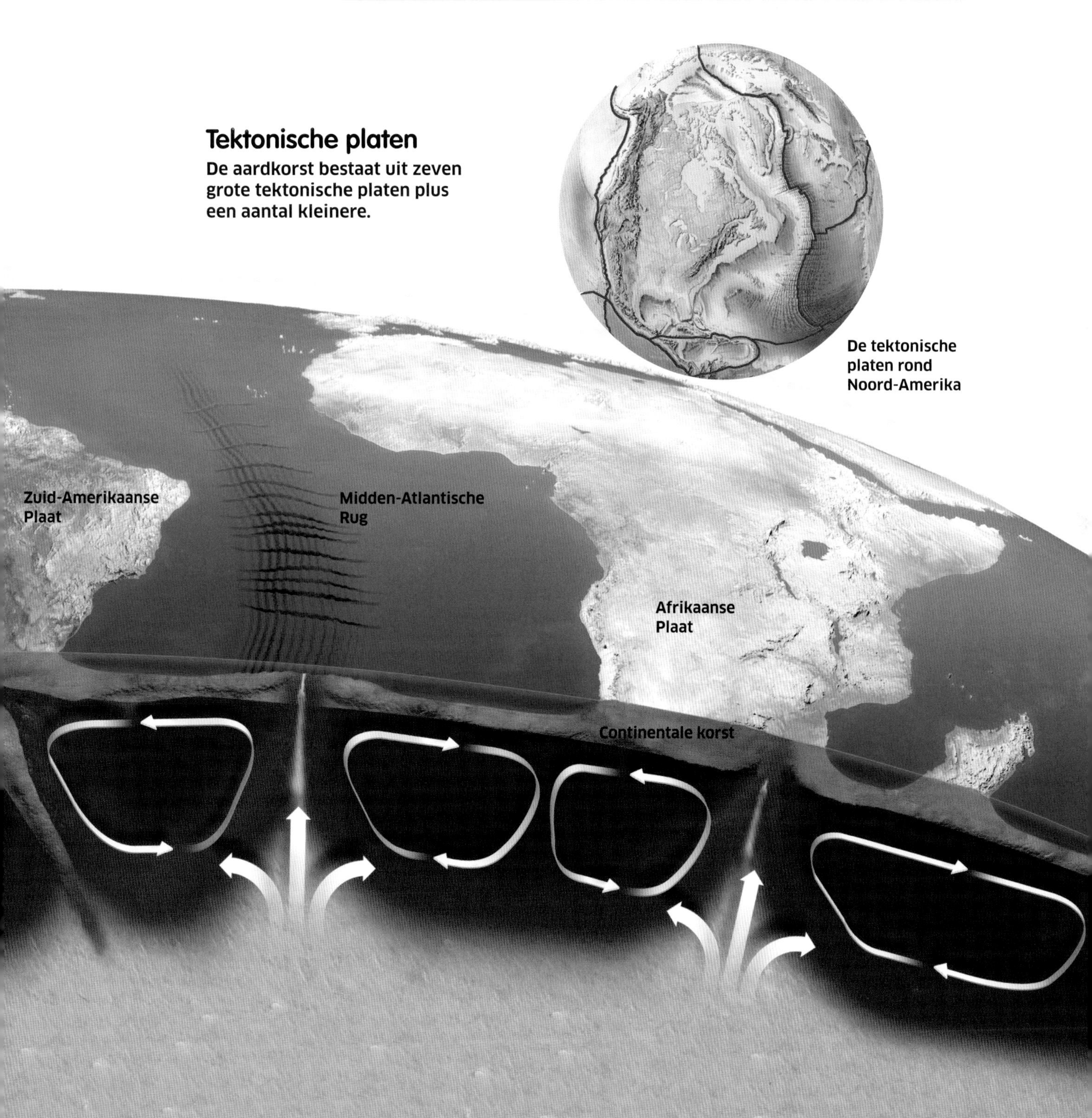

De tektonische platen rond Noord-Amerika

OCEANEN EN ZEEËN

Een groot deel van het oppervlak van de aarde is bedekt met een enorme hoeveelheid zout water, dat de continenten omringt. Het water vormt grote diepe oceanen en kleinere ondiepe zeeën. Onder de golven liggen reusachtige bergketens (ruggen) en diepe valleien (troggen).

Troggen

De lange valleien op de oceaanbodem worden troggen genoemd. De wanden van de troggen zijn heel steil.

Vijf oceanen

Geografen verdelen het water op de aarde over vijf oceanen: de Grote, de Atlantische en de Indische Oceaan, de Noordelijke IJszee en de Zuidelijke Oceaan.

Aleoetentrog
De Aleoetentrog is 3300 km lang en meer dan 7600 m diep. Het is de grootste trog ter wereld.

Vloeibare planeet

Bijna 71 procent van het oppervlak van de planeet is bedekt met water.

1. Grote Oceaan
Oppervlakte: 180 miljoen km²
Gemiddelde diepte: 4270 m

2. Atlantische Oceaan
Oppervlakte: 106,4 miljoen km²
Gemiddelde diepte: 2743 m

3. Indische Oceaan
Oppervlakte: 75 miljoen km²
Gemiddelde diepte: 3890 m

4. Noordelijke IJszee
Oppervlakte: 20,3 miljoen km²
Gemiddelde diepte: 1038 m

5. Zuidelijke Oceaan
Oppervlakte: 14 miljoen km²
Gemiddelde diepte: 1205 m
Hier komen de zuidelijke delen van de Grote, de Atlantische en de Indische Oceaan samen. Tegenwoordig beschouwen veel geografen dit als een aparte oceaan met een eigen naam.

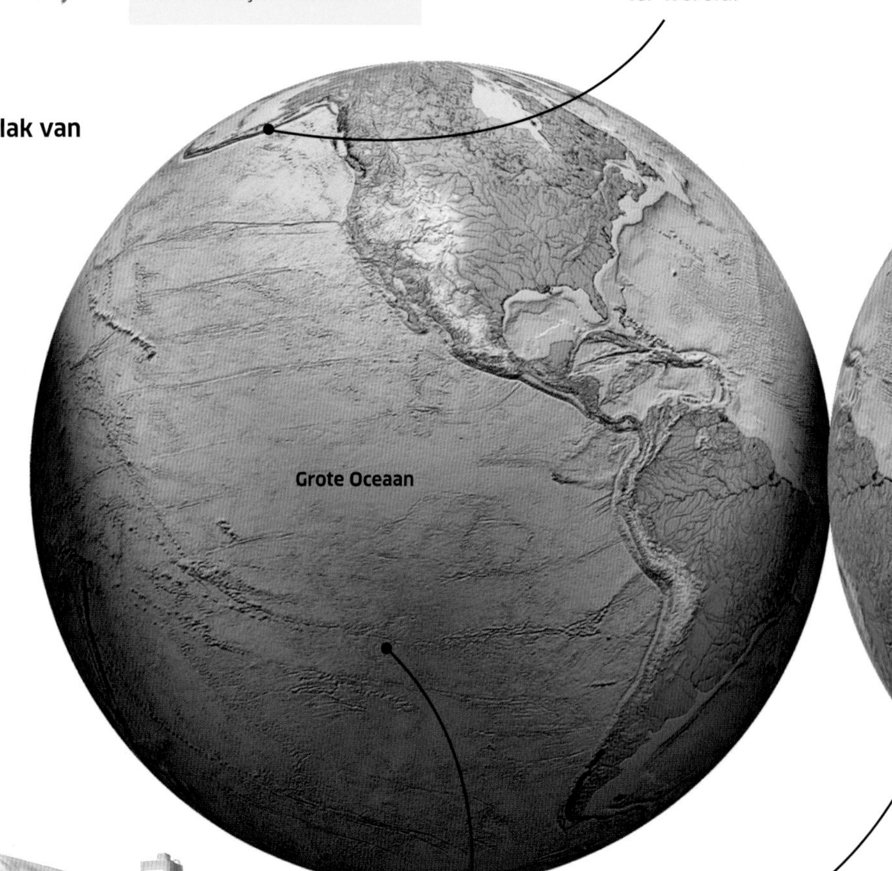

De Oost-Pacifische Rug
De Galapagoseilanden en Paaseiland liggen op deze rug in de Grote Oceaan.

Midden-Atlantische Rug
Deze rug loopt dwars door de Atlantische Oceaan van noord naar zuid. Sommige bergen van de rug steken boven het water uit als vulkanische eilanden, bijvoorbeeld de Azoren en IJsland.

De diepste duik

De onderzeeboot Trieste heeft het record van de diepste duik op zijn naam staan. In 1960 daalde hij af naar de bodem van de Marianatrog, 10.911 meter onder de zeespiegel.

Leven in de oceaan

Het meeste leven op aarde is te vinden in de oceanen en zeeën. In het water komen organismen voor die uiteenlopen van het microscopische plankton tot de grootste dieren ter wereld, walvissen.

STROMINGEN
Zeestromingen zijn grote massa's koud of warm water die door de oceanen bewegen.

Blauwe vinvis
Het grootste dier ter wereld is de blauwe vinvis (boven). Hij weegt tussen de 100 en 120 ton.

Marianatrog
Dit is de diepste trog ter wereld. Hij ligt in het westen van de Grote Oceaan en is 10.994 meter diep.

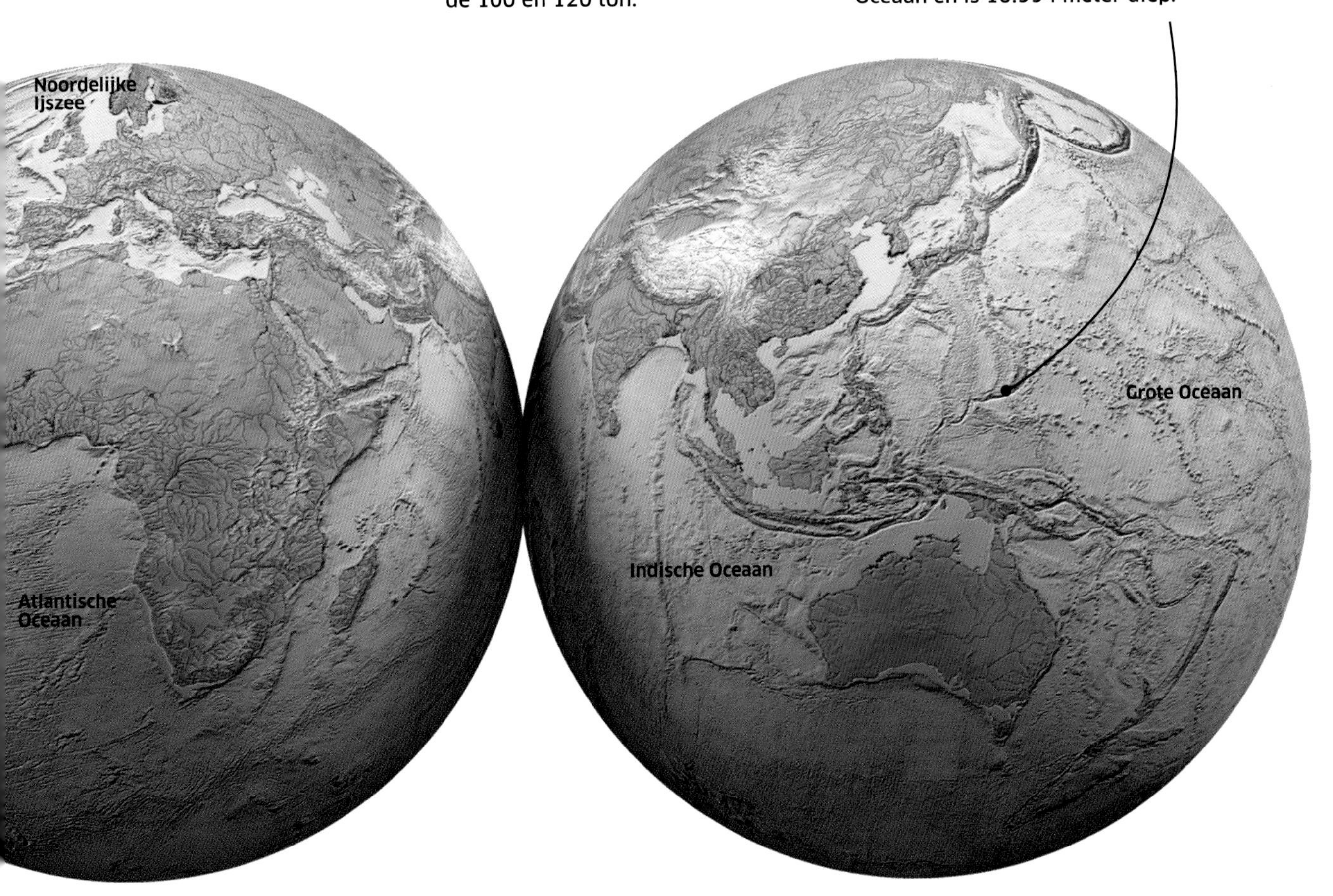

Soorten zeeën

Binnenzeeën
Dit soort zeeën wordt omringd door land, zoals de Kaspische Zee.

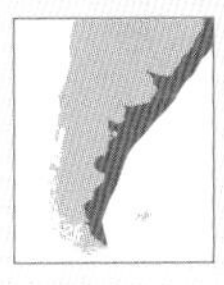

Kustzeeën
Deze liggen in ondiepe gebieden langs de kust van continenten.

Continentale zeeën
Deze zeeën liggen tussen land, maar staan in verbinding met de oceaan.

NOORDPOOLGEBIED

Dit is het gebied ten noorden van de Noordpoolcirkel. Het bestaat uit de noordelijke delen van Azië, Noord-Amerika en Europa. Ook Groenland, het grootste eiland ter wereld, hoort erbij. Al deze stukken land omgeven de kleinste oceaan ter wereld, de Noordelijke IJszee. Vlak bij het met ijs bedekte centrum ligt de magnetische noordpool.

IJsbergen
Er breken ijsbergen af van de dalgletsjers en van de enorme ijskap van Groenland. Sommige drijven zuidwaarts naar de Atlantische Oceaan.

Inuit
De Inuit leven in het Arctische gebied van Noord-Amerika. In 1999 werd een nieuwe Canadese provincie, Nunavut, voor hen gesticht.

EXPEDITIE
Robert Peary zou de eerste zijn geweest die in 1909 de Noordpool bereikte. Nu betwijfelen veel experts of hij echt zo ver is gekomen.

Een regio waar het altijd koud is

Het Noordpoolgebied wordt ook wel de Arctis of het Arctische gebied genoemd. Het is er ijzig koud. De Noordelijke IJszee is een groot deel van het jaar met dik ijs bedekt. Op de centrale ijskap kan de temperatuur dalen tot wel -50 °C, maar door de zeestromingen is het aan de zuidwestkant naar verhouding vrij gematigd.

Groenland

Na Antarctica is Groenland het dunstbevolkte land ter wereld. Buiten de Inuit van Groenland en Noord-Canada wonen er in het Arctische gebied nog andere volken, zoals de Samen in Noord-Scandinavië, en de Samojeden, Evenken en Jakoeten in Noord-Azië.

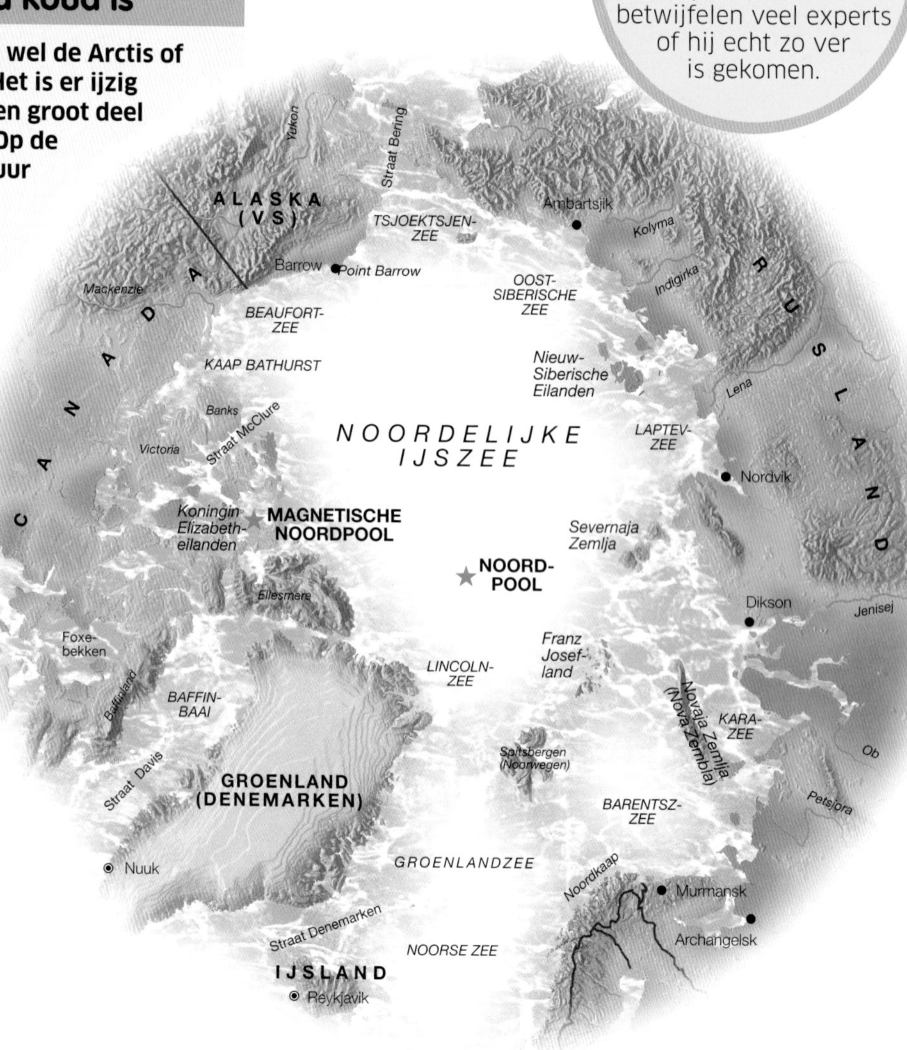

5450 m

Zo diep is de Noordelijke IJszee op zijn diepste punt.

DIEREN VAN HET NOORDPOOLGEBIED

ZADELROB-JONGEN

Prooi van jagers

De jongen van zadelrobben hebben een zachte, witte pels. Om die reden wordt er veel op ze gejaagd. De soort lijdt daaronder.

NOORD-AMERIKAANSE KARIBOE

Grazen in de toendra

Kariboes zijn Noord-Amerikaanse rendieren. In de zomer eten ze mossen, grassen en korstmossen op de Arctische toendra.

Toendra

Het vasteland binnen de Noordpoolcirkel is bedekt met toendra, een ruig landschap zonder bomen. Je ziet hier vooral kariboes en rendieren, maar er komen ook beren, vossen, hazen, lemmingen en woelmuizen voor.

Vis drogen

Vroeger vingen de bewoners van het poolgebied verschillende soorten vis en jaagden ze op zeehonden als voedsel. Vis die ze niet meteen opaten, hingen ze op om te drogen en voor later te bewaren.

Vastzittende schepen

Het poolijs bemoeilijkt de scheepvaart. In de loop der jaren zijn al heel wat schepen komen vast te zitten in het ijs, waaronder cruiseschepen en expeditieschepen.

Aanpassingen bij dieren

In het Noordpoolgebied komen diverse soorten zoogdieren voor, zoals walrussen, ijsberen en poolvossen, en vogels, zoals sneeuwuilen. Planten en dieren die in dit gebied leven, hebben speciale aanpassingen om te kunnen overleven en hun jongen groot te brengen onder de extreem koude en winderige omstandigheden. Zo hebben sommige toendraplanten een bont- of wasachtige laag die ze tegen kou en wind beschermt.

Walrus

Dankzij hun dikke speklaag (blubber) krijgen walrussen het niet koud.

IJsbeer

Door hun ruwe voetzolen glijden ijsberen niet uit op het ijs.

Poolvos

Een zeer dikke, langharige vacht beschermt de poolvos tegen de kou.

Sneeuwuil

Deze uilen hebben veren op hun poten en klauwen om ze warm te houden.

KLIMAAT

Het klimaat op aarde is een systeem dat steeds verandert. Het wordt vooral bepaald door de energie van de zon. Bij het klimaat horen vijf subsystemen: de dampkring (atmosfeer), de biosfeer, de hydrosfeer, de cryosfeer en de lithosfeer. Wisselwerking tussen deze vijf zorgt dat er verschillende klimaatzones zijn. Binnen een zone zijn de temperatuur, wind en neerslag grotendeels hetzelfde.

Regen
De waterdamp in de dampkring condenseert. Hierdoor ontstaan er wolken. Als de wolken zwaar genoeg zijn geworden, valt het water omlaag in de vorm van regen of sneeuw.

Dampkring

In de dampkring ontstaan verschillende soorten weersverschijnselen, zoals regen, wind, verdamping en luchtvochtigheid.

Biosfeer

Alle levende organismen – planten en dieren – en hun habitats (leefgebieden) zijn hier te vinden. Ze leveren energie aan de dampkring.

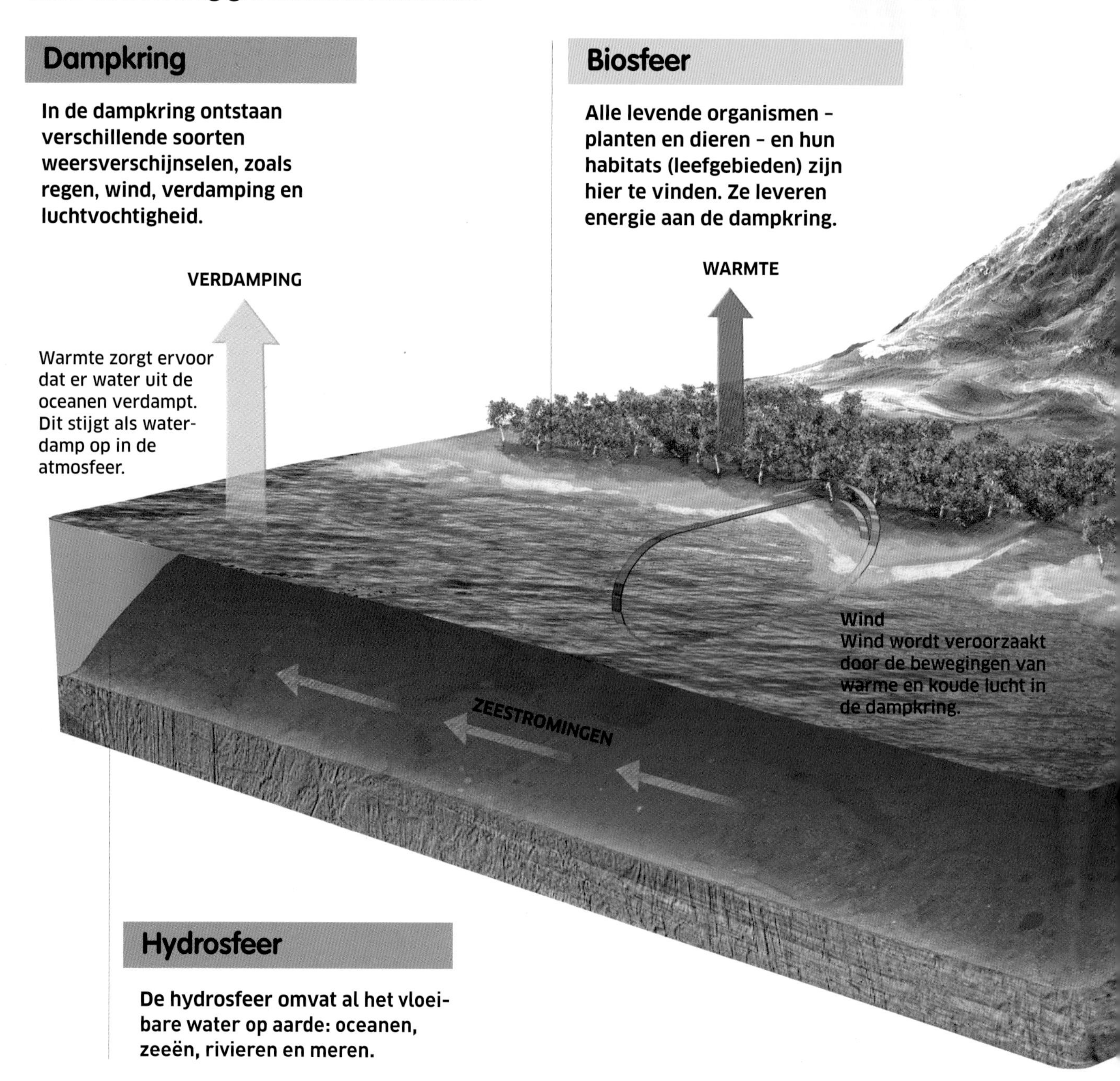

Hydrosfeer

De hydrosfeer omvat al het vloeibare water op aarde: oceanen, zeeën, rivieren en meren.

15 °C
De gemiddelde temperatuur aan het oppervlak van de aarde.

De zon
De zon levert energie en zorgt voor de veranderingen binnen de subsystemen.

Lithosfeer

Dit is de buitenste laag van de aarde: de continenten en de oceaanbodem. Voortdurende veranderingen op het oppervlak beïnvloeden het klimaat.

Cryosfeer

Dit zijn de delen van de aarde die bedekt zijn met ijs of waar het gesteente of de bodem kouder is dan 0 °C. De cryosfeer weerkaatst bijna alle zonnestralen naar de dampkring.

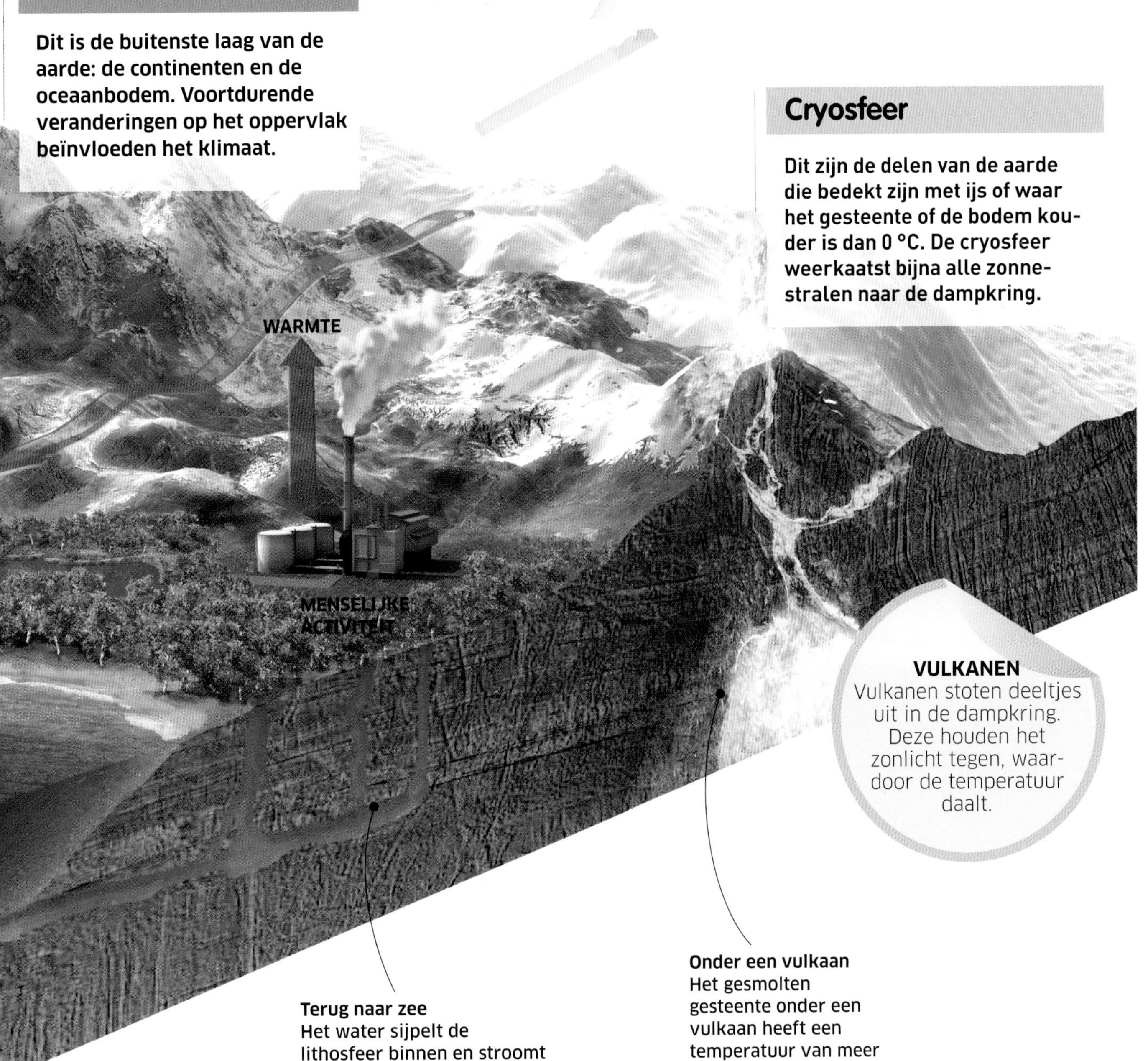

VULKANEN
Vulkanen stoten deeltjes uit in de dampkring. Deze houden het zonlicht tegen, waardoor de temperatuur daalt.

Terug naar zee
Het water sijpelt de lithosfeer binnen en stroomt erdoorheen naar de oceanen of de hydrosfeer.

Onder een vulkaan
Het gesmolten gesteente onder een vulkaan heeft een temperatuur van meer dan 1100 °C.

FLORA EN FAUNA

De aarde is verdeeld in verschillende biomen. Een bioom is een gebied met een specifiek klimaat waar alle planten en dieren zijn aangepast aan de omstandigheden. Voorbeelden van biomen zijn grasland, toendra en woestijn. Factoren als de kwaliteit van de bodem, de hoogte en menselijke activiteit kunnen invloed hebben op de leefwijze van de soorten binnen de biomen.

IJsberen
Als de oceaan bevriest, gaan ijsberen het ijs op om te jagen.

Klimaat

De biomen op aarde zijn ingedeeld naar het klimaat dat er heerst. Klimaatomstandigheden zoals wind, temperatuur en neerslag bepalen welke organismen er in een bioom voorkomen. Sommige planten en dieren hebben zich op een specifieke manier ontwikkeld om in een bepaald bioom te kunnen overleven. Maar er zijn ook dieren die wegtrekken naar andere biomen met betere leefomstandigheden.

Verspreiding
Planten en dieren hebben water nodig om te overleven. In gebieden met weinig water, zoals woestijnen, komen minder soorten voor.

MENSEN
Menselijke activiteit, zoals ontbossing, heeft de rijke flora en fauna van veel gebieden aangetast.

Aanpassingen bij dieren

Dieren hebben zich op verschillende manieren aangepast aan de omstandigheden van het bioom waarin ze leven. Dankzij deze aanpassingen kunnen ze overleven. Wanneer hun natuurlijke leefgebied verandert door toedoen van de mens, worden de gebieden waarin deze dieren kunnen voortbestaan steeds kleiner.

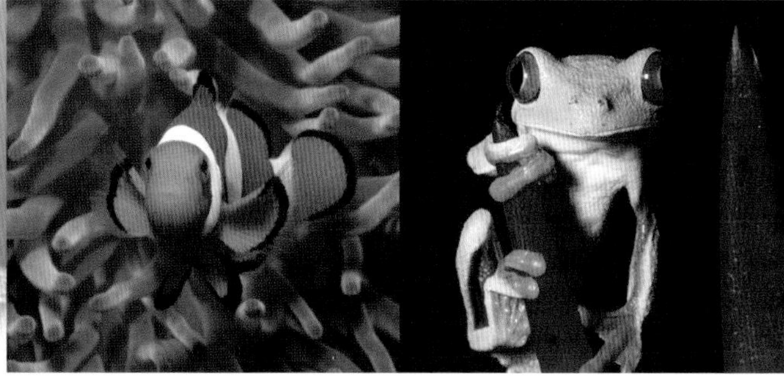

Woestijnen
Veel dieren die in de woestijn voorkomen, zoals de bergduivel (boven), kunnen dagen overleven op heel weinig voedsel of water.

Poolgebieden
In de ijzige poolgebieden komen maar weinig diersoorten voor. IJsberen (boven) hebben een dikke vacht, die hen beschermt tegen de kou.

Biodiversiteit in zee
In de oceanen en zeeën komen veel verschillende diersoorten voor. Vooral de warme tropische wateren zijn rijk aan soorten.

Tropische bossen
In de tropische bossen leven veel verschillende diersoorten. Deze boomkikker voedt zich met krekels, vliegen en vlinders.

Biomen van de wereld

Op deze kaart zie je de verschillende biomen op het land en in het water.

- Bergen
- Woestijn
- Grasland
- Taiga
- Gematigde bossen
- Tropische regenwouden
- Poolgebieden
- Koraalriffen

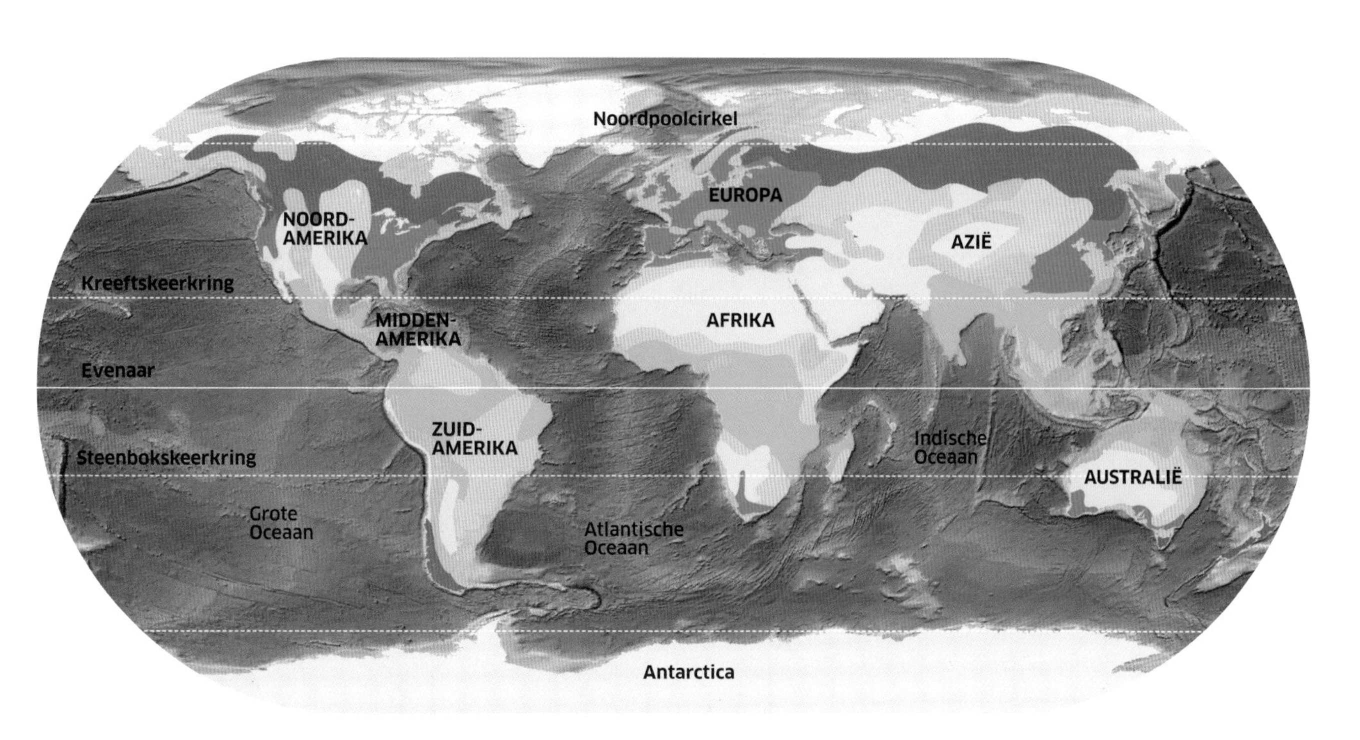

ANTARCTICA

Het Zuidpoolgebied ligt ten zuiden van de Zuidpoolcirkel. Het bestaat voornamelijk uit Antarctica, het op vier na grootste continent ter wereld. In het midden van Antarctica ligt de Zuidpool. Alleen het puntje van het Antarctisch Schiereiland, dat richting Zuid-Amerika wijst, ligt buiten de Zuidpoolcirkel. Het water rondom Antarctica wordt tegenwoordig ook wel de Zuidelijke of Antarctische Oceaan genoemd.

INTERNATIONAAL PARK?
Veel mensen willen van Antarctica een beschermd gebied maken. Dan mag het niet ontwikkeld worden.

Zuid-Orkney-eilanden
Zuid-Shetland-eilanden
Antarctisch Schiereiland
Palmer archipel
Kaap Norvegia
Koningin Maudland
WEDDELL-ZEE
Coatsland
Enderbyland
Berknereilanden
Mac Robertson Land
CAPE DARNLEY
Alexander-eiland
Charcot Is.
Palmerland
RONNE-IJSPLATEAU
PENSACOLA-GEBERGTE
PR. CHARLESGEBERGTE
AMERIKAANS HOOGLAND
BELLINGHAUSEN-ZEE
Mt. Vinson 4892
ZUIDPOOL
GROOT-ANTARCTICA
Queen Mary Land
Ellsworth-land
Thurston
KLEIN-ANTARCTICA
TRANSANTARCTISCH GEBERGTE
Knox Coast
AMUNDSEN-ZEE
Mt. Kirkpatric 4528
Siple Is.
Mary Byrd-land
ROSS-IJSPLATEAU
Roosevelt
Wilkesland
Mt. Erebus 3794
Victorialand
ROSS-ZEE
Kaap Adare
George V-land
MAGNETISCHE ZUIDPOOL

Zuidpoolgebied

Antarctica is voor ongeveer 98 procent bedekt met ijs. Het ijs is gemiddeld 2200 meter dik, maar heeft op sommige plaatsen een dikte van wel 4800 meter. Het gebied is zo koud dat maar weinig planten en dieren bestand zijn tegen de ijzige temperaturen. Dieren die zich hier wel thuisvoelen zijn pinguïns. Deze vleugelloze vogels leven vooral van de vis die ze rond het continent vangen.

Expedities naar de Zuidpool

De eerste ontdekkingsreizigers in Antarctica hadden het heel zwaar. De Zuidpool werd voor het eerst bereikt in 1911. Deze expeditie werd geleid door de Noor Roald Amundsen. Vijf weken later bereikte een Britse expeditie onder leiding van Robert Falcon Scott ook de Zuidpool, maar Scott en zijn hele team stierven op de terugweg.

-89,2 °C

De laagste temperatuur die ooit is gemeten, werd waargenomen op het Russische Vostokstation.

Roald Amundsen
In 1911 was Roald Amundsen de eerste mens die de Zuidpool bereikte. In 1926 nam hij deel aan een expeditie die over de Noordpool vloog. In juni 1928 verdween hij tijdens een reddingsmissie.

Kolossale walvis
Blauwe vinvissen zijn de grootste nog levende dieren op aarde. Ze voeden zich met krill (kleine garnaaltjes) dat ze in de zeeën rond Antarctica vinden.

Visserij rond Antarctica

De koude wateren rond Antarctica zitten boordevol zeedieren, zoals krill (piepkleine garnaalachtige beestjes), inktvis, zeehonden, vis en walvissen. Dankzij de rijkdom aan vis is het een prima gebied voor de visvangst.

Tenten in de sneeuw

Onderzoekers in Antarctica gebruiken speciale piramidevormige tenten. Deze zijn heel duurzaam en houden de warmte binnen.

Pinguïnoptocht
Adéliepinguïns zijn de meest voorkomende pinguïnsoort in Antarctica. Ze bouwen nesten van keien op de kust.

Grote albatros
Deze vogel komt voor rond de Zuidelijke Oceaan. Hij eet vooral inktvis, vis en krill. Hij heeft de grootste vleugelspanwijdte van alle levende vogelsoorten ter wereld: 3,7 meter.

IJsgrot
Rond de kust van Antarctica, holt de zee spectaculaire gaten uit in het ijs

WETENSCHAP **EN ONDERZOEK**

GATEN IN DE **OZONLAAG**

Tegen gevaarlijke straling

De ozonlaag in de statosfeer (de bovenste laag van de dampkring) houdt de meeste ultraviolette straling van de zon tegen. Door vervuiling zijn er boven Antarctica gaten in de laag ontstaan. Onderzoekers kijken welke gevolgen dit heeft.

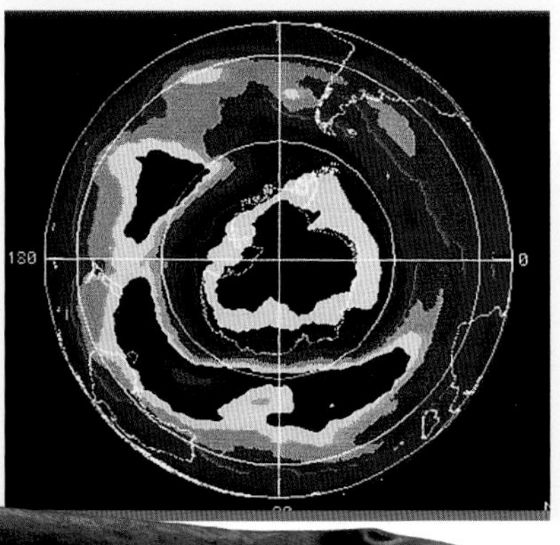

WETENSCHAPPERS **IN ANTARCTICA**

Belangrijke benodigdheden

In Antarctica staan verschillende onderzoekscentra. In sommige werken de onderzoekers het hele jaar door, in andere alleen in de zomermaanden. Geregeld krijgen ze per boot of vliegtuig benodigdheden aangeleverd.

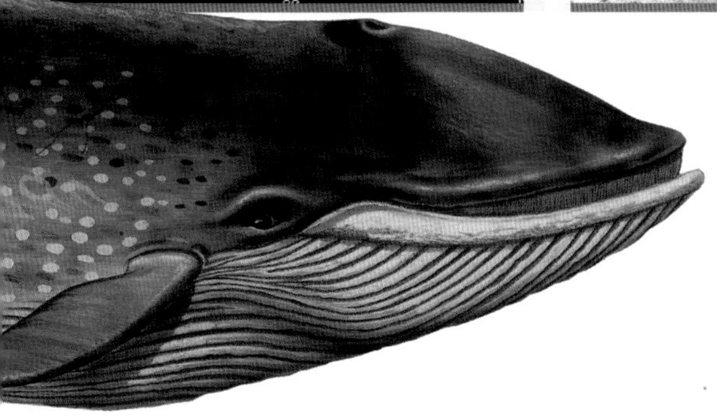

Weerballonnen

De weersomstandigheden op Antarctica beïnvloeden het weer over de hele wereld. Om de weersomstandigheden te onderzoeken worden er weerballonnen opgelaten in de dampkring.

BEVOLKING

In 2011 steeg het aantal mensen op de wereld (de wereldbevolking) boven de 7 miljard. De bevolking is niet gelijkmatig over de wereld verspreid. Sommige gebieden, zoals delen van China, India en Europa, zijn dichtbevolkt. In andere delen, zoals Australië en Groenland, wonen veel minder mensen.

HONGER
Volgens de Verenigde Naties hebben 925 miljoen mensen op de wereld niet genoeg te eten.

DE 20 LANDEN MET DE MEESTE INWONERS

1. **China** 1.343.239.923
2. **India** 1.205.073.612
3. **Verenigde Staten** 313.847.465
4. **Indonesië** 248.216.193
5. **Brazilië** 205.716.890
6. **Pakistan** 190.291.129
7. **Nigeria** 170.123.740
8. **Bangladesh** 161.083.804
9. **Rusland** 138.082.178
10. **Japan** 127.368.088
11. **Mexico** 114.975.406
12. **Filipijnen** 103.775.002
13. **Ethiopië** 93.815.992
14. **Vietnam** 91.519.289
15. **Egypte** 83.688.164
16. **Duitsland** 81.305.856
17. **Turkije** 79.749.461
18. **Iran** 78.868.711
19. **Dem. Republiek Congo** 73.599.190
20. **Thailand** 67.091.089

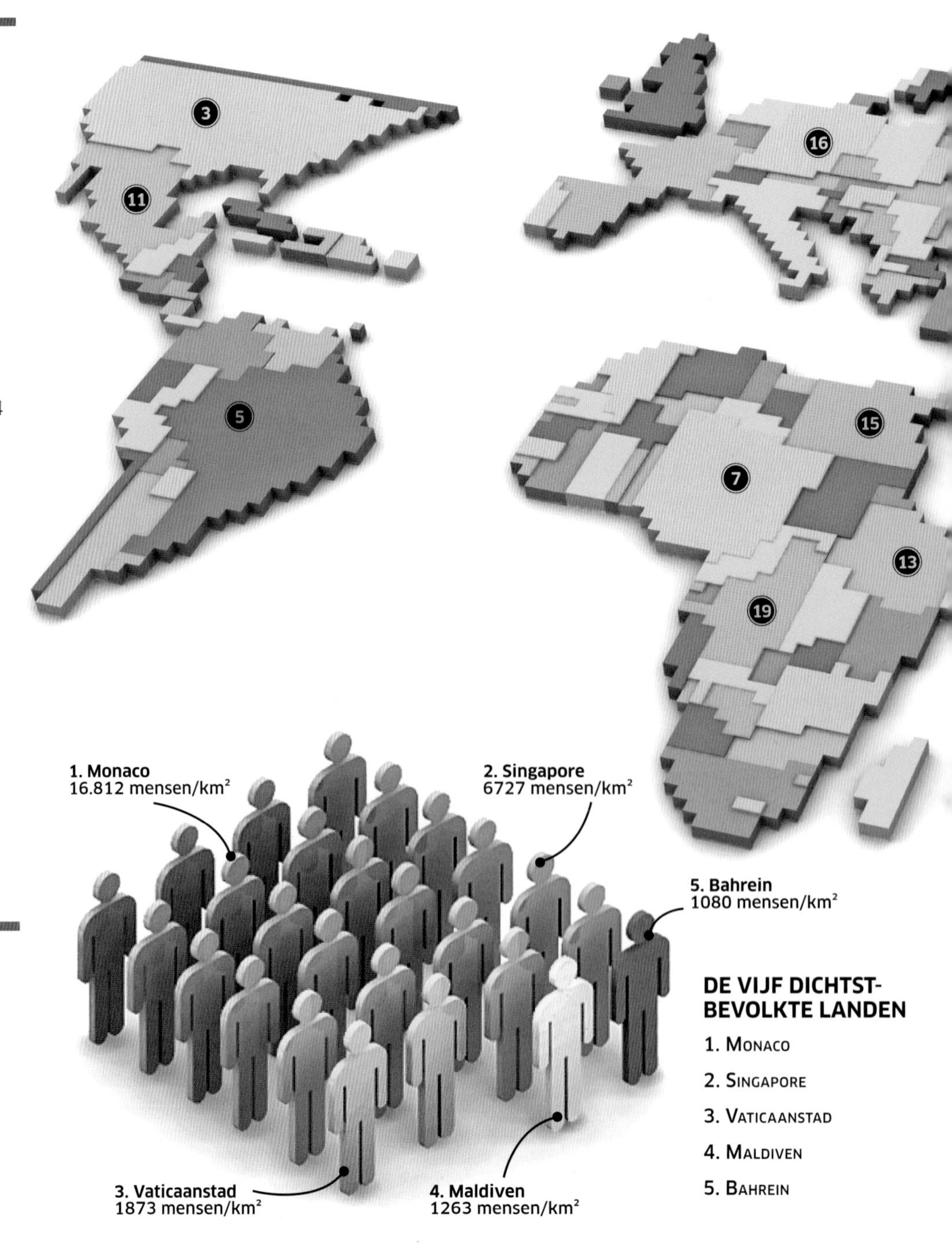

Bevolkings-dichtheid

De bevolkingsdichtheid van een land is het gemiddelde aantal inwoners per vierkante kilometer van dat land.

DE VIJF DICHTST-BEVOLKTE LANDEN

1. Monaco
2. Singapore
3. Vaticaanstad
4. Maldiven
5. Bahrein

ACHTERGRONDINFO
STAD EN LAND

Migratie

Als mensen naar een ander gebied of een ander land verhuizen, noem je dat migratie. Veel mensen vertrekken naar elders, omdat ze op zoek zijn naar werk of omdat ze een gevaarlijk oorlogsgebied willen ontvluchten.

Verstedelijking

Mensen die op het platteland wonen, verhuizen vaak naar de stad. Dit heet verstedelijking. Op Trinidad en Tobago in de Cariben is de verstedelijking heel laag Maar 13 procent van de mensen woont hier in een stad of grote plaats.

40%

De Verenigde Naties voorspelt dat de wereldbevolking in 2050 met dit percentage is gegroeid.

1 18 6 2 10 20 14 8 12 4

DE DRIE GROOTSTE GODSDIENSTEN TER WERELD

1. CHRISTENDOM
2,1 MILJARD AANHANGERS

2. ISLAM
1,5 MILJARD AANHANGERS

3. HINDOEÏSME
900 MILJARD AANHANGERS

BEVOLKINGSGROEI 2000–2010

De wereldbevolking groeit het snelst in landen die economisch niet erg ontwikkeld zijn. Veel rijke delen van de wereld zijn al zeer dichtbevolkt.

Afrika	Australië	Zuid-Amerika	Azië	Noord-Amerika	Europa
26,1%	15%	13,2%	12,7%	10,4%	0,8%

30% 25% 20% 15% 10% 5% 0

DE MODERNE WERELD

De afgelopen eeuwen is de aarde sterk veranderd door menselijke activiteit. Er zijn grote bosgebieden gekapt om plaats te maken voor landbouwgrond en fabrieken zorgen voor luchtvervuiling. Dit heeft ernstige gevolgen voor het milieu. In de komende jaren moeten we oplossingen vinden waarmee we onze manier van leven zo kunnen aanpassen dat we minder schade aanrichten aan de planeet waarvan we afhankelijk zijn.

KOOLDIOXIDE
De hoeveelheid kooldioxide in de atmosfeer is de afgelopen 150 jaar met 40 procent gestegen.

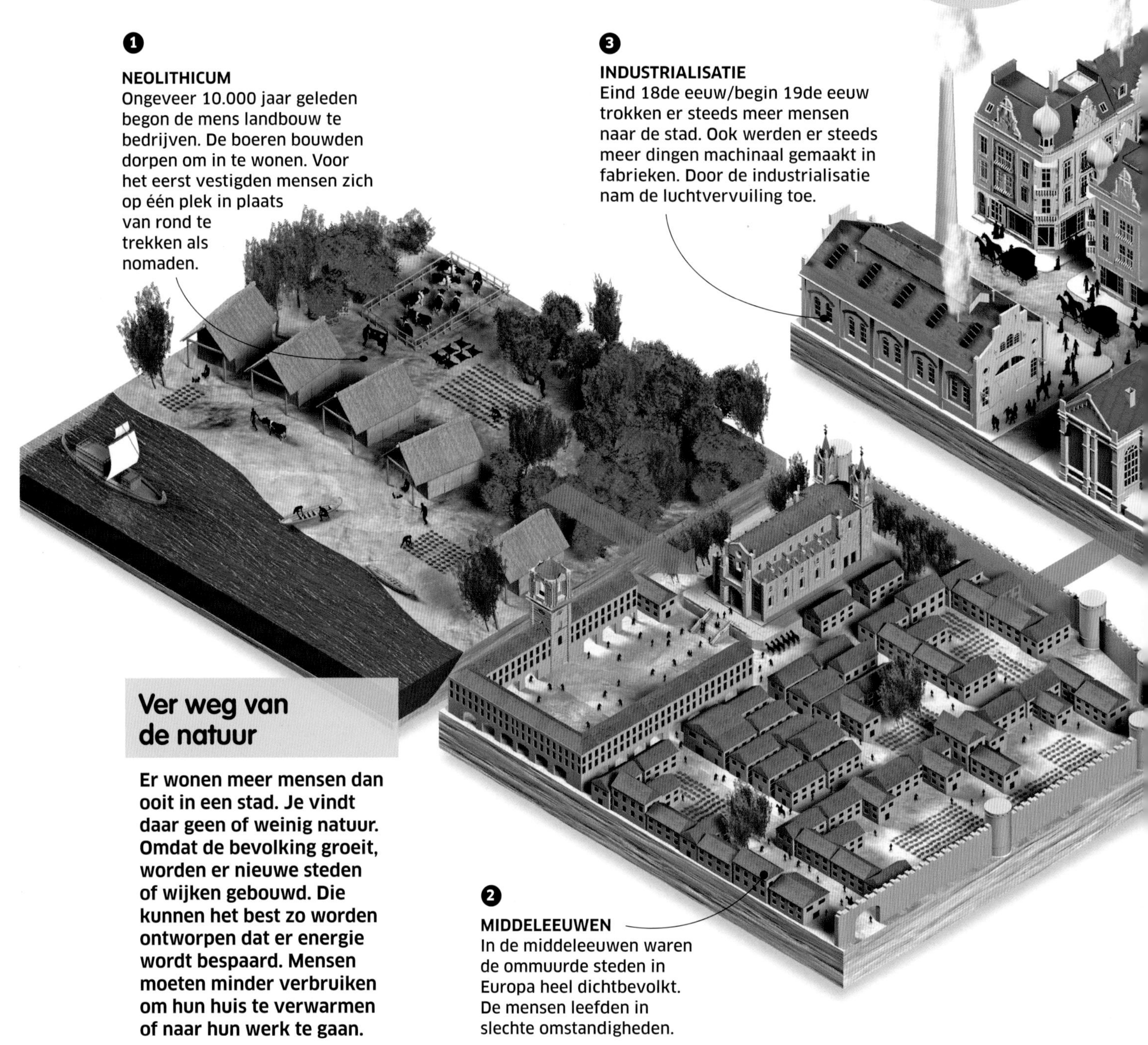

1

NEOLITHICUM
Ongeveer 10.000 jaar geleden begon de mens landbouw te bedrijven. De boeren bouwden dorpen om in te wonen. Voor het eerst vestigden mensen zich op één plek in plaats van rond te trekken als nomaden.

2

MIDDELEEUWEN
In de middeleeuwen waren de ommuurde steden in Europa heel dichtbevolkt. De mensen leefden in slechte omstandigheden.

3

INDUSTRIALISATIE
Eind 18de eeuw/begin 19de eeuw trokken er steeds meer mensen naar de stad. Ook werden er steeds meer dingen machinaal gemaakt in fabrieken. Door de industrialisatie nam de luchtvervuiling toe.

Ver weg van de natuur

Er wonen meer mensen dan ooit in een stad. Je vindt daar geen of weinig natuur. Omdat de bevolking groeit, worden er nieuwe steden of wijken gebouwd. Die kunnen het best zo worden ontworpen dat er energie wordt bespaard. Mensen moeten minder verbruiken om hun huis te verwarmen of naar hun werk te gaan.

7 miljard

De wereldbevolking in 2011. Duizend jaar geleden waren er nog maar 300 miljoen mensen. Dat is nog niet eens de helft van het aantal mensen dat nu in Europa woont.

400 miljoen

Het geschatte aantal honden op de wereld.

22.000

Het aantal ijsberen op de wereld.

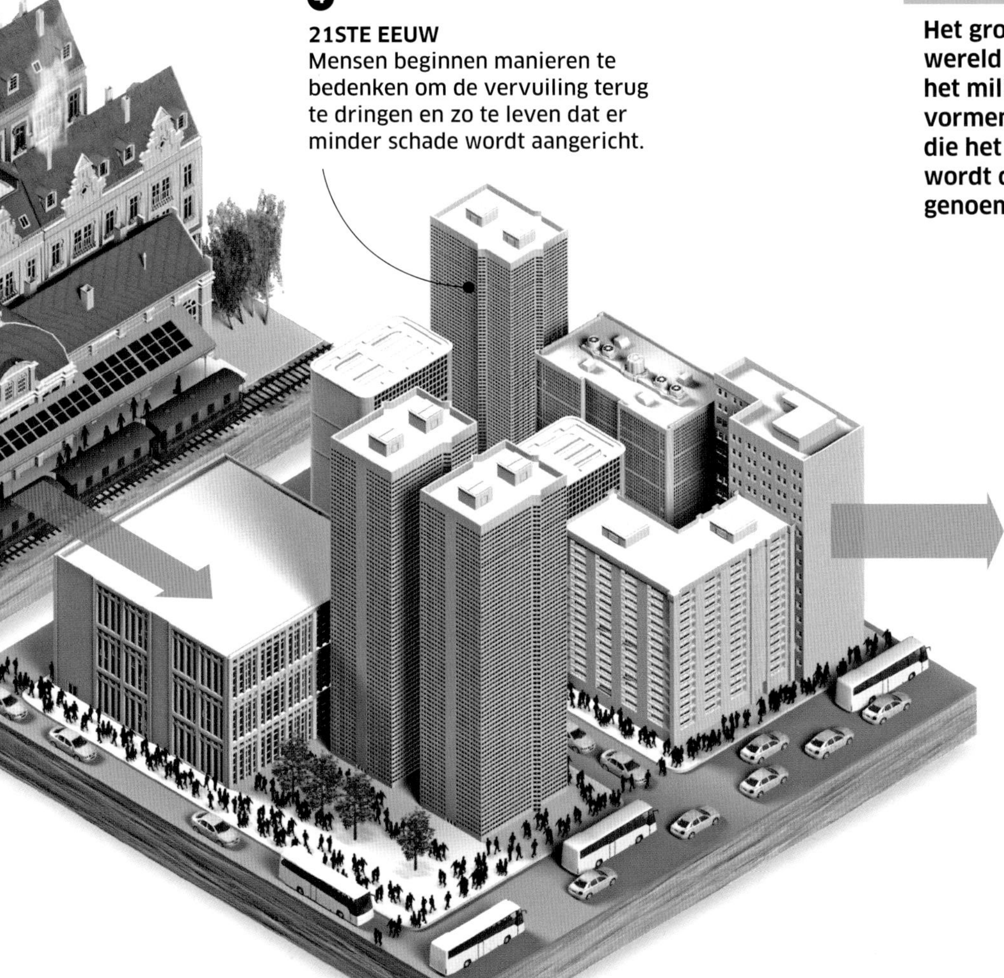

4

21STE EEUW
Mensen beginnen manieren te bedenken om de vervuiling terug te dringen en zo te leven dat er minder schade wordt aangericht.

Overbevolking

Het grote aantal mensen op de wereld is een bedreiging voor het milieu. Er zijn nieuwe vormen van ontwikkeling nodig die het milieu niet schaden. Dit wordt duurzame ontwikkeling genoemd.

Gevaren

Overbevolking is de oorzaak van een groot aantal lastige problemen in de wereld, waaronder honger, klimaatverandering, vervuiling en verwoesting van de natuur.

KLIMAATVERANDERING

De laatste jaren wordt de gemiddelde temperatuur van de aarde geleidelijk aan steeds hoger. Deze stijging wordt 'de opwarming van de aarde' genoemd. De belangrijkste oorzaak van de opwarming is menselijke activiteit. Zowel op het land als in zee stijgt de temperatuur maar heel langzaam. Toch heeft dit grote gevolgen, want door de opwarming verandert het klimaat op aarde en dit leidt in sommige delen van de wereld tot ernstige problemen.

KORAALRIFFEN
Veel koraalriffen sterven af door de stijging van de zeetemperatuur.

GEVOLGEN VAN DE OPWARMING VAN DE AARDE

In de laatste tientallen jaren is de temperatuur op aarde met een paar tienden van een graad gestegen. Dat lijkt misschien heel weinig, maar omdat het leven op aarde een heel nauwkeurig evenwicht is, kan zelfs een kleine verandering van de temperatuur al grote gevolgen hebben. Tegenwoordig vormt de opwarming van de aarde een belangrijke bedreiging voor het welzijn van al het leven op aarde.

Dooi bij de polen
Omdat de temperatuur stijgt, smelt er veel ijs bij de poolkappen. Hierdoor stijgt de zeespiegel.

Overstromingen
Klimaatverandering veroorzaakt grote overstromingen. In de afgelopen jaren maakte Bangladesh enkele van de zwaarste overstromingen in de geschiedenis van het land mee.

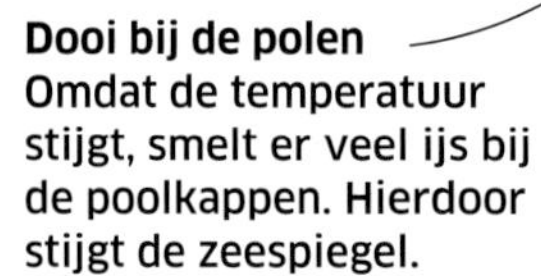

50%
De afname van het aantal adéliepinguïns in Antarctica door de vermindering van de hoeveelheid ijs in de laatste 30 jaar.

Eilanden onder het water
De kleine eilanden van Tuvalu en Kiribati in de Grote Oceaan en de Maldiven in de Indische Oceaan liggen erg laag. Daarom vormt de stijging van de zeespiegel een groot gevaar voor deze gebieden. Als de oceanen een paar meter stijgen, komen de eilanden helemaal onder water te staan. De bewoners maken zich dan ook grote zorgen over de toekomst.

Verdwijnende gletsjers
Door de opwarming van de aarde worden veel gletsjers in berggebieden kleiner.

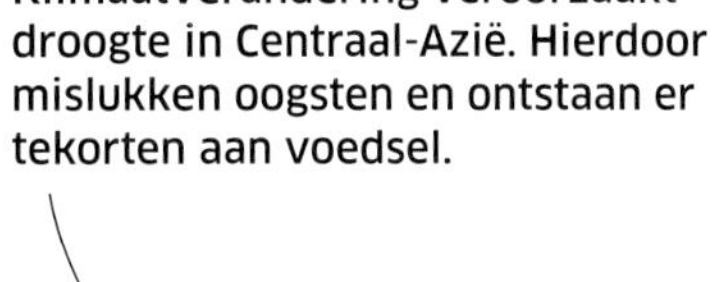

Woestijnvorming
Klimaatverandering veroorzaakt droogte in Centraal-Azië. Hierdoor mislukken oogsten en ontstaan er tekorten aan voedsel.

Broeikaseffect

Broeikassen zijn zo gebouwd dat de warmte binnenblijft, waardoor er gewassen kunnen worden verbouwd. Het broeikaseffect werkt net zo. Dit is een natuurlijk proces waarbij de gassen in de atmosfeer (dampkring) van de aarde een deel van de energie van de zon vasthouden. Zonder het broeikaseffect zou het voor planten op aarde te koud zijn.

Kooldioxide en methaan zijn broeikasgassen. Bij de verbranding van kolen, gas en olie wordt kooldioxide uitgestoten. Als koeien hun eten verteren, komt er methaan vrij. Door de toegenomen hoeveelheid kooldioxide en methaan in de atmosfeer warmt de aarde op.

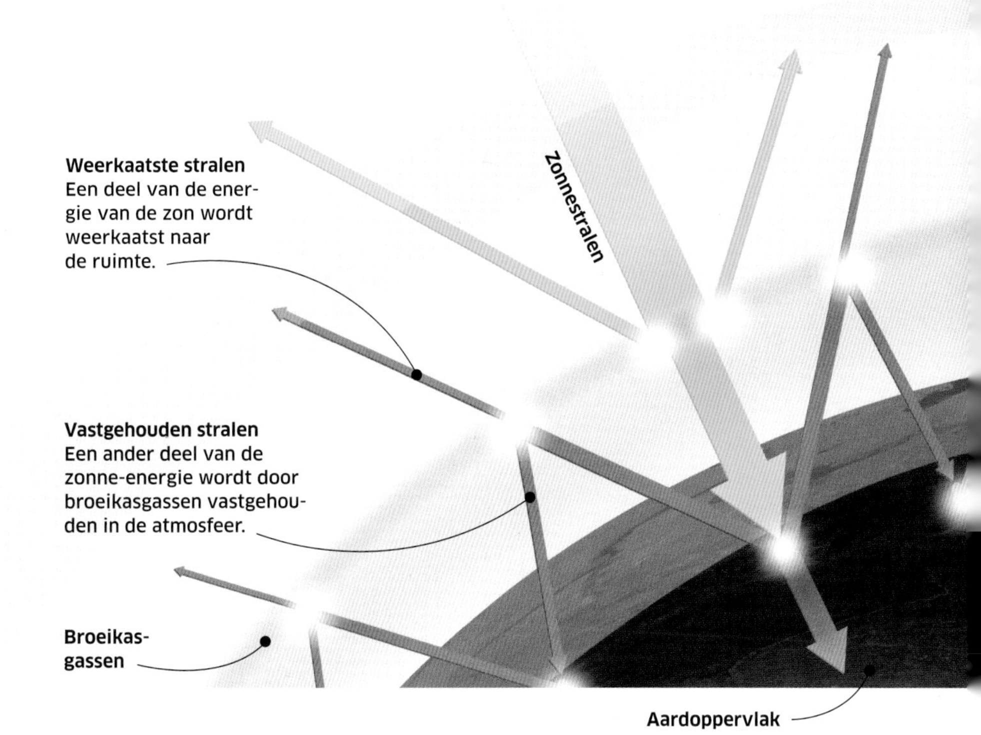

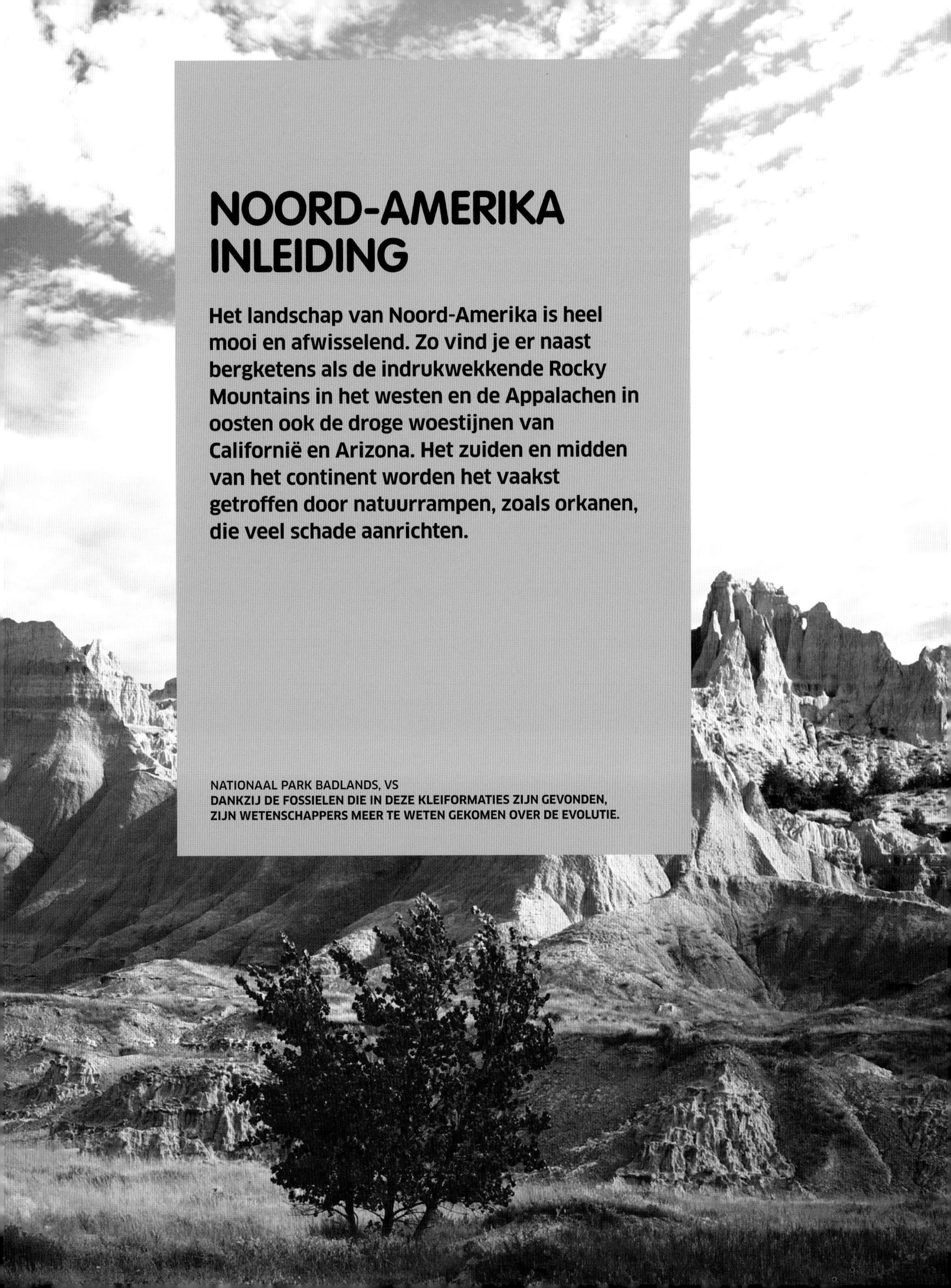

NOORD-AMERIKA INLEIDING

Het landschap van Noord-Amerika is heel mooi en afwisselend. Zo vind je er naast bergketens als de indrukwekkende Rocky Mountains in het westen en de Appalachen in oosten ook de droge woestijnen van Californië en Arizona. Het zuiden en midden van het continent worden het vaakst getroffen door natuurrampen, zoals orkanen, die veel schade aanrichten.

NATIONAAL PARK BADLANDS, VS
DANKZIJ DE FOSSIELEN DIE IN DEZE KLEIFORMATIES ZIJN GEVONDEN, ZIJN WETENSCHAPPERS MEER TE WETEN GEKOMEN OVER DE EVOLUTIE.

NOORD-AMERIKA
NATUURKUNDIGE KAART

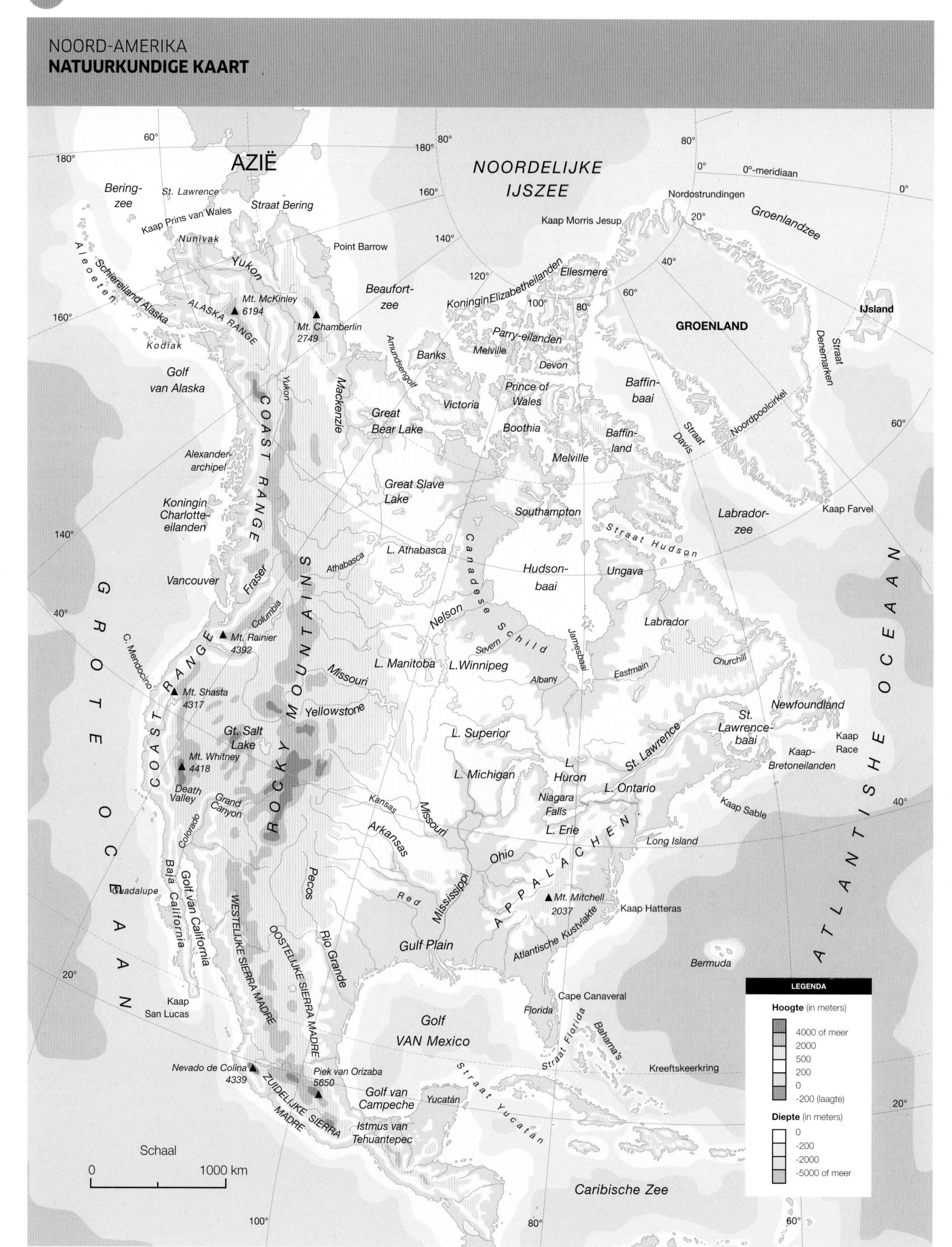

NOORD-AMERIKA
STAATKUNDIGE KAART

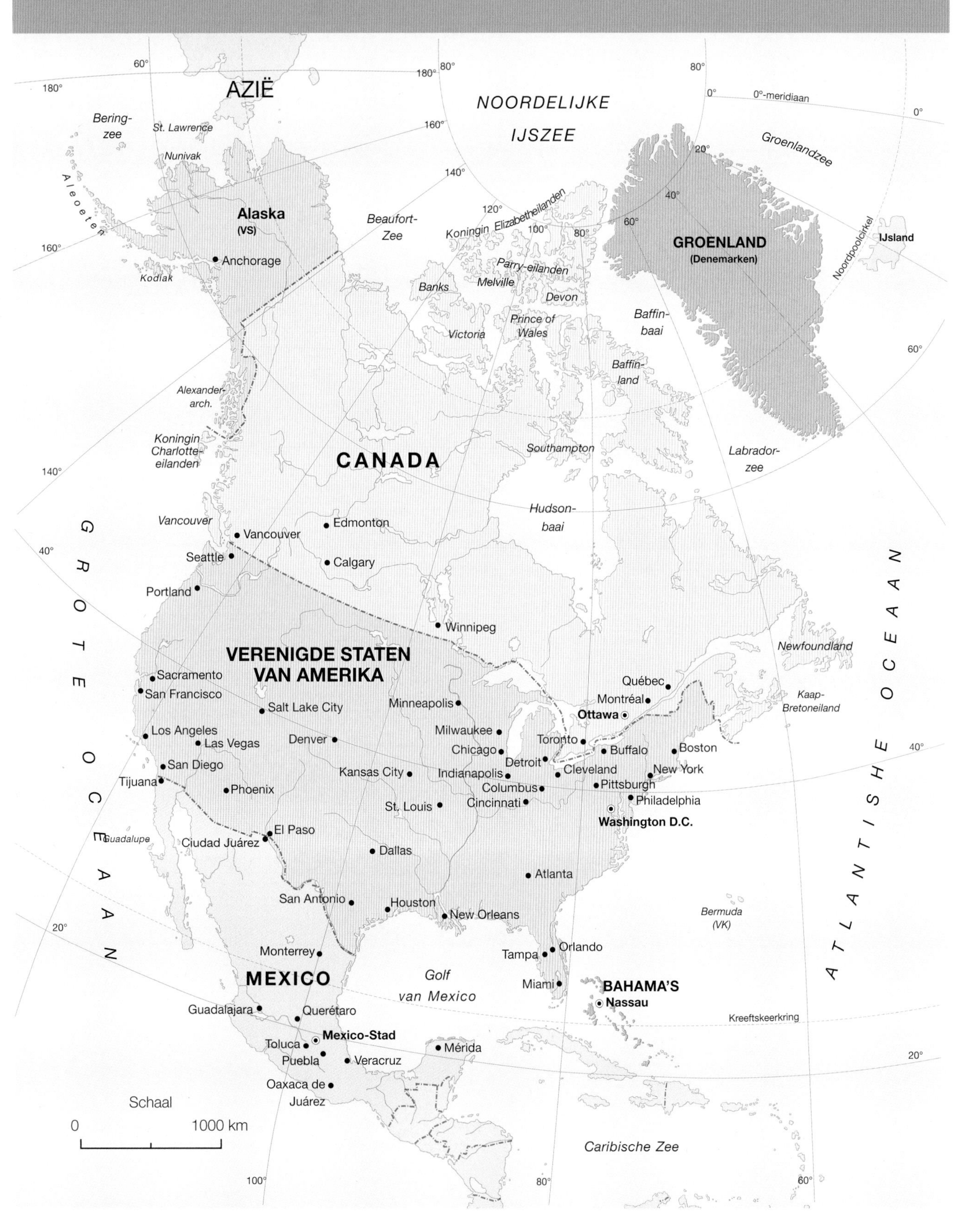

ROCKY MOUNTAINS

Deze bergketen ligt evenwijdig aan de kust van Noord-Amerika en is ruim 4800 kilometer lang. Hij strekt zich uit van het noordwesten van Canada tot het zuidwesten van de VS. De bergen zijn populair bij toeristen, die er veel wandelen, kamperen, vissen, mountainbiken, skiën en snowboarden.

BEZOEKERS
Het Nationaal Park Rocky Mountains trekt elk jaar 3 miljoen bezoekers.

Vier regio's

De Rocky Mountains grenzen in het oosten aan de Great Plains en in het westen aan de Rocky Mountain Trench. Het gebergte bestaat uit vier regio's (rechts). Brooks Range, die van Canada naar Alaska loopt, is volgens sommigen een verlengstuk van de Rocky Mountains.

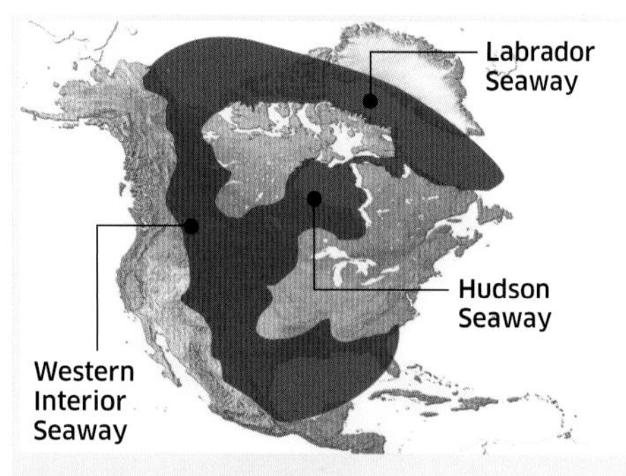

Hoe zijn ze ontstaan

De Rocky Mountains zijn jonge bergen die 75 miljoen jaar geleden zijn gevormd. Ze werden zichtbaar toen de oceaanbodem omhoogkwam en in een grote boog boven de zeespiegel uit rees.

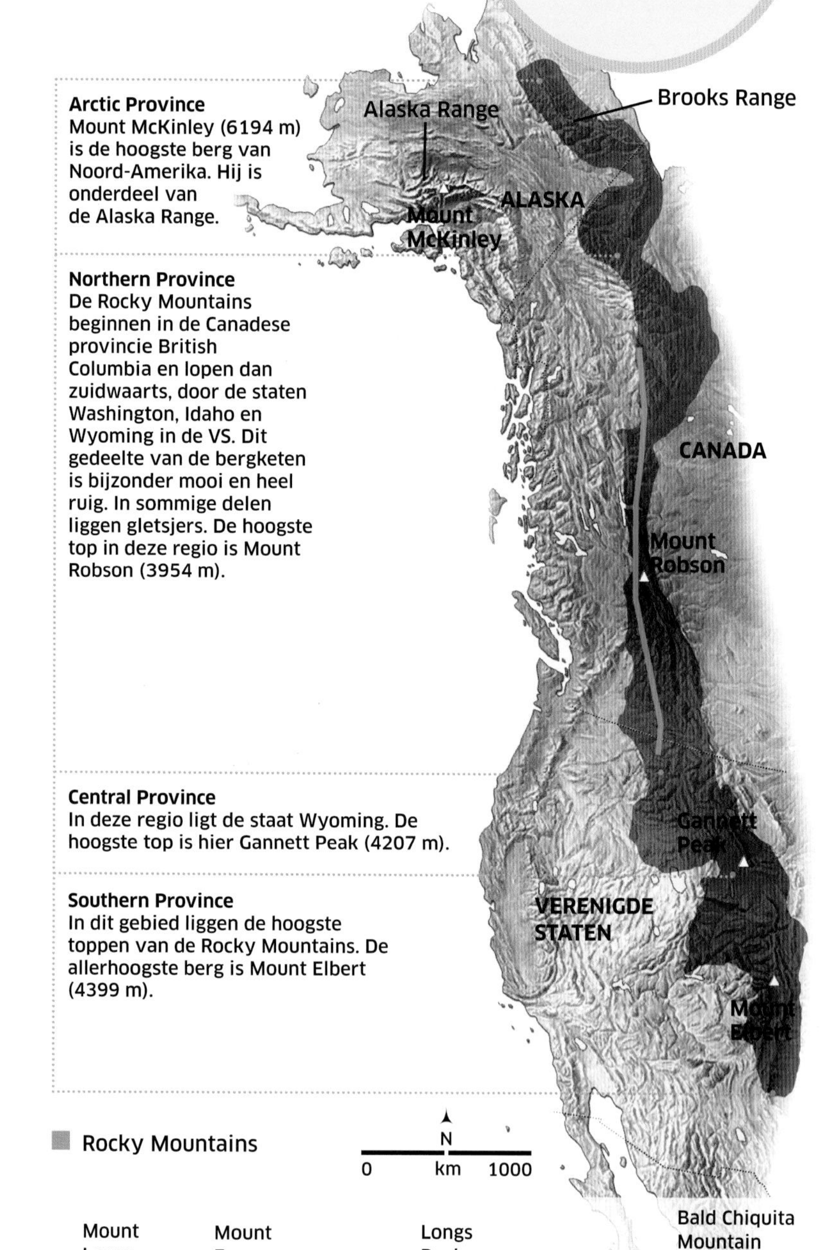

Arctic Province
Mount McKinley (6194 m) is de hoogste berg van Noord-Amerika. Hij is onderdeel van de Alaska Range.

Northern Province
De Rocky Mountains beginnen in de Canadese provincie British Columbia en lopen dan zuidwaarts, door de staten Washington, Idaho en Wyoming in de VS. Dit gedeelte van de bergketen is bijzonder mooi en heel ruig. In sommige delen liggen gletsjers. De hoogste top in deze regio is Mount Robson (3954 m).

Central Province
In deze regio ligt de staat Wyoming. De hoogste top is hier Gannett Peak (4207 m).

Southern Province
In dit gebied liggen de hoogste toppen van de Rocky Mountains. De allerhoogste berg is Mount Elbert (4399 m).

Profiel

Dit zijaanzicht van de Rocky Mountains in de Southern Province geeft een goed overzicht van de indrukwekkende bergtoppen in deze regio.

Comanche Peak 3872 m
Electric Peak 3343 m
Mount Raddle 3726 m
Pikes Peak 4300 m
Mount Logan 3923 m
Mount Evans 4348 m
Longs Peak 4345 m
Ypsilon 4117 m
Bald Mountain 3354 m
Bald Chiquita Mountain 2998 m

APPALACHEN

In het oosten van Noord-Amerika is vooral de bergketen de Appalachen heel indrukwekkend. Dit plooiingsgebergte ontstond ongeveer 480 miljoen jaar geleden. De hoogste berg is Mount Mitchell, die 2037 meter meet.

MIJNBOUW

De mijnbouw in dit berggebied vormt een bedreiging voor veel dieren die hier leven.

Kleurige hooglanden
De hooglanden van de Appalachen zijn begroeid met lage, kleurige struiken.

Amerikaanse hulst

Deze hulstsoort met felrode bessen groeit in dit gebied.

Katoenstaartkonijn

In deze omgeving komen veel katoenstaartkonijnen voor.

ENKELE FEITEN

Mount Mitchell
Mount Mitchell is de hoogste berg van de Appalachen. Hij ligt in North Carolina, ten oosten van de Mississippi.

Flora en fauna
In de bergen komen veel verschillende soorten planten en dieren voor. De dieren die je hier het meest ziet, zijn zwarte beren, herten en elanden. Daarnaast leven er heel veel soorten knaagdieren en insecten.

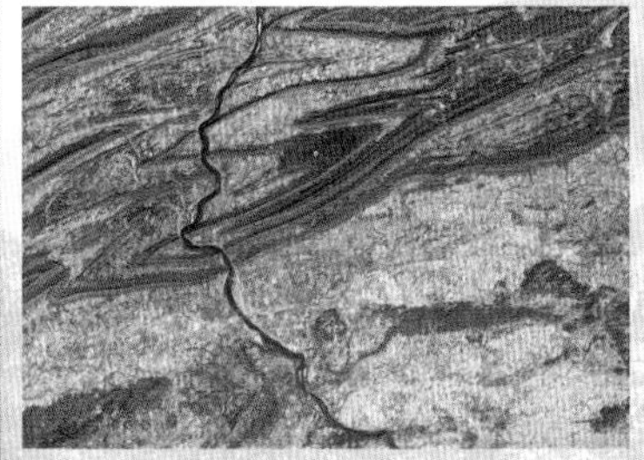

Susquehanna
De rivier de Susquehanna stroomt door de Appalachen. Hij ontspringt in de staat New York en stroomt dwars door de staten Pennsylvania en Maryland.

MOUNT ST. HELENS

Een van de meest verwoestende vulkanen in Noord-Amerika is Mount St. Helens in de staat Washington. De vulkaan was jarenlang inactief, maar op 18 mei 1980 barstte hij uit. De eruptie doodde 57 mensen en een stroom van lava en as vernietigde alle bomen in een gebied van 600 vierkante kilometer. Het vlakbij gelegen meer trad buiten zijn oevers, waardoor er modderstromen op gang kwamen, die huizen en wegen vernielden.

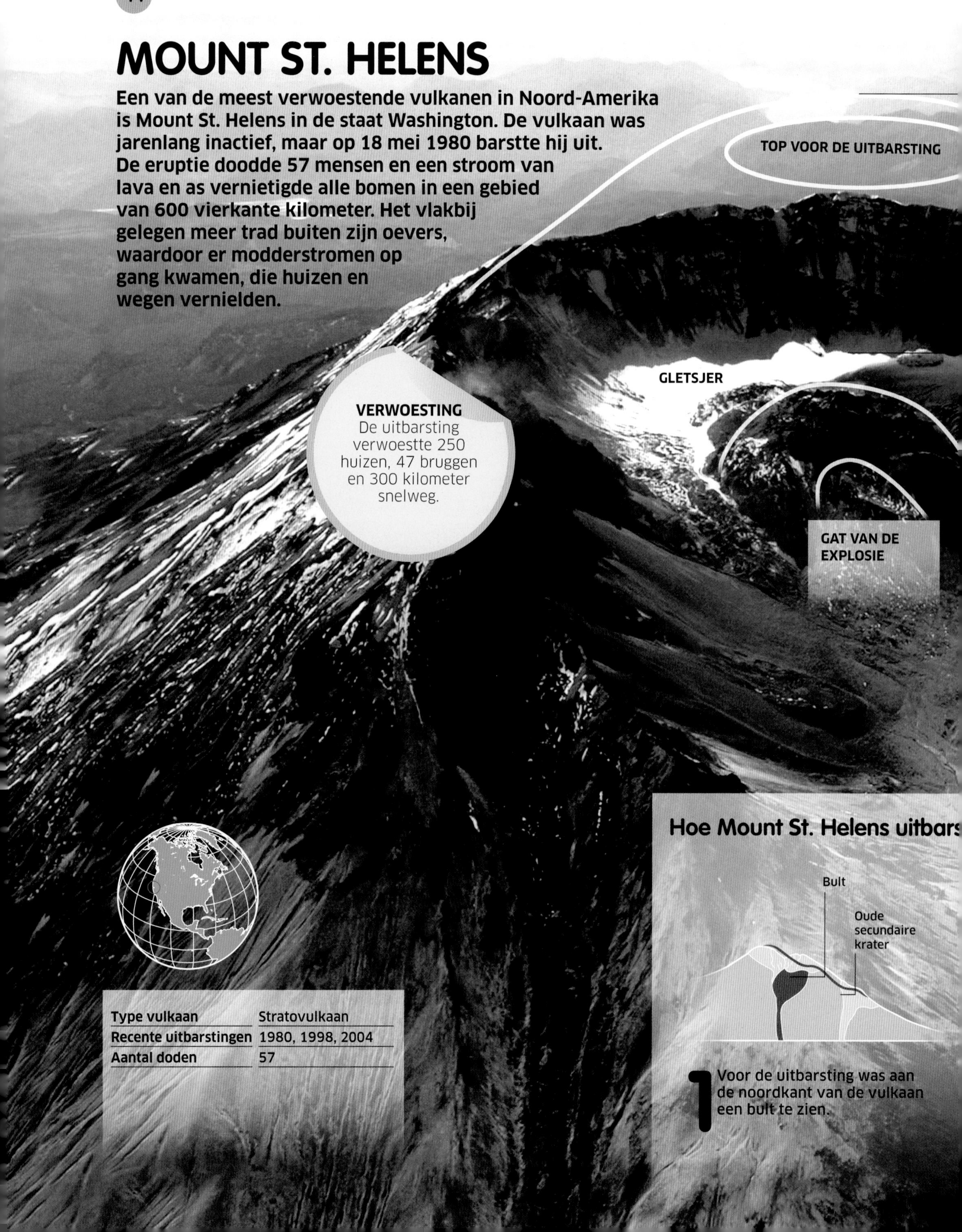

VERWOESTING
De uitbarsting verwoestte 250 huizen, 47 bruggen en 300 kilometer snelweg.

Type vulkaan	Stratovulkaan
Recente uitbarstingen	1980, 1998, 2004
Aantal doden	57

Hoe Mount St. Helens uitbars

1 Voor de uitbarsting was aan de noordkant van de vulkaan een bult te zien.

DE UITBARSTING VAN MOUNT ST. HELENS

Voor en na de uitbarsting

Mount St. Helens viel heel erg op in het landschap. Voor de uitbarsting lagen er bossen en akkers omheen. De eruptie sloeg een hoefijzervormig gat in de top van de vulkaan. Rondom werd alles weggevaagd.

Tijdens de explosie

De energie die vrijkwam was vele malen groter dan die van een atoombom. De explosie duurde ruim negen uur.

2 Aan de noordkant werd de druk steeds groter.

3 Magma en gassen barstten uit met een enorme explosie.

4 De as-uitbarsting was zeer krachtig.

HALFWOESTIJN

In halfwoestijnen regent het maar zelden. Omdat er wel af en toe wat neerslag valt, is het een ander soort leefgebied dan een woestijn. Dankzij het vocht kunnen er cactussen, struiken en allerlei andere planten groeien. De overvloed aan planten in bepaalde delen van het jaar, vooral in de lente en zomer, trekt veel diersoorten aan. In de winter is het er heel koud en droog. Dan houden de dieren een winterslaap of zoeken beschutting.

LIGGING
Er liggen halfwoestijnen in Colorado, Texas en Montana in de Verenigde Staten.

Water opslaan

Planten met bladeren en dikke stammen, of met wortels dicht bij de oppervlakte, kunnen makkelijk vocht opnemen uit de zeldzame regenbuien. De cactusbladeren veranderen in doorns. Deze zorgen ervoor dat de planten zo min mogelijk vocht verliezen en beschermen ze tegen hongerige dieren.

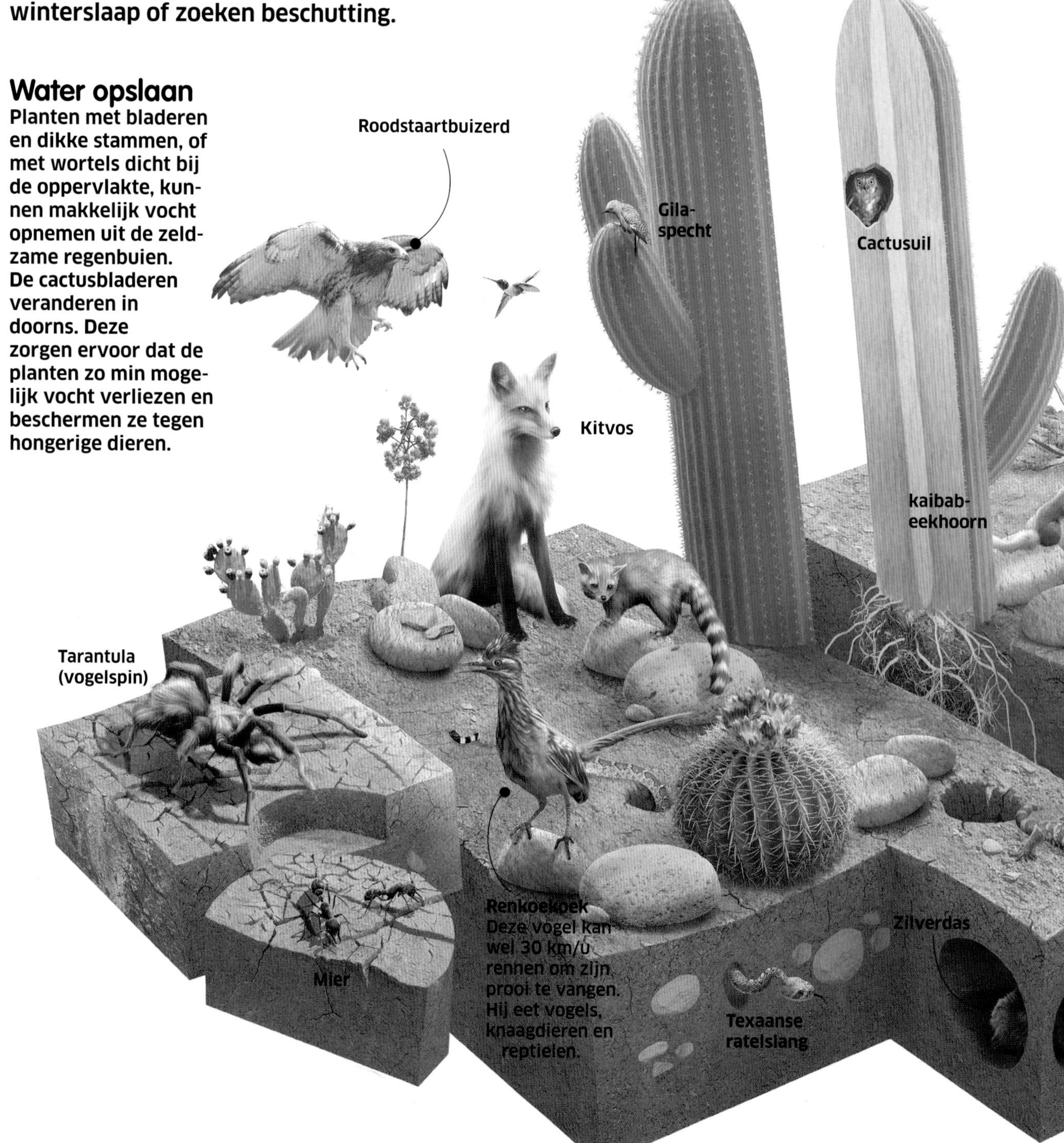

De Amerikaanse halfwoestijn

In de winter kan de temperatuur in een halfwoestijn tot -30 °C dalen. In deze barre omstandigheden zoeken de dieren die hier leven beschutting tussen de cactussen en andere planten. Ze halen er ook hun water vandaan.

Saguaro
De vlezige stam van deze reuzencactus rekt uit als een harmonica. Hij kan er een hoeveelheid water in opslaan die 80 procent uitmaakt van zijn gewicht. De stam kan bijna 14 meter hoog worden en wel 10 ton zwaar. Zijn wortels zitten ondiep, maar kunnen 30 meter lang worden.

Coyote (prairiewolf)

Halsbandpekari

Zwartstaarthaas

Woestijnschildpad

Gilamonster

Arizonaschorpioen
Dit dier heeft een wapen in zijn staart, waarmee hij gif in zijn prooi spuit.

DE HALFWOESTIJNEN VAN NOORD-AMERIKA

Algemeen

Alleen planten die in staat zijn om vocht op te slaan, zoals cactussen, kunnen van het kleine beetje water leven dat in halfwoestijnen beschikbaar is. Er valt in deze gebieden iets meer dan 250 milliliter regen per jaar.

Planten

De ocotillo (onder) is een woestijnplant die zijn bladeren verliest als hij genoeg vocht heeft opgenomen om te overleven. Er blijven beschermende doorns achter.

Dieren

Een volwassen woestijnschildpad (onder) kan bijna een jaar zonder water. De voorpoten van deze schildpad zijn zo aangepast dat hij er grote diepe holen mee kan graven. Hij komt alleen 's ochtends en 's avonds uit zijn hol tevoorschijn om te eten. Een woestijnschildpad kan tussen de 50 en 80 jaar oud worden.

OLIERAMP

Op 20 april 2010 ontplofte het boorplatform Deepwater Horizon van BP in de Golf van Mexico, 70 kilometer voor de kust van New Orleans. Twee dagen later zonk het. De lekkende oliebron kon pas in september worden gedicht. Tot die tijd stroomden er dagelijks duizenden liters olie in de oceaan, met rampzalige gevolgen voor het milieu.

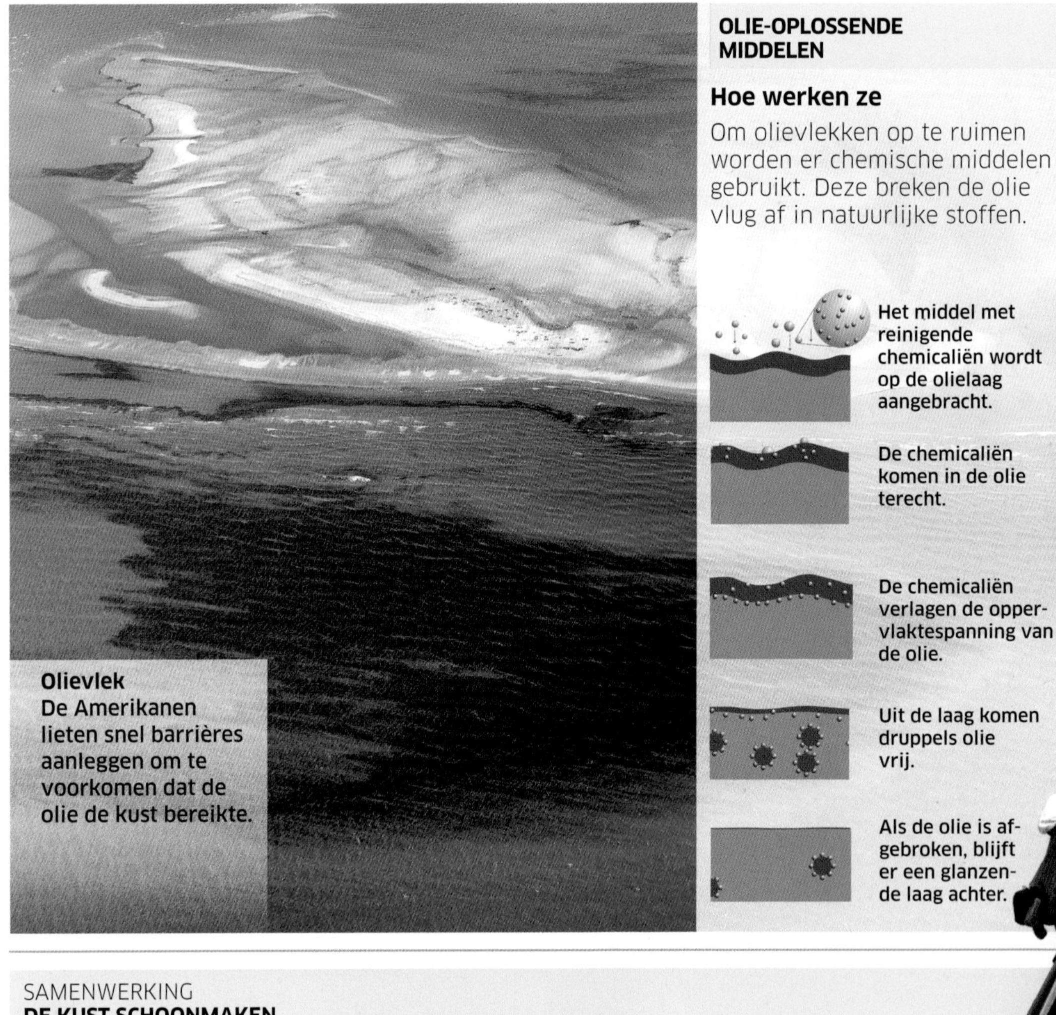

Olievlek
De Amerikanen lieten snel barrières aanleggen om te voorkomen dat de olie de kust bereikte.

OLIE-OPLOSSENDE MIDDELEN

Hoe werken ze

Om olievlekken op te ruimen worden er chemische middelen gebruikt. Deze breken de olie vlug af in natuurlijke stoffen.

Het middel met reinigende chemicaliën wordt op de olielaag aangebracht.

De chemicaliën komen in de olie terecht.

De chemicaliën verlagen de oppervlaktespanning van de olie.

Uit de laag komen druppels olie vrij.

Als de olie is afgebroken, blijft er een glanzende laag achter.

SAMENWERKING
DE KUST SCHOONMAKEN

De strijd

Voor het succesvol opruimen van olie zijn een goede planning en teamwork van groot belang. Soms worden er zandzakken gebruikt om te voorkomen dat de olie op de kust terechtkomt (rechts).

Reinigers

Om olie van de rotsen langs de kust af te halen, worden er vaak hogedrukreinigers gebruikt (rechts).

Milieuramp De Deepwater Horizon haalde olie uit de zeebodem.

OLIEVLEK
NATUURRAMP

Visindustrie stilgelegd

In de staat Louisiana moesten gevangen oesters en garnalen worden weggegooid, omdat ze met olie in contact waren gekomen (onder).

Speciale vrijwilligers

Vrijwilligers hielpen mee bij het schoonmaken van de veren van met olie besmeurde pelikanen die ze voor de kust van Louisiana vonden.

Milieubewustzijn

Over de hele wereld protesteerden milieuactivisten (onder) om hun woede te tonen over de grote olieramp in de Golf van Mexico.

Langdurig gif

De olie is schadelijk voor zeedieren, zoals zeeschildpadden (onder), die naar de Mexicaanse kust trekken.

KLIMAAT

Het klimaat van Noord-Amerika kan heel extreem zijn en loopt uiteen van de ijzige kou van Alaska tot de droge hitte van de woestijnen in Mexico en het zuidwesten van de Verenigde Staten. Er komen ook veel orkanen en tornado's voor.

Orkaan Katrina
Na deze orkaan in New Orleans in 2005 traden grote overstromingen op.

ORKAAN
KATRINA

Uit de Golf van Mexico

Dit was een van de zwaarste tropische stormen die de VS aandeden. Hij begon in augustus 2005 in de Golf van Mexico.

Overstroming in New Orleans

Door de zware stormen ontstond er hoogwater en raakte een groot deel van de stad New Orleans overstroomd (onder).

TORNADO'S
TEXAS

Draaiende lucht

In de staat Texas komen veel tornado's voor. Dit zijn grote kolommen warme lucht die alles op hun pad vernietigen.

DONDER EN BLIKSEM
GOLF VAN MEXICO

Vocht en hitte

De Golf van Mexico zorgt voor een overvloed aan hitte en vocht in de atmosfeer. Als warme en koude lucht botsen, ontstaan er onweersbuien

WEERALARM
VERENIGDE STATEN

Verkeerschaos

Bij een alarm voor extreem weer moet iedereen zijn huis verlaten en naar een veilige plek vertrekken. Dit leidt tot verkeersproblemen.

Anza-Borrego State Park
In dit beschermde natuurgebied in de Californische woestijn groeien planten die goed tegen droogte kunnen.

Coyote

De coyote is een goede jager en perfect aangepast aan de woestijn.

Slangen

In de woestijngebieden van de Verenigde Staten komen giftige ratelslangen voor.

WOESTIJNEN
VERENIGDE STATEN

Red Rock Canyon Park

Het landschap van Red Rock Park is door de jaren heen flink aangetast door de wind en de regen (onder). Dit verschijnsel heet erosie. De opvallende rotsformaties zijn in veel films als decor gebruikt.

Chihuahuan Desert

Chihuahaun (onder) is een van de grootste woestijnen in Noord-Amerika. De temperaturen lopen sterk uiteen, van ijskoud in de winter tot heel heet in de zomer.

Cozumel, Mexico

Het eiland Cozumel ligt 18 kilometer voor de kust van Yucatan. Dankzij zeeaanstromingen in de Golf van Mexico heerst er een milde temperatuur van rond 26 °C. Daarom trekt het eiland veel toeristen. Er leven verschillende unieke diersoorten, zoals de cozumelwasbeer.

BEVOLKING EN ECONOMIE

Volgens officiële cijfers telde de Verenigde Staten in 2012 313.136.227 inwoners. De bevolkingsgroei van de Verenigde Staten is een van de hoogste van alle geïndustrialiseerde landen. Canada en de VS zijn sterk geïndustrialiseerde landen en worden als wereldmachten beschouwd.

Capitool
Dit is een van de bekendste gebouwen van Washington D.C.

Capitool

In het Capitool worden al twee eeuwen de vergaderingen van het Huis van Afgevaardigden en de Senaat gehouden.

VERENIGDE STATEN
GEBOUWD DOOR DE MENS

Miami, Florida

Miami (onder) is een van de dichtstbevolkte steden in de Verenigde Staten, naast New York City.

Cape Canaveral

Dit is het belangrijkste centrum voor ruimtevaart in de Verenigde Staten. Het ligt aan de Atlantische kust van Florida.

Silicon Valley, Californië

In Silicon Valley (Californië) staat een groot aantal hightechbedrijven. Bij het gebied horen de Santa Clara Valley en de zuidelijke helft van het schiereiland San Francisco.

Paleis voor Schone Kunsten Dit concertgebouw staat in het historisch centrum van Mexico-Stad.

MEXICO
HOOFDSTAD

Vanuit de lucht gezien

Mexico-Stad is de grootste stad van Mexico. De agglomeratie telt ruim 20 miljoen inwoners, de centrale stad (Federal District) 8,8 miljoen. De verschillende wijken of districten hebben elk hun eigen attracties.

ECONOMIE
CANADA

Industrie

Canada is een van de economisch meest ontwikkelde landen ter wereld. Computerbedrijven, auto-industrie, elektronica, luchtvaart en chemische industrie zijn heel belangrijk voor de economie. Dankzij de sparren-, dennen- en cederbossen vind je er ook veel papier- en drukwerkindustrie.

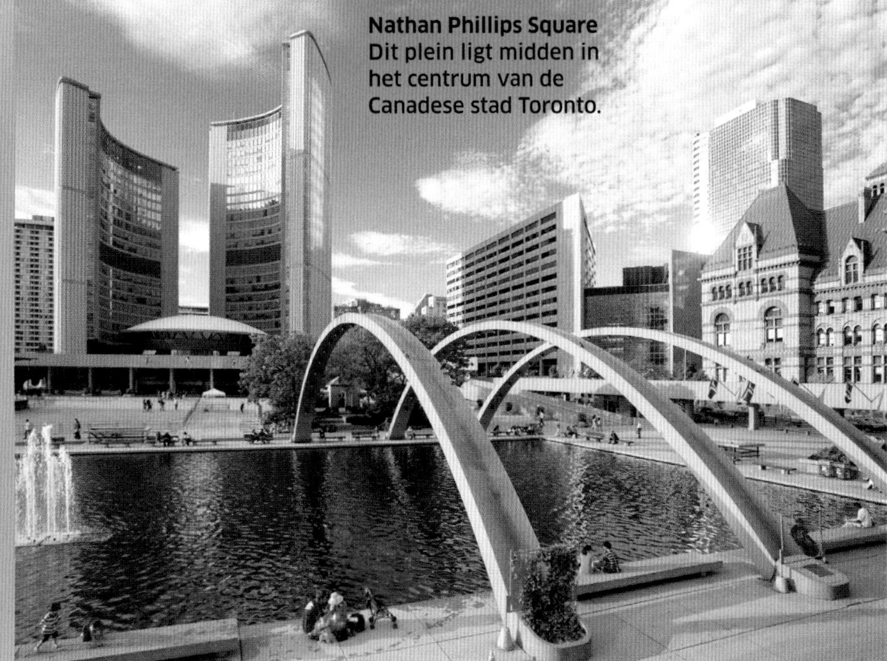

Nathan Phillips Square Dit plein ligt midden in het centrum van de Canadese stad Toronto.

MEXICO-STAD

De hoofdstad van Mexico is heel druk en heeft veel last van luchtvervuiling. Toch herinnert er nog veel aan vroeger. Het historisch centrum is gebouwd op de resten van de Azteekse hoofdstad en in de mooie wijk Reforma zie je zowel koloniale architectuur als moderne gebouwen.

Land	Mexico
Oppervlakte	1485 km^2
Bevolking	8.840.000 (centrale stad)
Dichtheid	5952 mensen per km^2

SYMBOOL VAN DE STAD

De Engel van de Onafhankelijkheid

Dit monument eert de strijders tegen de Spaanse overheersing. Het werd ontworpen door Antonio Rivas Mercado en opgericht in 1910. Het staat op de Paseo de la Reforma, de straat die van het centrum naar het park Chapultepec loopt.

De Gevleugelde Overwinning
Het bronzen beeld (rechts en onder) stelt een vliegende engel met uitgespreide armen voor. In haar rechterhand houdt ze een krans.

Burrito's
Burrito's zijn typisch Mexicaanse hapjes. Deze met vlees en groente gevulde tortilla's (onder) worden geserveerd met pittige sauzen.

Kathedraal

Op het hoofdplein van Mexico-Stad staat de grootste kathedraal van Latijns-Amerika. De kerk en de kapellen zijn rijkversierd.

Het Zócalo
Uitzicht over het belangrijkste plein van de stad.

Speciaal voor vrouwen

Door de hoofdstraten van de stad rijden bussen die alleen voor vrouwen en kinderen zijn bedoeld (links). Je vindt er ook aparte metro-, en treinwagons voor vrouwen.

Frida Kahlo Museum

De kunstenares Frida Kahlo woonde en overleed in de wijk Coyoacan. Tegenwoordig is haar huis (links) een museum waar veel van haar eigendommen te zien zijn, zoals haar bed en jurken.

Nationaal Paleis

Het Nationaal Paleis is een belangrijk regeringsgebouw in Mexico. De muren bij de trap en twee muren van de binnenplaats zijn versierd met kleurige schilderingen van de Mexicaanse kunstenaar Diego Rivera.

HET PLEIN
Het Zócalo is een van de grootste pleinen ter wereld. Er wapperen vlaggen in het midden en op restaurants, hotels en openbare gebouwen.

PARKEN
XOCHIMILCO EN CHAPULTEPEC

Rustige plekken in een drukke stad

Xochimilco (onder) is de enige plek in Mexico-Stad waar de drijvende tuinen van de Azteken nog te zien zijn. Deze tuinen worden chinampas genoemd.

Chapultepec (geheel onder) is een enorm uitgestrekt, groen park midden in deze bedrijvige stad. Je kunt er heerlijk wandelen.

Bevolking

De grondwet van Mexico erkent 62 verschillende bevolkingsgroepen in het land, die sterk verbonden zijn met de geschiedenis van hun regio. Hun taal en cultuur worden beschermd door de grondwet.

VRIJHEIDSBEELD

Op Liberty Island, ten zuiden van Manhattan in New York City, staat een wereldberoemd monument: het Vrijheidsbeeld (Statue of Liberty). Het was een geschenk van Frankrijk aan de Verenigde Staten in 1886.

ENKELE FEITEN

Inhuldiging:
28 oktober 1886

Ligging:
Liberty Island, New York City, VS

Constructie:
Het beeld is gemaakt van koperplaten. Vanwege de grootte en het gewicht van de stenen sokkel staat het op vier enorme stalen steunen.

IN DETAIL

Steun
Het beeld blijft staan dankzij een toren binnenin. Een geraamte rond deze toren houdt de buitenlaag met koperplaten op zijn plaats.

Gedenkplaat
Binnen in het beeld hangt een gedenkplaat met het gedicht 'The New Colossus' van Emma Lazarus.

Onderzijde
De onderzijde is vierkant en staat op een stervormig voetstuk.

Musea
Aan de voet van het beeld liggen twee musea.

Hoofd
Je kunt via een trap met 354 treden naar het hoofd klimmen. De afstand tussen de kin en de kruin is 5 meter.

Beeldhouwer

De Fransman Frédéric Auguste Bartholdi ontwierp het beeld. Hij gebruikte de Colossus van Rhodos, een beeld uit de klassieke oudheid, als voorbeeld.

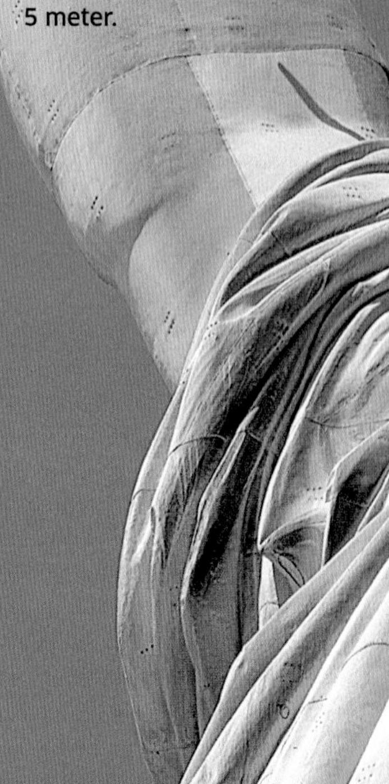

Toorts
De toorts was oorspronkelijk van koper, maar dit werd in 1916, vervangen door 600 stukjes geel glas, zodat hij beter opvalt. De vlam is bedekt met bladgoud.

Manhattan
Op het Vrijheidsbeeld heb je prachtig uitzicht op het eiland Manhattan. Met iets meer dan 8,1 miljoen inwoners is Manhattan een van de grootste verstedelijkte gebieden ter wereld.

Kroon
De kroon van het beeld telt zeven punten. Zij symboliseren de zeven wereldzeeën en zeven continenten.

Lift

Er gaat een lift naar de 10de etage. De overige twaalf etages zijn alleen via een trap bereikbaar.

Gedenkplaat
De linkerhand houdt een gedenkplaat vast. Het vermeldt de datum waarop de Verenigde Staten onafhankelijk werd.

92,99 m

De hoogte van het beeld van het voetstuk tot de toorts.

Uitzicht
Het beeld was het eerste wat immigranten zagen als ze met de boot in de Verenigde Staten aankwamen.

Beeld
Close-up van het beroemde monument.

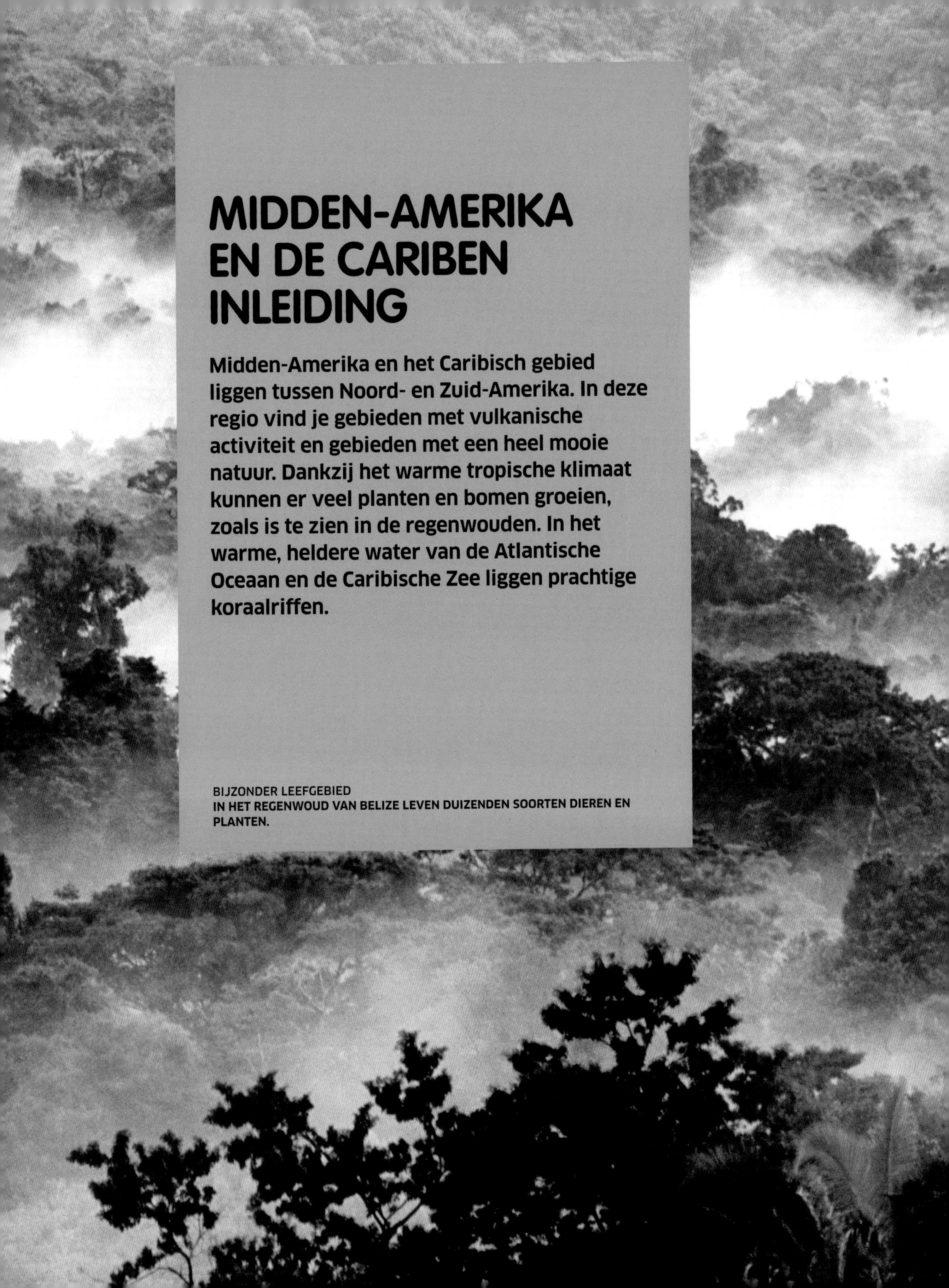

MIDDEN-AMERIKA EN DE CARIBEN INLEIDING

Midden-Amerika en het Caribisch gebied liggen tussen Noord- en Zuid-Amerika. In deze regio vind je gebieden met vulkanische activiteit en gebieden met een heel mooie natuur. Dankzij het warme tropische klimaat kunnen er veel planten en bomen groeien, zoals is te zien in de regenwouden. In het warme, heldere water van de Atlantische Oceaan en de Caribische Zee liggen prachtige koraalriffen.

BIJZONDER LEEFGEBIED
IN HET REGENWOUD VAN BELIZE LEVEN DUIZENDEN SOORTEN DIEREN EN PLANTEN.

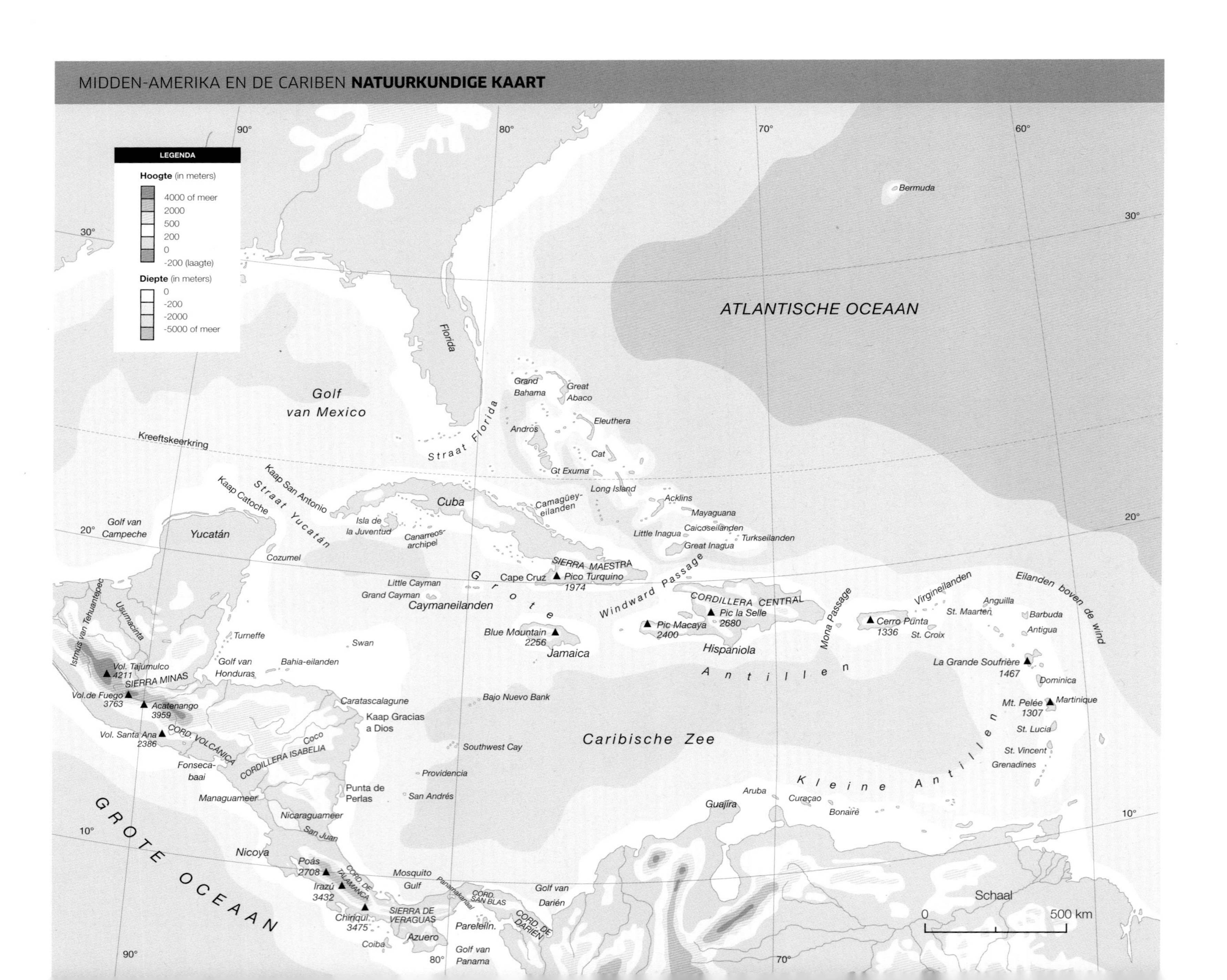
MIDDEN-AMERIKA EN DE CARIBEN NATUURKUNDIGE KAART
LEGENDA
Hoogte (in meters)
4000 of meer
2000
500
200
0
-200 (laagte)
Diepte (in meters)
0
-200
-2000
-5000 of meer
Schaal
0
500 km
ATLANTISCHE OCEAAN
Bermuda
Golf van Mexico
Florida
Straat Florida
Kreeftskeerkring
Grand Bahama
Great Abaco
Eleuthera
Andros
Cat
Gt Exuma
Long Island
Acklins
Mayaguana
Little Inagua
Great Inagua
Caicoseilanden
Turkseilanden
Camagüey-eilanden
Cuba
Canarreos-archipel
Isla de la Juventud
Kaap San Antonio
Straat Yucatán
Kaap Catoche
Cozumel
Yucatán
Golf van Campeche
Usumacinta
Istmus van Tehuantepec
Vol. Tajumulco 4211
SIERRA MINAS
Vol.de Fuego 3763
Acatenango 3959
Vol. Santa Ana 2386
CORD. VOLCÁNICA
Fonseca-baai
Turneffe
Golf van Honduras
Bahia-eilanden
Swan
Managuameer
CORDILLERA ISABELIA
Coco
Nicaraguameer
San Juan
Caratascalagune
Kaap Gracias a Dios
Punta de Perlas
Nicoya
Poás 2708
Irazú 3432
CORD. DE TALAMANCA
Chiriquí 3475
SIERRA DE VERAGUAS
Coiba
Azuero
Golf van Panama
Mosquito Gulf
Panamakanaal
CORD. SAN BLAS
Pareleiln.
CORD. DE DARIÉN
Golf van Darién
San Andrés
Providencia
Southwest Cay
Bajo Nuevo Bank
Little Cayman
Grand Cayman
Caymaneilanden
SIERRA MAESTRA
Pico Turquino 1974
Cape Cruz
Blue Mountain 2256
Jamaica
Grote Antillen
Windward Passage
Pic Macaya 2400
Pic la Selle 2680
CORDILLERA CENTRAL
Hispaniola
Mona Passage
Cerro Punta 1336
Virginseilanden
St. Croix
St. Maarten
Anguilla
Barbuda
Antigua
La Grande Soufrière 1467
Dominica
Mt. Pelée 1307
Martinique
St. Lucia
St. Vincent
Grenadines
Eilanden boven de wind
Kleine Antillen
Caribische Zee
Aruba
Curaçao
Bonaire
Guajira
GROTE OCEAAN
30°
20°
10°
90°
80°
70°
60°

MIDDEN-AMERIKA EN DE CARIBEN **STAATKUNDIGE KAART**

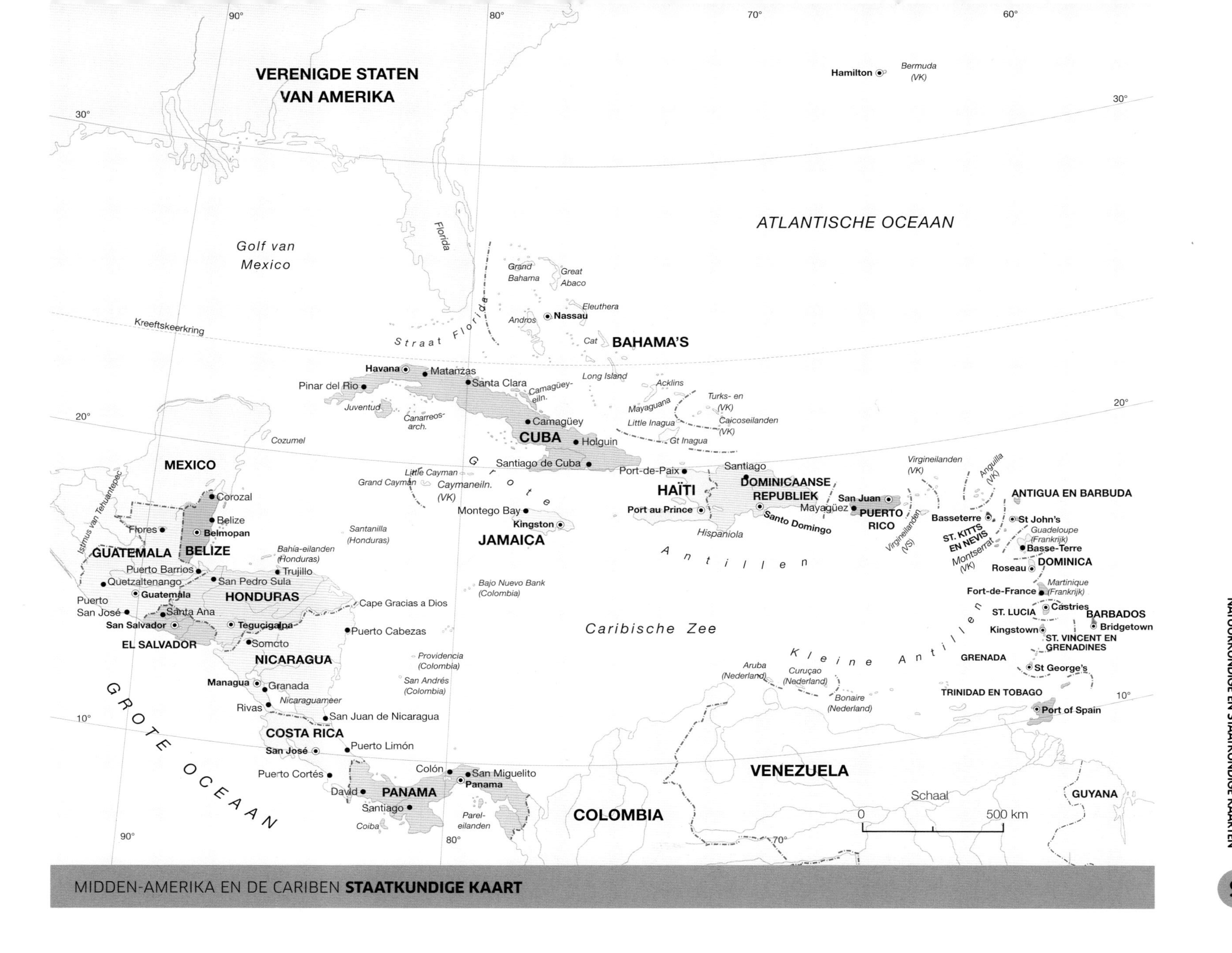

FLORA EN FAUNA

Bergen, kustzones en tropische regenwouden vind je in heel Midden-Amerika en het Caribisch Gebied. Er komen zeer uiteenlopende planten en dieren voor in het gebied, zoals alligators, leguanen en koraalriffen.

Kinkajoe

De kinkajoe, ook wel de rolstaartbeer genoemd, komt in Midden-Amerika voor. Het is een nachtdier dat in bomen leeft en zich voedt met fruit.

Jaguar

De jaguar (links) is de grootste carnivoor van het Amerikaanse continent en een van de grootste van de wereld. Deze kat wordt met uitsterven bedreigd.

Ara

De groenvleugelara (links) bouwt zijn nest in holle bomen in de bossen van de regio. Hij voedt zich met vruchten en zaden.

Quetzal

De quetzal heeft kleurige veren en een lange staart. Het is de nationale vogel van Guatemala.

Reptielen

De groene leguaan leeft in gebieden met een dichtere vegetatie en een gemiddelde temperatuur van 28 °C.

Guatemala
Semuc Champey is een mooi meer aan de Cahabónrivier in Guatemala.

Zilverpunthaai

De zilverpunthaai komt voor in de Grote Oceaan. Hij wordt maximaal 3 meter lang. Hij is gevaarlijk voor mensen.

NATUURRESERVAAT
NATIONAAL PARK TIKAL

Bosruïnes

Het nationaal park Tikal ligt in Guatemala, in de streek Petén. Er leven poema's, jaguars, vogels zoals toekans en papegaaien, en vele soorten apen. Tikal was ooit een van de grootste steden van de Mayabeschaving. De ruïnes van de stad liggen in het park.

KLEURIGE DIEREN EN PLANTEN IN ZEE

Koraalriffen in Belize

Vlak voor de kust van Belize liggen schitterende koraalriffen. Ze zijn ongeveer 300 kilometer lang. Het is het op een na grootste rifgebied van de wereld. Het grootste is het Groot Barrièrerif in Australië. In dergelijke riffen leven veel verschillende vissoorten.

BEVOLKING EN ECONOMIE

Een groot deel van de inwoners van Midden-Amerika en het Caribisch gebied stamt af van Afrikanen, Europeanen en Aziaten. De economie van de meeste landen steunt op toerisme en landbouw. Bananen, katoen, suikerriet en tabak worden er het meest verbouwd.

Haïti
Straatverkopers in Haïti verkopen groente en fruit.

Bananen
Veel verschillende vruchten worden verbouwd voor de export. Er is veel vraag naar de bananen uit het gebied.

Tabak
Tabak, een van de winstgevendste gewassen ter wereld, wordt verbouwd in Cuba, Guatemala, Nicaragua, de Dominicaanse Republiek en Honduras.

Suikerriet
In de regio worden grote hoeveelheden suikerriet verbouwd. Het wordt meestal met de hand geoogst en levert dus veel mensen werk op.

Dominicaanse Republiek
Dit is een typisch vissersdorp aan de noordwestkust.

BELANGRIJKSTE ETNISCHE GROEPEN

Afrikaanse herkomst

In het dagelijks leven in de regio zijn veel Afrikaanse invloeden te zien. Muziek als de mambo bijvoorbeeld is afkomstig uit Afrikaanse tradities, zoals de. Ook zijn er veel religieuze gebruiken die van Afrikaanse religies stammen.

Junkanoo
Tijdens deze feestdag op de Bahama's wordt de grootste optocht van Nassau gehouden.

DAGELIJKS LEVEN
ROLLEN VAN DE SEKSEN

Rol van de vrouwen

In deze regio moeten vrouwen vaak harder werken dan mannen. Recent onderzoek wijst uit dat ze meer tijd kwijt zijn aan onbetaalde activiteiten dan mannen.

SCHADE AAN DE OOGST
ZWARE REGENS

Honduras

In 2010 regende het heel erg hard in Honduras. Hierdoor traden er aardverschuivingen op waarbij veel huizen en landbouwgewassen werden verwoest.

PANAMAKANAAL

Dankzij het Panamakanaal, dat heel knap in elkaar zit, kunnen schepen van de Atlantische naar de Grote Oceaan varen zonder om Zuid-Amerika heen te varen. In 1914 voer het eerste schip erdoorheen. In 2007 werd begonnen aan een uitbreiding van het kanaal.

Tussen oceanen

Door het Panamakanaal van de ene naar de andere oceaan is het 80 km.

Heen en terug

Er zijn twee parallelle kanalen; het ene om het water te doen stijgen, het andere om het water te laten zakken.

Het meer

In het midden van het kanaal ligt op 26 m boven de zeespiegel een meer. Het water van dit meer wordt gebruikt om de sluizen te vullen.

Bouwwerkzaamheden

Momenteel varen jaarlijks 14.000 schepen door het kanaal. Als de werkzaamheden klaar zijn, kunnen er 18.000 schepen doorheen.

Hoe de sluizen werken

1. Het water in de eerste sluiskamer moet net zo hoog staan als de zee. Om dat te bereiken wordt er in slechts acht minuten 378 miljoen liter zoet water geloosd.

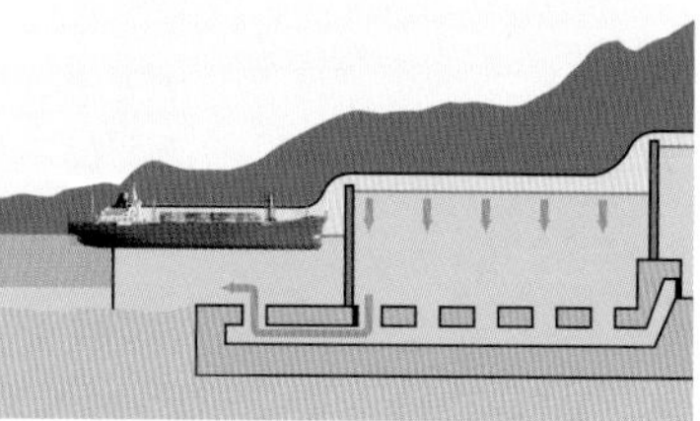

2. Als het water op zeeniveau is, vaart het schip de eerste sluiskamer in. De schuiven worden dan gesloten en het water stroomt terug in de sluis om het waterpeil te laten stijgen.

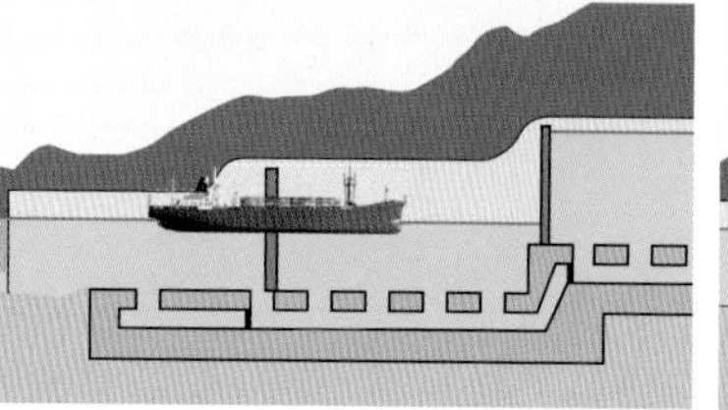

3. Er stroomt water uit de tweede sluiskamer zodat het even hoog komt als het water in de eerste sluiskamer. Het schip vaart de tweede sluiskamer in. Dit proces wordt herhaald in de derde sluiskamer.

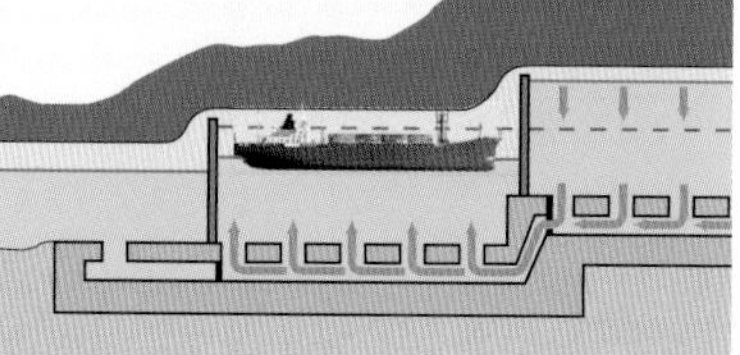

8–10 uur

De gemiddelde tijd die een schip nodig heeft om door het kanaal te varen.

HET NIEUWE KANAAL
WERK BEGON IN 2007

Grote schepen

Tientallen jaren werd het grootste deel van de ladingen vervoerd in schepen die speciaal gebouwd waren om door het kanaal te kunnen varen. Hedendaagse schepen zijn vaak te groot om door het kanaal te varen.

Reusachtige sluizen

Dankzij twee nieuwe sluizen (naast het huidige kanaal) kunnen de grotere schepen in de toekomst ook door het kanaal varen. Het nieuwe kanaal krijgt ook een systeem van spaarbekkens om zoet water te bewaren.

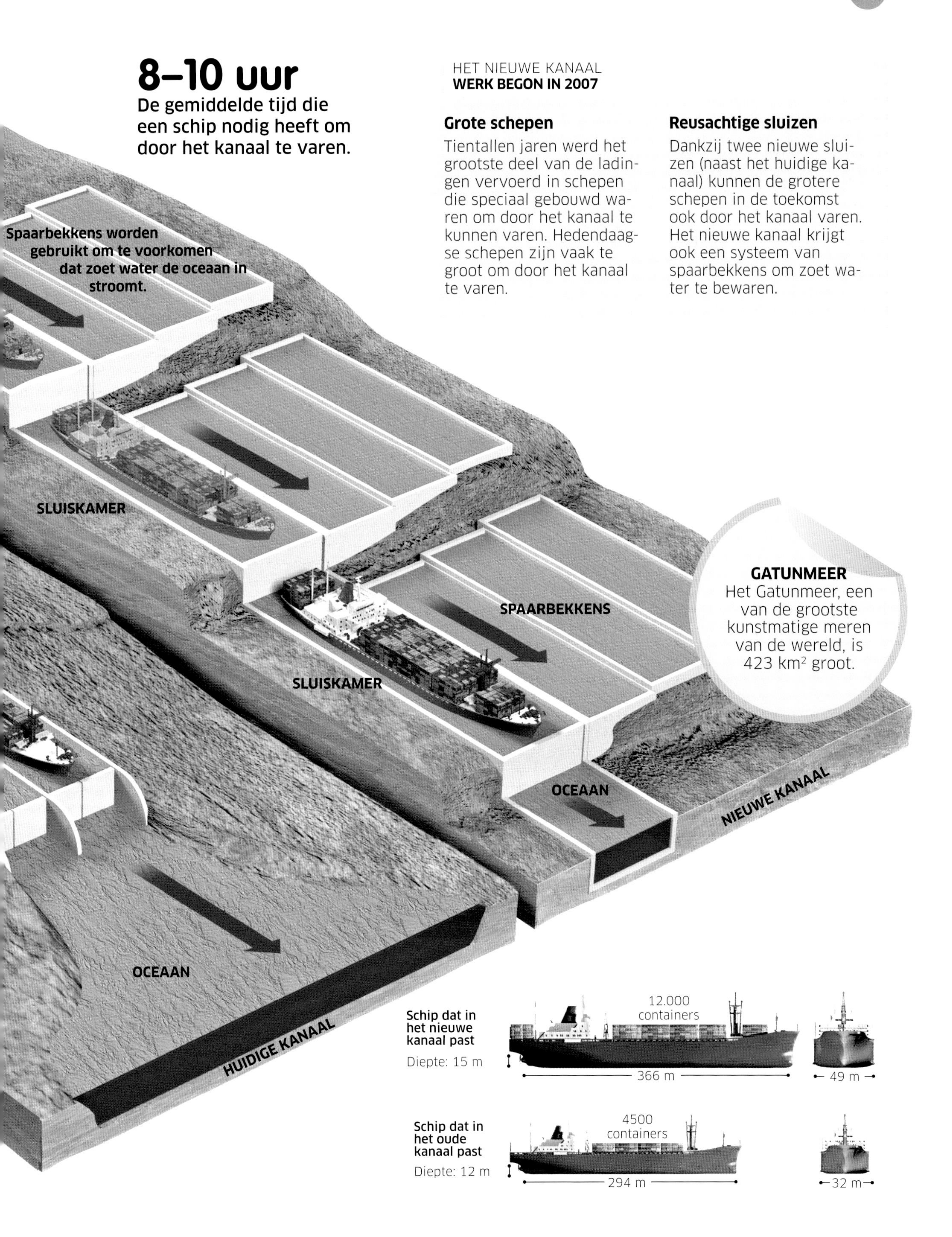

ZUID-AMERIKA INLEIDING

Dit grote continent strekt zich uit van het noordelijk halfrond tot vlak bij de Zuidpoolcirkel. Er komen veel verschillende klimaten voor, van tropische regenwouden en hete woestijnen tot droge, koude gebieden als Patagonië in Zuid-Argentinië. Het grootste deel van het continent maakt deel uit van een regio Latijns-Amerika wordt genoemd. Het zijn allemaal voormalige kolonies van Spanje en Portugal, zodat Spaans en Portugees nog steeds de meest gesproken talen zijn. Er komen op het continent ook oorspronkelijke talen en culturen voor. In het Amazoneregenwoud leven nog altijd kleine groepen mensen die nog nooit contact met de buitenwereld hebben gehad.

DIKKE WOLKEN
HET ANDESGEBERGTE LIGT LANGS HET WESTEN VAN HET CONTINENT EN LOOPT PARALLEL AAN DE GROTE OCEAAN.

ZUID-AMERIKA
NATUURKUNDIGE KAART

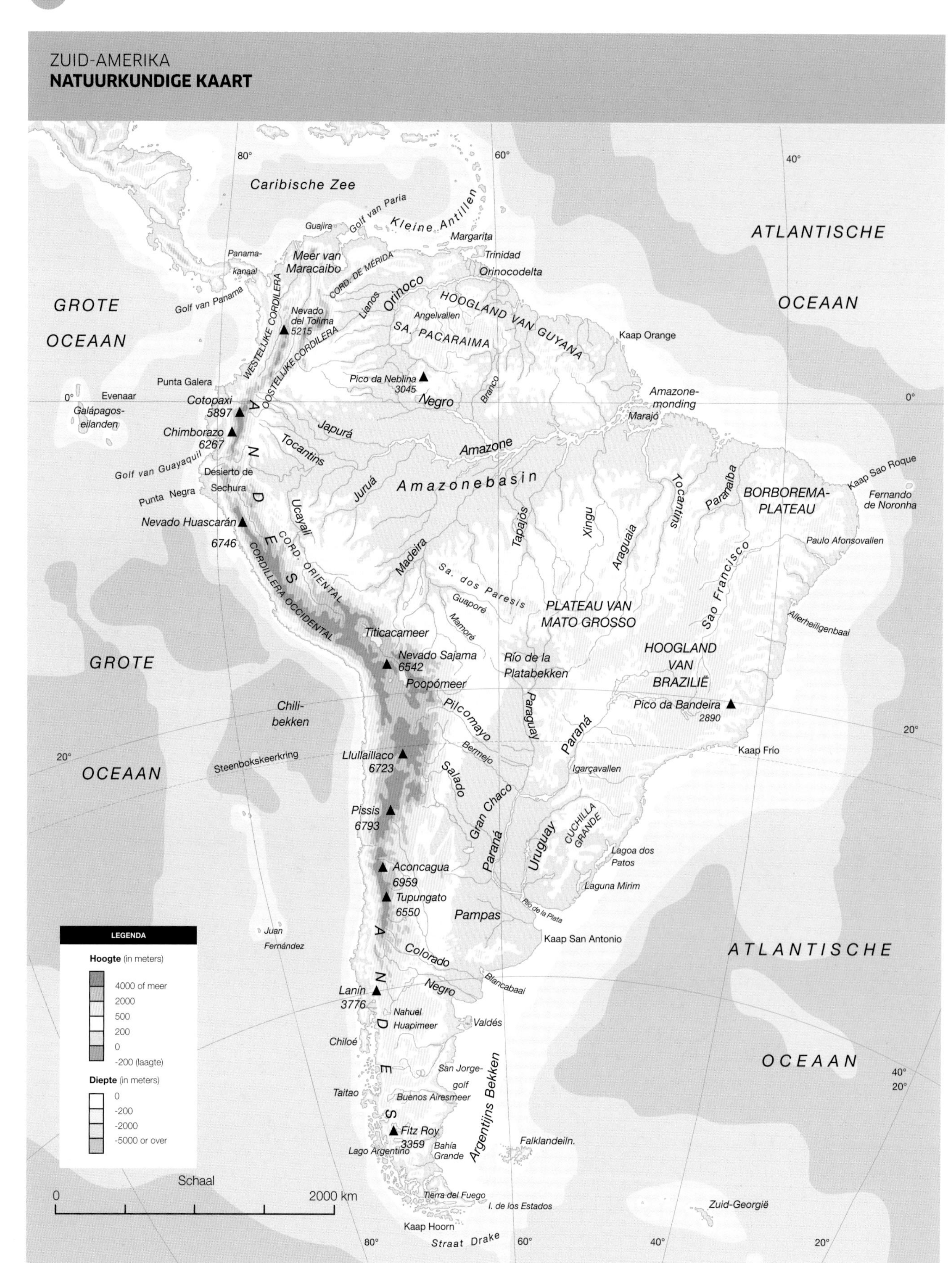

ZUID-AMERIKA
STAATKUNDIGE KAART

FLORA EN FAUNA

Het landschap van Zuid-Amerika is zeer gevarieerd. In de tropische bossen leeft een grote verscheidenheid aan dieren en planten, en in het koude zuiden of hoog in het Andesgebergte weten weer heel andere organismes te overleven.

Waterlelies In de watergebieden van Pantanal, Brazilië.

AMAZONE-BEKKEN

Heel veel soorten

Rond de enorme Amazonerivier ligt het grootste regenwoud ter wereld. Er leven hier meer soorten dieren en planten dan waar ook op de planeet. De Amazone is de op een na langste rivier ter wereld, maar de grootste wat betreft hoeveelheid water. Hij bevat 20 procent van al het rivierwater in de wereld.

WOESTIJNPLANTEN
ANDES – PATAGONIË

Taaie soorten

Dit droge gebied strekt zich uit van Colombia in het noorden tot Argentinië in het zuiden. Het volgt het Andesgebergte en omvat hoge bergplateaus en de kustwoestijnen van Chili en Peru. De begroeiing bestaat grotendeels uit gras. De dieren hebben zich aangepast om in dit droge klimaat te overleven.

DIVERSITEIT
HET ANDESGEBERGTE

Hoog levende soorten

Het berglandschap bestaat uit droge gebieden met weinig vegetatie, en bosgebieden zoals de Yungas in Bolivia. In de bergbossen vind je veel verschillende soorten bomen. De condor, de Andesflamingo en de guanaco (een groot zoogdier dat veel weg heeft van een kameel) leven in de Andes.

Grijze arendbuizerd

Deze roofvogel heeft speciale veren die zorgen dat hij niet doodvriest als hij over de Andes vliegt.

Oranje rotshaan

Deze mooie vogel leeft in hoge rotsgebieden. Hij voedt zich voornamelijk met vruchten.

GOEDE WOL
Alpaca's bezitten wol van hoge kwaliteit, die heel geschikt is voor het breien van warme kleren.

Alpaca

De alpaca komt veel voor op de hoogvlakten van Ecuador, Bolivia, Chili en Peru.

Carnivoor

De zeeluipaard is een van de grootste roofdieren in de oceanen van het zuidelijk halfrond.

Piranha's

Er leven verschillende soorten piranha's in de Amazonerivier. Deze vleesetende vissen komen soms in grote scholen samen om een prooi aan te vallen. Ze vallen zelden mensen aan.

Slang
De boa constrictor komt voor in het noorden van Zuid-Amerika.

Patagonische bossen

De lariks, de mirte en de slangenden (boven, van links naar rechts) zijn drie boomsoorten die in Patagonië voorkomen. Hieronder staan de plantensoorten die je daar het meest ziet:

1. **IJzerhard**
2. **Antarctische beuk**
3. **Lariks**
4. **Mirte**
5. **Lengabeuk**
6. **Slangenden**
7. **Hazelaar**

Leguanen en krabben

De Galápagoslandleguaan (links) en de rode rotskrab (onder) leven beide op de Galápagoseilanden. Op deze afgelegen eilandengroep in de Grote Oceaan bestaan veel unieke soorten. Het bestuderen van de dieren en planten hier hielp Charles Darwin bij de totstandkoming van zijn evolutietheorie.

CRISIS IN DE AMAZONE

Sinds 1970 is een vijfde van het Amazoneregenwoud door mensen omgehakt. Er zijn hoopgevende signalen dat het tempo van de verwoesting afneemt omdat de regeringen van Brazilië en andere landen ingrijpen. Verdere verwoesting van de Amazone kan het klimaat van de hele wereld bedreigen.

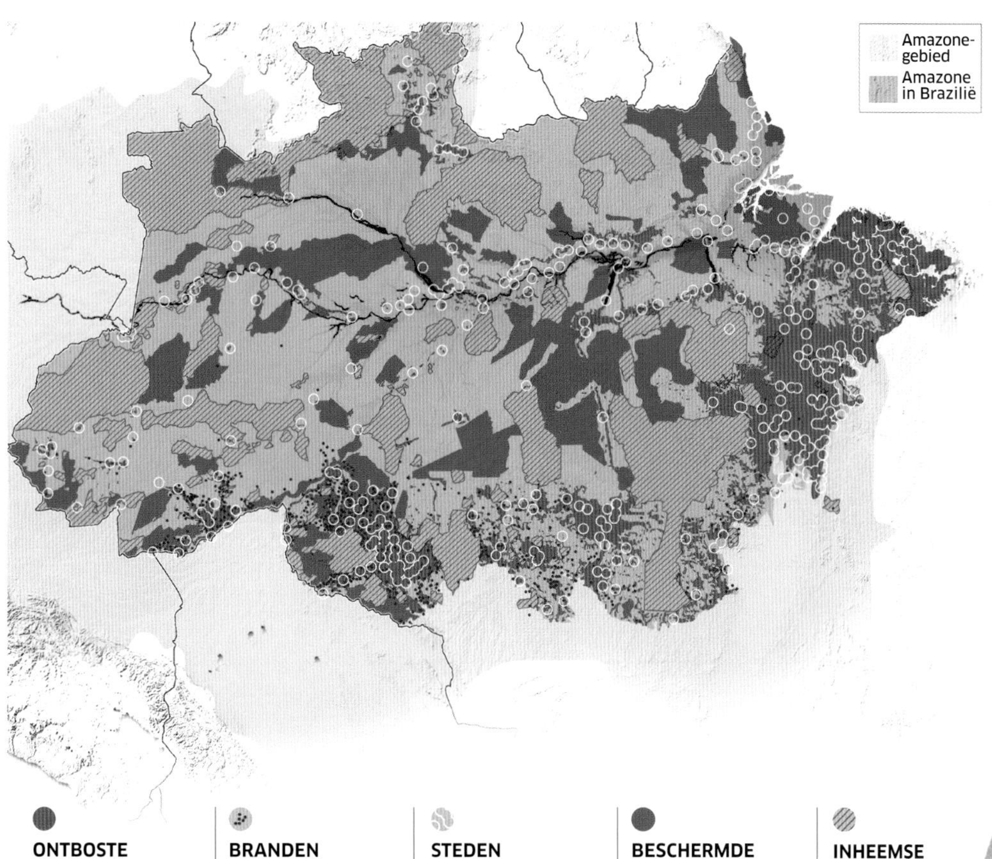

ONTBOSTE GEBIEDEN
In deze gebieden zijn alle bomen omgehakt.

BRANDEN
Door bos in brand te steken is landbouwgebied gewonnen.

STEDEN
Ongebreidelde en ongecontroleerde groei van steden.

BESCHERMDE GEBIEDEN
Nationale parken die niet mogen worden omgehakt.

INHEEMSE BEWONING
Deze gebieden worden een beetje beschermd.

WAT STAAT ER OP HET SPEL?
ZAKEN DIE ONS ALLEMAAL RAKEN

Zuurstof
De planten in het Amazonegebied produceren zo'n 20 procent van alle zuurstof op aarde. Ze zijn 'de longen van de planeet'.

Broeikaseffect
Bomen halen koolstofdioxide uit de lucht en vertragen zo de klimaatverandering. Zonder het regenwoud wordt de planeet snel warmer.

Biodiversiteit
Naar schatting leeft zo'n 10 procent van alle bekende planten- en diersoorten in het Amazonegebied.

Cultuur
Er leven mogelijk zo'n 200.000 inheemsen in de regio. Hun diverse culturen zouden verloren gaan.

AMAZONEGEBIED
VEEL LANDEN

Een enorm gebied

Het Amazonegebied strekt zich uit over een oppervlakte van ongeveer 7 miljoen vierkante kilometer. De helft van het regenwoud ligt in Brazilië. De rest ligt verspreid over Peru, Bolivia, Colombia, Venezuela, Guyana en Suriname.

Luchtfoto
Elke seconde stroomt ongeveer 200.000 kubieke meter water van de Amazonerivier de oceaan in.

Snelheid van de krimp

Rond 1991 was 415.000 km^2 van het regenwoud ontbost. Rond 2000 was het regenwoud met 587.000 km^2 gekrompen. Het ontboste land wordt gebruikt voor veeteelt en akkerbouw. De laatste jaren neemt de krimp van het woud af.

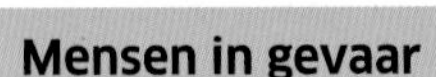

Mensen in gevaar

De Amazone is het leefgebied van vele kleine groepen mensen, zoals de Yanomami (foto links). Deze groepen dreigen hun manier van leven te verliezen en daarmee zal veel kennis over het bos en zijn planten verloren gaan.

Rubber

Langs de oever van de Tapajosrivier in Brazilië worden rubberbomen geteeld. Het rubber wordt gewonnen door sneeën te maken in de bast.

BEVOLKING

Er trekken in Zuid-Amerika veel mensen van het platteland naar de steden. De bouw van geïmproviseerde huizen aan de stadsranden heeft geleid tot snelle en ongecontroleerde groei van de steden. Deze arme wijken aan de stadsranden heten favela's of krottenwijken.

Rio de Janeiro
Een uitzicht op deze Braziliaanse stad, waar meer dan 6 miljoen mensen leven.

Carnaval

Carnaval is het grootste en belangrijkste festival van Brazilië. Mensen gaan in mooie kleren de straat op om een enorm feest te vieren.

BRAZILIË
PORTO ALEGRE

Wolkenkrabbers en snelwegen

Porto Alegre is de hoofdstad van de staat Rio Grande do Sul. De stad heeft bijna 1,5 miljoen inwoners en er zijn veel kantoren en fabrieken.

Salvador da Bahia

Salvador, de eerste hoofdstad van het Portugese Nieuwe Wereldrijk, werd gesticht in 1549. Het is een van de oudste steden van Brazilië. Het historisch centrum is door de Unesco uitgeroepen tot Werelderfgoed. Er leven ongeveer 3 miljoen mensen.

VENEZUELA
CARACAS

Succesvolle stad

Caracas is met meer dan 3,5 miljoen inwoners het op acht na grootse stedelijke gebied van Latijns-Amerika. Het is een handelscentrum waar flink wordt geïnvesteerd door zowel Venezuolaanse als buitenlandse bedrijven.

COLOMBIA
BOGOTÁ

Cultuurcentrum

De belangrijkste musea en universiteiten van Colombia zijn te vinden in de hoofdstad Bogotá. Er leven meer dan 6,5 miljoen mensen. Hieronder zie je een foto van de historische St.-Franciscuskerk in deze stad.

La Boca
Een buitenwijk van Buenos Aires, de hoofdstad van Argentinië

ARGENTINIË
CÓRDOBA

Tweede stad

In Córdoba, na Buenos Aires de grootste stad van Argentinië, leven 1,3 miljoen mensen. De stad staat bekend als 'de geleerde', omdat de beste universiteit van het land hier is te vinden. Hieronder zie je de kathedraal van de stad.

Maté
Een populair drankje in Argentinië.

CHILI
SANTIAGO DE CHILE

Hoge levensverwachting

Santiago, de hoofdstad van Chili, is met meer dan 5 miljoen inwoners de grootste stad van het land. De stad bezit een rijke mengeling van mooie oude en opmerkelijke nieuwe architectuur. Chili is het land met de hoogste levensverwachting in Zuid-Amerika: ongeveer 79 jaar.

ECONOMIE

Zuid-Amerika produceert veel voedsel dat naar andere delen van de wereld wordt geëxporteerd. Het heeft ook veel natuurlijke hulpbronnen en een van de grootste voorraden aardolie van de planeet. Brazilië heeft de grootste economie van Zuid-Amerika, gevolgd door Argentinië, Colombia, Venezuela, Peru en Chili.

ARGENTINIË
TOERISME

Populaire bestemming

De Perito Moreno-gletsjer is een populaire toeristische bezienswaardigheid. De tocht erheen vanuit El Calafate voert langs meren, beken, bossen en met besneeuwde bergtoppen.

Wonder
De enorme gletsjer is een spectaculair natuurwonder.

VENEZUELA
OLIE

Belangrijke reserve

Olie is de belangrijkste inkomstenbron van Venezuela. Tegenwoordig beheert een staatsbedrijf de oliereserves, die tot de grootste van de wereld worden gerekend. In januari 2011 bezat het land nog 297 miljard vaten (1 vat = 159 liter). In 1960 was Venezuela een van de oprichters van OPEC, een vereniging van olieproducenten uit de hele wereld. Het land bezit ook aardgas, ijzer, goud en diamanten. De industrie houdt zich vooral bezig met olieraffinage en petrochemie (chemicaliën gemaakt van olie). Venezuela exporteert vooral producten gemaakt van olie of staal. Het bezit ook textiel-, houtverwerkende en farmaceutische industrieën.

Maracaibo
Centrum van olieproductie.

URUGUAY
LANDBOUW EN TOERISME

Zonnebloemen

Uruguay, het op een na kleinste land in Zuid-Amerika, staat bekend om zijn mooie stranden, zoals Punta del Este. Zijn economie is gebaseerd op veeteelt en andere landbouwproducten. Men verbouwt er onder meer soja, tarwe, gerst, haver, rijst, mais en zonnebloemen (onder).

Chuquicamata
Dit is een dagbouwmijn.

CHILI
MIJNBOUW

Het uiterste eruithalen

De mijnbouw is de belangrijkste industrie in Chili. Daarbij is vooral de kopermijnbouw zeer winstgevend. Op de foto links zie je de Chuquicamatamijn in de Atacamawoestijn. Een andere belangrijke industrie is de wijnproductie. Chili exporteert wijn naar de hele wereld. Hieronder zie je een typische Chileense wijngaard.

BRAZILIË EN COLOMBIA
KOFFIE EN NOG VEEL MEER

Sterke economieën

Brazilië is traditioneel een grote producent van koffie. Door de groei van de financiële sector heeft de dienstensector nu het grootste aandeel in de economie, gevolgd door de industrie. Colombia is nog altijd een grote producent en exporteur van koffie.

UITPUTTING
Een groot deel van de bossen in het Amazonegebied is gekapt om ruimte te maken voor economische activiteiten.

BOLIVIA
HEEL VEEL AARDGAS

Bron van energie

Bolivia heeft de op een na grootste aardgasreserves van Zuid-Amerika. Het exporteert gas naar zijn buurlanden, met name Brazilië en Argentinië. Er worden ook aardolie en veel verschillende mineralen gewonnen. Op de foto hieronder zie je een paar typische aardgastanks.

NAZCALIJNEN

De Nazcalijnen zijn tekeningen op de bodem in Zuid-Peru. Sommige zijn meer dan 300 meter lang. Het zijn lijntekeningen van dieren, planten en geometrische vormen, die alleen van grote hoogte zijn te zien. De lijnen zijn getrokken op de vlakte en op de hellingen. Ze zijn het werk van het Nazcavolk, dat daar tussen 200 v. Chr. en 500 n. Chr. leefde.

PERU
NAZCA

Ligging

De lijnen zijn gevonden in de provincies Palpa en Nazca op de Pampas de Jumana.

Werelderfgoed

In 1994 riep de Unesco de tekeningen uit tot Werelderfgoed.

Ingang en uitgang

De spin heeft een ingang en een uitgang, zodat je de lijnen kunt volgen zonder ooit van de ene lijn naar de andere over te steken.

Vreemde trekken

Aan de vorm en de trekken van de Spin is te zien dat hij is gebaseerd op een soort uit het Amazoneregenwoud.

DE SPIN
De Spin, een van de bekendste tekeningen, is gemaakt van één doorlopende lijn.

Anthony F. Aveni

Volgens Aveni, een wetenschapper uit de VS, hadden de lijnen te maken met water. Ze zouden zijn gebruikt bij rituelen die moesten zorgen voor water voor de landbouw.

ERFGOED VAN DE NAZCA

Nijverheid

De Nazca waren uitstekende ambachtslieden. Ze maakten goede textielstoffen en hun aardewerk was het beste van precolumbiaans Zuid-Amerika.

Trofee-kop
Deze trofee is gevonden in een graf.

Tweekoppige slang
Een heilig symbool dat veel gevonden wordt in de Andes.

Siku
De siku is een traditioneel muziekinstrument uit de Andes.

Begraafplaats

Vlakbij ligt een begraafplaats uit de precolumbiaanse tijd. Deze mummie werd daar gevonden.

Sterrenkaart

Sommige onderzoekers, zoals Maria Reiche, menen dat de Spin misschien het sterrenbeeld Orion kan voorstellen.

De bodem

Het oppervlak is bedekt met een laag donkerrode stenen.

De Spin
Gezien vanuit de lucht.

BUENOS AIRES

Buenos Aires, een fascinerende stad, is de dichtstbevolkte stad van Argentinië. In het centrum, bij de Rio de la Plata, staan veel historische gebouwen. In het nabije Puerto Madero staan verbluffende moderne gebouwen.

SYMBOLEN VAN DE STAD

Het Teatro Colón

Dit schitterende concertgebouw behoort tot de zalen met de beste akoestiek ter wereld. Dit betekent dat het publiek de muziek heel goed kan horen.

Avenida 9 de Julio

Met een breedte van 140 meter is dit een van de breedste straten ter wereld. De Obelisk, een beroemd monument, staat op de kruising met Avenida Corrientes.

Stadhuis

Het stadhuis werd gebouwd toen het land 200 jaar geleden onafhankelijk werd.

Het fregat Sarmiento

De Argentijnse marine gebruikte dit schip tussen 1898 en 1961. Tegenwoordig is het een museum.

Land	Argentinië
Oppervlakte	202 km²
Bevolking	2.891.082
Dichtheid	14.314 mensen/km²

In de avond
Puerto Madero bezit mooie nieuwe gebouwen, restaurants en woningen.

Puerto Madero

In het oude havengebied is flink gebouwd. Er kwamen een nieuwe woonwijk en een zakencentrum.

NAAM
Puerto Madero is genoemd naar Eduardo Madero, die in 1882 de oorspronkelijke plannen voor de haven maakte.

CULTUUR IN BUENOS AIRES

Musea
De stad bezit veel verschillende musea, waaronder het Proa (boven), het Malba (onder), het Museum voor Schone Kunsten en het Museum voor Moderne Kunst.

Lezamapark
Dit park was ooit de boerderij van de familie Lezama. Je vindt er veel verschillende bomen, slingerende paden, een grote pergola, watervallen, monumenten, trappen en een amfitheater.

Metro
De metro van de stad bestaat uit zes lijnen. Het eerste station werd geopend in 1913. Het was de eerste metrolijn van Zuid-Amerika en is een van de drukste ter wereld.

CHRISTUS DE VERLOSSER

Het majestueuze standbeeld van Christus de Verlosser staat met uitgestrekte armen boven het centrum van Rio de Janeiro in Brazilië. Het werd gebouwd op de rotsachtige top van de berg Corcovado, 709 m boven de zeespiegel. Het wordt omgeven door het Tijucabos, het grootste stadsbos van de wereld.

CHRISTUS DE VERLOSSER
ENKELE FEITEN

Hoogte:
38 meter

Bekleding:
Grijsgroene speksteen

Gewicht:
1145 ton

Binnenkant:
Het bouwwerk is gemaakt van hol, gewapend beton

CULTUREEL EN RELIGIEUS BOUWWERK

Historische feiten

Het kostte vijf jaar om het beeld te maken. Het werd onthuld op 12 oktober 1931. Het was technisch een uitdaging omdat het in het gebied erg waait. Ook was het moeilijk om de uitgestrekte armen en het gebogen hoofd te maken. Het project werd geleid door de ingenieur Heitor da Silva Costa. De kunstenaar Carlos Oswald maakte het eerste ontwerp en de beeldhouwer Paul Landowski (onder) het hoofd en de handen.

Bekleding
Er werd gekozen voor speksteen uit Minas Gerai zodat het beeld bestand is tegen slecht weer en wisselende temperaturen.

Kerk
Aan de voet van het beeld staat een kleine kerk.

Hoogte
Van de basis tot het hoofd meet het beeld 38 meter, inclusief het 8 meter hoge voetstuk.

Hoofd
Het hoofd buigt een klein beetje naar beneden.

2003

Het jaar dat er liften werden geïnstalleerd om mensen naar de voet van het beeld te vervoeren.

SYMBOOL
Het indrukwekkende standbeeld is een van de grootste religieuze beelden ter wereld en werd het symbool van Brazilië.

De binnenkant bevat balken en trappen.

Armen
Elke arm is 27 meter lang.

Bergtrein
De Corcovadospoorlijn werd geopend in 1884. De treinen klimmen met 12 km/uur door het weelderige Tijucabos. De onderdelen van het beeld zijn per trein naar de top van de berg vervoerd.

AMERIKA

GEOGRAFISCHE WONDEREN

Bergen, hoge plateaus, uitgestrekte vlakten, woestijnen, jungles, vulkanen en gletsjers: Noord-, Midden- en Zuid-Amerika bezitten een spectaculair en gevarieerd landschap. Er zijn ook grote stukken land die nog niet door mensen zijn beroerd. Een groot deel hiervan is nu beschermd als Werelderfgoed.

ALBERTA
CANADA

Banff National Park

Bow Lake in Banff National Park, Alberta, vriest elke winter dicht. In het park, dat 6641 km^2 groot is, liggen gletsjers, bossen en bergen. De Unesco heeft het park uitgeroepen tot Werelderfgoed.

Gletsjerlandschap
Bandensporen op het oppervlak van een bevroren meer nabij de Canadese Rockies.

VAN CANADA TOT NEW MEXICO
VERENIGDE STATEN

De Rocky Mountains

Deze bergketen strekt zich meer dan 4800 km uit van het noorden van Canada tot New Mexico in het zuiden. De jonge bergketen werd gevormd uit een reeks afzonderlijke gebergten die aan elkaar vastgroeiden. In de valleien tussen de bergen liggen spectaculaire bossen en meren.

CALIFORNIË
VERENIGDE STATEN

San Andreasbreuk

De Noord-Amerikaanse en Pacifische tektonische platen schuiven tegen elkaar aan langs de San Andreasbreuk. Deze loopt parallel aan de kust van Californië en dwars door de stad San Francisco. Het is een zeer instabiel gebied, waar verwoestende aardbevingen plaatsvinden.

CANADA
NOORD-AMERIKA

Canadees schild

Het Canadese schild is een zeer oude keten van geërodeerde bergen die langs de Hudsonbaai loopt. De schild heeft de vorm van een reusachtig hoefijzer. De geërodeerde bergen bezitten nog maar een gemiddelde hoogte van 300 meter.

MIDDEN-AMERIKA EN DE CARIBEN

De vulkaan Irazu

Irazu is met een hoogte van 3432 meter de hoogste actieve vulkaan van Costa Rica. De top telt vijf kraters. Een van de kraters is gevuld met een groen meer (links).

Sierra Maestra

De Sierra Maestra, die door weelderige vegetatie wordt omgeven, is een bergketen in het zuidoosten van Cuba. Pico Turquino is de hoogste berg van de Sierra Maestra. Hij reikt tot 1974 meter boven de zeespiegel.

Punta Cana
Een gebied met mooie stranden op de oostkust van de Dominicaanse Republiek.

ZUID-AMERIKA
AMAZONEGEBIED

De grote rivier

De Amazone is de grootste rivier ter wereld (qua hoeveelheid water). Er komen zo'n 200 kleinere rivieren op uit en hij stroomt door een enorm delta uit in de Atlantische Oceaan. Vanaf de Andes loopt hij 6737 km door Zuid-Amerika.

Atacamawoestijn

De Atacama is een van de droogste plaatsen op de planeet. Hij ligt in het noorden van Chili tussen de rivieren Copiapo en Loa. Delen van de woestijn bevatten rotsformaties die sterk op het oppervlak van de maan lijken.

ARGENTINIË
EL CALAFATE

Perito Morenogletsjer

De Perito Morenogletsjer, die 30 kilometer lang en 5 kilometer breed is, ligt in de provincie Santa Cruz. Af en toe dreunt het er spectaculair wanneer grote brokken ijs van de voorkant van de gletsjer vallen.

VOLKEN EN TALEN

Spaans en Engels zijn de meest gesproken talen in Amerika. Men spreekt verder Frans en Portugees, en daarnaast nog een hele reeks verschillende inheemse talen, zoals Quechua, Guarani en Mapuche.

Spaans

Het Spaans werd geïntroduceerd door de conquistadores. Sindsdien is de taal van elk regio veranderd naar een eigen woordenschat en accent.

AFSTAMMING
De inwoners van Noord-, Midden- en Zuid-Amerika stammen vooral af van indianen, Afrikanen en Europeanen.

Engels
De belangrijkste voertaal van wetenschap, handel en diplomatie.

Cultuur

Veel kleinere culturen over de hele wereld dreigen te verdwijnen. Tegelijk met de culturen gaan ook de talen verloren.

Talen beschermen

Antropologen vinden het belangrijk om talen te beschermen, omdat deze ons andere manieren laten zien om naar de wereld te kijken.

OORSPRONKELIJKE TALEN VAN AMERIKA

Canada en de VS

Er zijn meer dan 300 inheemse talen, maar vele staan op het punt om uit te sterven.

1. Algonkian-Ritwan
2. Caddo
3. Hokan
4. Irokees
5. Kiowa-Tano
6. Muskogee
7. andere

Mexico en Midden-America

Quiche en Yucateeks zijn Mayatalen die nog steeds worden gesproken. Veel andere zijn verdwenen.

1. Macro-Chibcha
2. Maya
3. Mixe-Zoque
4. Oto-Manguea
5. Totonaaks
6. Uto-Azteeks
7. andere

Zuid-Amerika

Ruim 1000 talen zijn uitgestorven. Sommige, zoals Quechua, worden nog gesproken.

1. Arawakisch
2. Carib
3. Macro-Chibcha
4. Macro-Ge
5. Pano-Tacana
6. Quechumara
7. andere

BELANGRIJKE INHEEMSE TALEN
BELANGRIJKE FEITEN

PERU
QUECHUA

Veel gesproken taal

Peru is etnisch zeer divers. Quechua, de taal van de Inca's, wordt het meest gesproken. Deze taal wordt ook gesproken in Bolivia, Ecuador, Colombia, Argentinië en Chili.

MEXICO
NAHUATL

Diverse talen

In Mexico spreken ongeveer 6 miljoen mensen meer dan 60 inheemse talen. Nahuatl, de Mayatalen en Zapoteeks komen het meest voor.

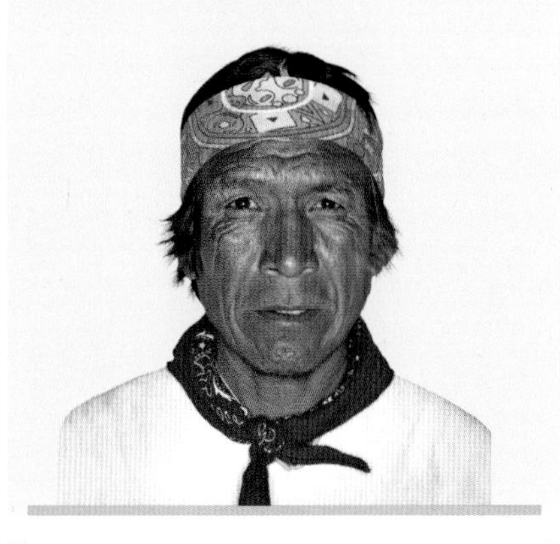

CHILI
MAPUDUNGUN

Invloed

De Mapuche, ook bekend als de Araukanen, leven in het zuiden van Chili en het zuidwesten van Argentinië. Veel buurvolken namen hun taal over.

CARIBEN
CREOOLS

Afrikaanse wortels

Op Haïti en Dominica spreken de meeste mensen Creools, een taal die een Franse vocabulaire mengt met de grammatica van West-Afrikaanse talen.

EUROPA INLEIDING

In Europa vind je vele verschillende volken, talen en culturen bij elkaar. De steden zijn rijk aan historie, architectuur en kunst. Het landschap loopt uiteen van de hoog oprijzende Alpen en Pyreneeën tot de prachtige stranden aan de Middellandse Zee. De meeste Europese landen beschikken over een aantal waardevolle natuurlijke hulpbronnen, en veel Europeanen hebben een hoge levensstandaard.

GRENS VAN BERGEN
DE PYRENEEËN VORMEN DE GRENS TUSSEN HET IBERISCH SCHIEREILAND EN DE REST VAN HET VASTELAND VAN EUROPA.

EUROPA
NATUURKUNDIGE KAART

BARENTSZ-ZEE
Nova Zemla
Vaygatsj
Karische Poort
Noordelijke Oeral
OERAL
Kolguyev
Kaap Kanin
Tsjosjabaai
Petsjora
Narodnaja 1894
Magerøya
Noordkaap
Sørøya
Varangerfjord
Senja
Finnmark
Inari
Kola
Timanrug
Mezen
Kebnekaise 2113
WITTE ZEE
Centrale Oeral
Scandinavië
Lule
Skellefte
Oulujärvi
Botnische Golf
Onega
Noordelijke Dvina
Vyg-meer
Onega-meer
Kama-stuwmeer
Päijänne
Saimaa
Näsijärvi
Ladoga-meer
Jamantau 1640
Kama
Russisch Laagland
Stuwmeer van Rybinsk
Stuwmeer van Nizjni Novgorod
Belaja
Zuidelijke Oeral
Finse Golf
Mälaren
Msta
Volga
Saaremaa
Peipus-meer
Valdaj-hoogte
Gotland
Stuwmeer van Samara
OOSTZEE
Westelijke Dvina
Moksja
Öland
Volgaplateau
Stuwmeer van Saratov
Neman
Dnjepr
Centraal-Russische Rug
Oka
Desna
Chopjor
Oeral
Stuwmeer van Volgograd
Laagland
Pripjat
Don
ARAL-MEER
Wisla
Stuwmeer van Kiev
Kaspische Laagte
Oder
Seversky Donets
Podolisch Plateau
Stuwmeer van Krementsjuk
Donets-plateau
Beskiden
Dnjester
Manytsj
KASPISCHE ZEE
Morava
KARPATEN
Stuwmeer van Kachovka
Kuma
ZEE VAN AZOV
Kuban
KAUKASUS
Baai van Karkinit
Krim
Transylvanische Alpen
Moldavisch Plateau
Elbrus 5642
Donau
ZWARTE ZEE
Albaanse Alpen
BALKAN
Maritza
Balkan
Rhodope-geb.
Bosporus
Pindos-gebergte
ZEE VAN MARMARA
Thasos
Lemnos
Parnassus 2459
Lesbos
EGEÏSCHE ZEE
IONISCHE ZEE
Ionische Eil.
Euboea
Peloponnesos
Cycladen
Milos
Rhodos
Kaap Matapan
ZEE VAN KRETA
Karpathos
Cyprus
Kreta
20°
40°
60°
80°
LEGENDA
Hoogte (in meters)
4000 of meer
2000
500
200
0
-200 (laagte)
Diepte (in meters)
0
-200
-2000
-4000
-6000

EUROPA
STAATKUNDIGE KAART

Nova Zemla
BARENTSZ-ZEE
ZEE
Vardö
Murmansk
Petsjora
Narvik
Inari
Bodø
Rovaniemi
Gällivare
AZIË
Archangelsk
Lulea
Storuman
Oulu
Belomorsk
Syktyvkar
FINLAND
Östersund
Vaasa
Kuopio
Perm
Petrozavodsk
Tampere
RUSLAND
(Europees deel)
Kotka
Borlänge
Turku
Helsinki
St.-Petersburg
Karlstad
Tallinn
Stockholm
ESTLAND
Kazan
Tartu
OOSTZEE
Tver
LETLAND
Samara
Riga
Moskou
Daugavpils
Siauliai
LITOUWEN
Vitsebsk
Smolensk
Gdynia
RUSLAND
Kaliningrad
Vilnius
Barysaw
Hrodna
Minsk
Saratov
Szczecin
WIT-RUSLAND
Kursk
ARAL-MEER
POLEN
Pinsk
Warschau
Lublin
Kiev
Charkiv
Volgograd
Wroclaw
Rivne
Zjytomyr
Astrachan
Kraków
OEKRAÏNE
SLOWAKIJE
Donetsk
Rostov
Bratislava
Mukatsjeve
MOLDAVIË
KASPISCHE ZEE
Budapest
Chisinau
Stavropol
HONGARIJE
Odessa
ROEMENIË
Machatsjkala
Zagreb
Timisoara
Sochi
Sebastopol
BOSNIË EN HERZEGOVINA
Belgrado
Boekarest
Sarajevo
SERVIË
Giurgiu
Varna
ZWARTE ZEE
BULGARIJE
MONTENEGRO
KOSOVO
Sofia
Podgorica
Pristina
Skopje
Plovdiv
MACEDONIË
Istanbul
Tirana
ALBANIË
Thessaloniki
TURKIJE
(Europees deel)
AZIË
GRIEKENLAND
Athene
Reggio di Calabria
Patras
Piraeus
Kalamata
Heraklion
Kreta

GEOGRAFISCHE WONDEREN

Europa is het op een na kleinste continent van de wereld, na Oceanië. Het is grotendeels zeer vlak, met een gemiddelde hoogte van slechts 300 meter. Maar je vindt in Europa ook bergketens, zoals de Pyreneeën, de Alpen en de Kaukasus, die wel zo'n 5000 meter hoog zijn.

ATLANTISCHE HOOGTEN
SCANDINAVIË EN IJSLAND

Hoge toppen

De hoogste toppen van Noord-Europa liggen in Scandinavië. De Galdhøpiggen (2469 meter), in Noorwegen, is de hoogste berg in de regio.

Alpiene bergketens
Bij Alpenlandschappen zie je vaak meren omgeven door besneeuwde bergen.

WEST-EUROPA
ITALIË – FRANKRIJK

Mont Blanc

De beroemdste berg van Europa is de Mont Blanc (Frans voor 'Witte Berg'), de hoogste berg van de Alpen. Officieel is hij 4810 meter hoog, maar door de laag sneeuw op de top kan daar nog eens zo'n 10 tot 15 meter bijkomen, afhankelijk van de tijd van het jaar. De Mont Blanc ligt op de grens tussen Frankrijk en Italië.

SPANJE
LA MANCHA

Centrale hoogvlakten van Spanje

La Mancha is de grootste hoogvlakte van het Iberisch Schiereiland. De vlakte wordt in tweeën gedeeld door de bergen van Toledo. De hoogste toppen zijn de Villuercas (1601 meter) en de Rocigalgo (1447 meter). Het gebied is vooral beroemd om zijn traditionele ronde witte windmolens.

RUSLAND
GLETSJERMEREN

Valdajhoogte

De Valdajhoogte is een heuvelachtig gebied in het noordwesten van Rusland, halverwege tussen de steden St.-Petersburg en Moskou. Op de uitgestrekte hoogte ontspringen verschillende rivieren, waaronder de Volga en de Dnjepr. Verspreid in het gebied liggen veel prachtige gletsjermeren.

KAUKASUS – RUSLAND
ELBRUS

Hoogste top

De Elbrus is maar liefst 5642 meter hoog en daarmee de allerhoogste top van Europa. De berg ligt aan de noordrand van de Kaukasus, het gebergte nabij de Russisch-Georgische grens. De Elbrus is een vulkaan die al meer dan 2000 jaar slaapt. De top gaat schuil onder een permanente laag ijs en er liggen meer dan twintig gletsjers. De Elbrus is heel populair bij skiërs en snowboarders.

Elbrus
Deze berg ligt op de grens tussen Europe en Azië.

RUSLAND
RIVIERSTELSEL

Riviervlakten

De rustig stromende rivieren in West-Rusland zetten modder en stenen af. Hierdoor ontstaan er gebieden die riviervlakten worden genoemd. De bodem in de riviervlakten is rijk aan voedingsstoffen en er worden daarom allerlei gewassen verbouwd, waaronder aardappels en bieten.

ALPEN
PROFIEL

Bergketens, zoals de Alpen, zijn gevormd door plooien en breuken in de aardkorst. Door erosie slijten de bergen af, en rivieren schuren valleien uit die de bergen van elkaar scheiden. Naast de rotsachtige toppen liggen vaak hoogvlakten, zoals het Centraal Massief in Frankrijk.

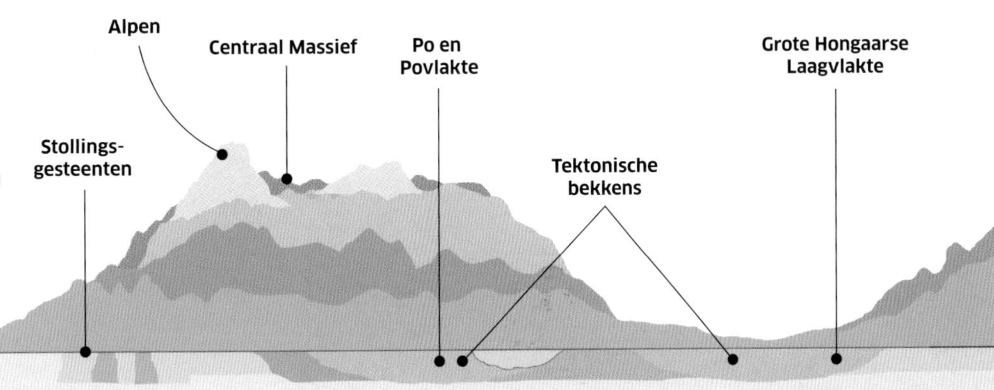

ALPEN

De Alpen zijn de belangrijkste bergketen van Midden-Europa. Deze bergen strekken zich uit van Oostenrijk en Slovenië in het oosten via Italië, Zwitserland, Liechtenstein en Duitsland naar Frankrijk in het westen. De Alpen met hun besneeuwde toppen zijn gevormd door duizenden jaren gletsjererosie.

Frankrijk

De Mont Blanc is de hoogste berg van de Alpen. Dwars door de berg loopt een 11 kilometer lange tunnel.

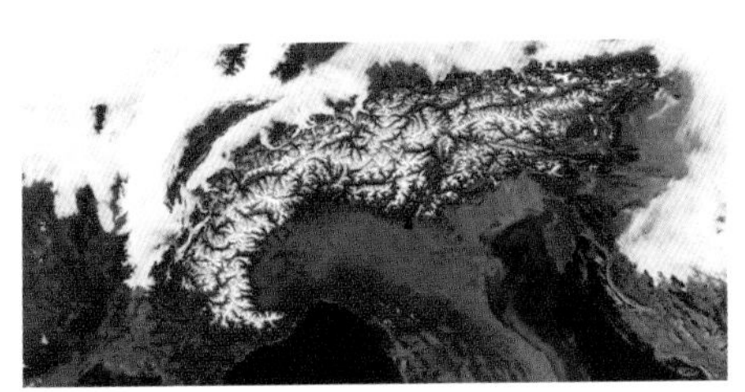

Italië

Op deze satellietfoto zie je de Alpen in Italië. De bergen bestrijken een gebied van 300.000 vierkante kilometer.

Feiten over de Alpen

De Alpen zijn de langste bergketen van Europa. In het Alpengebied wonen ongeveer 16 miljoen mensen.

1. **Lengte van de bergketen:** 1200 kilometer
2. **Ecosystemen:** Gematigd loofbos, alpenweide
3. **Hoogste top:** Mont Blanc (4810 meter)

Vakantie

Je kunt in de bergen van alles doen, van bergbeklimmen en wandelen tot snowboarden en skiën.

Bezienswaardigheden
Enkele feiten

ITALIË
NATIONAAL PARK DE DOLOMIETEN

Kenmerkende vegetatie

Het landschap van het Nationaal Park de Dolomieten, een indrukwekkende bergketen in Italië, wordt gekenmerkt door naaldbossen. In dit beschermde natuurgebied groeien wel zo'n 1400 verschillende soorten planten.

SNEEUW
SKISEIZOEN

Lech-Zürs, Oostenrijk

Dankzij de steile hellingen en de flinke sneeuwval is dit een van de drukstbezochte wintersportgebieden van Europa. Het skiseizoen loopt van november tot eind april. De Nederlandse koninklijke familie gaat hier elk jaar skiën.

ÖTZI
DE IJSMAN

De mummie en zijn wapens

In 1991 werd de mummie van een man gevonden in het ijs op de grens tussen Italië en Oostenrijk. Het lijk was meer dan 5000 jaar oud en dankzij het ijs bewaard gebleven. De man kreeg de naam Ötzi de IJsman. Naast hem lagen zijn wapens: een bijl, een mes en een boog met pijlen.

Onderzoekers denken dat Ötzi is gedood tijdens een gevecht.

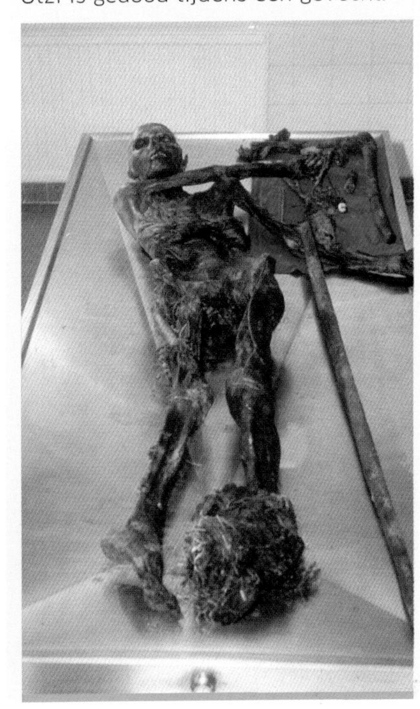

DONAU

De Donau is 2900 kilometer lang en daarmee de langste rivier van Europa. De rivier zorgt voor veel werkgelegenheid, bijvoorbeeld in het toerisme, de visvangst en het vervoer.

60
van de 300
Het aantal bevaarbare zijrivieren van de Donau.

HEEL VEEL
LANDEN

Loop

De Donau ontspringt in de stad Donaueschingen in het Duitse Zwarte Woud en mondt uiteindelijk uit in de Zwarte Zee. De rivier stroomt door tien landen: Duitsland, Oostenrijk, Hongarije, Slowakije, Kroatië, Servië, Bulgarije, Roemenië, Moldavië en Oekraïne.

VERVUILING
INDUSTRIE

Chemische stoffen

De Donau stroomt door dichtbevolkte streken en industriegebieden, waar onder meer kerncentrales, allerlei soorten fabrieken, maar ook boerderijen staan. Er stromen veel chemische stoffen in de rivier, waardoor het water ernstig vervuild is.

Vissers

In de Donau wordt veel gevist. Deze Roemeense visser houdt twee flinke steuren vast die hij zojuist in de rivier heeft gevangen.

Hangbrug
Een symbool van Boedapest, in Hongarije.

Boedapest

De Donau stroomt door Boedapest. Hier zie je de Hongaarse hoofdstad bij avond.

DONAUDELTA
De Donaudelta is een Unesco-Werelderfgoed. Er wonen ongeveer 15.000 mensen.

Hoofdsteden

De Donau is de enige rivier in Europa die door vier hoofdsteden stroomt: Wenen, Bratislava, Boedapest en Belgrado.

Onder controle
Dijken langs de oevers van de rivier gaan overstromingen tegen. Er zijn in de rivier ook waterkrachtcentrales gebouwd om elektriciteit op te wekken.

Schepen
De Donau is bevaarbaar voor grote schepen van de Zwarte Zee tot aan Brăila in Roemenië en voor kleinere schepen tot aan Kelheim in de Duitse deelstaat Beieren.

KLIMAAT

Het grootste deel van Europa heeft een gematigd klimaat, maar in het noorden en zuiden zijn de temperaturen vaak extremer. In het westen heerst een mild klimaat dankzij de Atlantische Oceaan. In het zuiden voorkomen de Alpen dat koude winden de Middellandse Zeekust bereiken, waar het in de zomer vaak heel warm is.

Drijvend ijs in Noorwegen
IJs drijft in de zee voor de kust van het Noorse eiland Spitsbergen. Het grootste deel van het jaar blijft de temperatuur onder de 0 °C.

STEVIGE WINDEN
CANARISCHE EILANDEN, SPANJE

De sirocco

In de zomer waait er een straffe wind van Noord-Afrika richting Zuid-Europa. Deze wind wordt de sirocco genoemd. Het is een hete, droge woestijnwind die afkomstig is uit de Sahara. Soms neemt hij dikke wolken zand mee. Deze kunnen tot gezondheidsklachten leiden, zoals prikkende ogen.

REGEN
LONDEN, VERENIGD KONINKRIJK

Gematigd klimaat

In Londen heerst een gematigd klimaat. In de zomer schommelt de gemiddelde maximumtemperatuur tussen 21 °C en 24 °C. In de zomermaanden trekken de vele parken in de stad grote aantallen mensen aan. Londenaren maken graag gebruik van de groene open ruimten om er te sporten en te picknicken. In de wintermaanden is het een stuk kouder. Dan daalt de temperatuur tot 2 °C of nog lager. Het kan in Londen het hele jaar door regenen, maar de koude wintermaanden zijn meestal het natst. Er valt gemiddeld ongeveer 600 millimeter regen per jaar.

Parijs, Frankrijk
De afgelopen jaren waren de temperaturen in Europese steden hoger dan normaal.

HITTEGOLF
Tussen 3 en 13 augustus 2003 was het in Parijs gemiddeld 40 °C.

20.000
Het aantal mensen dat stierf tijdens de Europese hittegolf van 2003.

Hittegolf
PROBLEMEN IN EUROPA

Gevolgen

In de zomer van 2003 heerste er in heel Europa een hittegolf. Vooral in de Zuid-Europese landen, zoals Spanje, Italië en Portugal, was het extreem heet. In Spanje steeg de temperatuur tot 47 °C.

Frankrijk

Tijdens de hittegolf was het in Frankrijk niet meer zo warm geweest sinds 1950. In Parijs steeg het kwik overdag wel tot 40 °C. Ook 's nachts bleef het behoorlijk warm. De warmste nacht was die van 11 op 12 augustus, toen de temperatuur maar tot 25,5 °C daalde.

Middellandse Zee

Het klimaat van Portovenere in Italië (links) is extreem. In de zomer is het er vaak ongelofelijk heet en in de winter vaak flink koud.

Griekenland

In de winter regent het op de Griekse eilanden een derde van de tijd. Maar de temperatuur van het zeewater komt zelfs midden in de winter niet onder de 15 °C.

LOOFBOSSEN

Een groot deel van het vasteland van Europa is bedekt met gematigde bossen. Hier groeien loofbomen, zoals eiken, beuken en linden. In de bossen leven veel grote en kleine dieren, waaronder eekhoorns, konijnen, wilde zwijnen, herten, vossen, arenden, uilen en andere roofvogels.

Vlinders
Rupsen eten de sappige blaadjes van eiken, esdoorns en veel andere bomen en planten. Daarna spinnen ze hun cocon op de bomen, waaruit ze later tevoorschijn komen als prachtige vlinders.

Damherten
Deze goed gecamoufleerde herten eten grassen en eikels die ze in het bos op de grond vinden. Ze leven in kuddes van ruim 100 dieren.

Doodgraver
Deze kever legt eieren op dode kleine dieren. De larven eten van het kadaver als ze uit het ei komen.

Hergebruik
Paddenstoelen spelen een grote rol bij de afbraak van dood hout en ander organisch afval.

Afgevallen bladeren
Insecten, paddenstoelen en bacteriën spelen allemaal een rol bij de vertering van afgevallen bladeren. Dit belangrijke proces zorgt voor noodzakelijke voedingsstoffen voor bomen en andere planten.

Oehoe
Dit solitaire (alleen levende) dier slaapt overdag en jaagt 's nachts. De oehoe jaagt ook op vogels, waaronder andere uilen. Zijn roep kan wel 3 kilometer verderop te horen zijn.

Wild zwijn
Een wild zwijn kan 100 kilogram zwaar worden. Hij heeft een uitstekend reukvermogen, waarmee hij eten kan opsporen. Ook kan hij ruiken of er roofdieren in de buurt zijn.

Gangen graven
Konijnen graven ingewikkelde gangenstelsels in de bodem van het bos. Elk gangenstelsel heeft veel in- en uitgangen.

LEVEN IN HET BOS

Winterslaap

Veel zoogdieren, waaronder vleermuizen (onder), slapen tijdens de koudste weken van de winter. Dit heet een winterslaap. Tijdens de winterslaap daalt hun lichaamstemperatuur en ademen ze trager dan normaal. Ook hun hartslag wordt langzamer.
Om in de winter te kunnen overleven, gebruiken ze de vetreserves die ze tijdens de warmere maanden in hun lichaam hebben opgeslagen.

HERFST LOOFBOMEN

Vallende bladeren

In de herfstmaanden verliezen de loofbomen van de Europese bossen al hun bladeren tot ze helemaal kaal zijn. De herfst begint in de maand september. In de lente komen er weer nieuwe blaadjes aan de bomen. De lente begint in maart.

Bruin worden

Planten hebben zonlicht nodig om het bladgroen te maken dat hun bladeren groen houdt. In de herfst, als het korter licht is, maken ze geen bladgroen meer aan en kleuren de bladeren rood, bruin en geel.

Bevolking

In de jaren 1900 woonde ongeveer een kwart van de wereldbevolking in Europa. Tegenwoordig zijn de bevolkingsaantallen van andere continenten gegroeid en hebben ze Europa ingehaald, maar het is nog altijd een dichtbevolkt werelddeel. Europa is grotendeels zeer ontwikkeld, met moderne steden en een hoge levensstandaard.

City
De City is de zakenwijk van Londen. Het is er overdag druk en heel bedrijvig. 's Avonds is het er veel stiller.

LONDEN, VERENIGD KONINKRIJK
EEN DICHTBEVOLKTE STAD

Zakencentrum
Londen, de hoofdstad van het Verenigd Koninkrijk, telt zo'n 7,83 miljoen inwoners. De stad is gebouwd langs de oevers van de rivier de Theems. Het is een kosmopolitische stad en een internationaal zakencentrum.

Tower Bridge
Deze opvallende brug werd geopend in 1894. Via de brug kunnen auto's en voetgangers de Theems oversteken. De brug heeft een elektro-hydraulisch systeem waarmee hij geopend kan worden, zodat er grote schepen over de Theems kunnen varen.

Tradities

Het Verenigd Koninkrijk combineert het moderne leven graag met tradities van vroeger. Het heeft een rijk, gevarieerd cultuurerfgoed.

BELGIË
BRUSSEL

Bestuurlijk centrum van de Europese Unie

Brussel is een van de dichtstbevolkte steden van Europa. Het is de hoofdstad van België en ook het bestuurlijk centrum van de Europese Unie (EU). De meeste inwoners van Brussel spreken Frans, een kleiner aantal spreekt Vlaams. Het Koninklijk Paleis (onder) werd gebouwd in 1779 en is het officiële werkpaleis van de koning van België. Hij woont niet in dit paleis.

BULGARIJE
AANSLUITING BIJ DE EU

Tussen Oost en West

Eeuwenlang werd Bulgarije geregeerd door het Osmaanse Rijk. Na de Tweede Wereldoorlog was het land nauw verbonden met de Sovjet-Unie. In januari 2007 werd Bulgarije lid van de Europese Unie. De belangrijkste bevolkingsgroepen zijn Bulgaren, Turken en Roma. Op de foto hieronder zie je Nesebar, een oude toeristische stad aan de Zwarte Zee, en een boer in traditionele Bulgaarse klederdracht.

ITALIË
NAPELS

Mooi, maar veel problemen

Napels telt 1 miljoen inwoners en is de op twee na grootste stad van Italië. Napels staat vol met prachtige historische gebouwen. De stad ondervindt echter veel problemen doordat er veel werklozen zijn en er een grote criminaliteit heerst.

Napels
Een straat in het historisch centrum van de stad.

Straatverkoper
Een straatventer in Napels biedt konijnen te koop aan.

RUSSISCHE FEDERATIE
MOSKOU

Grootste stad

Met meer dan 11,5 miljoen inwoners is Moskou de grootste stad van Europa. Het ligt op de oever van de rivier de Moskva en is de hoofdstad van de Russische Federatie. Er staan veel mooie historische gebouwen, waaronder het Kremlin (onder), een enorm versterkt paleis in het centrum. Tegenwoordig is het de officiële zetel van de Russische president.

ECONOMIE

De economie van Europa is een van de sterkte ter wereld. Maar niet alle landen in Europa zijn even ontwikkeld – de landen in het westen zijn over het algemeen meer geïndustrialiseerd dan die in het oosten. Handel, transport, geld, toerisme en zware industrie zijn heel belangrijk voor de Europese economie.

Engadin, Zwitserland
Deze vallei ligt 1800 meter boven de zeespiegel. Hij wordt omgeven door indrukwekkende bergen, waar veel wordt geskied.

ALPEN
TOERISME

Wintersport

Elk jaar trekken de Alpen miljoenen wintersporters. Het toerisme is heel belangrijk voor de economie van de Alpenlanden.

Skiën
De Alpen zijn heel populair bij skiërs.

VERVOERSNET
SPOORLIJNEN

Hogesnelheidstreinen

Ondanks de vele natuurlijke grenzen is het Europese vervoersnet sterk ontwikkeld. Door de groei van de wereldhandel zijn het aantal passagiers en de hoeveelheid goederen die naar en uit Europa worden vervoerd enorm gestegen. Om opstoppingen op luchthavens en snelwegen tegen te gaan heeft Europa een netwerk van hogesnelheidstreinen aangelegd, waarmee je binnen een paar uur tussen veel grote Europese steden kunt reizen. Zo rijd je al in ongeveer twee uur van Londen naar Parijs.

Eurostar
Deze treinen rijden tussen Londen, Brussel en Parijs.

GEWASSEN
PRIMAIRE SECTOR

Bulgaarse rozen

Al eeuwenlang worden er rozen gekweekt in de Bulgaarse Rozenvallei. Deze regio is de grootste producent van rozenolie, dat in parfums wordt gebruikt. De rozen worden met de hand geplukt, vaak door vrouwen.

Bergheim, Duitsland
Deze hoogovens worden gebruikt voor de productie van staal.

BRANDSTOF
AARDGAS

Het energieprobleem

De meeste Europese landen moeten aardgas invoeren. Ongeveer 60 procent van het gas in Europa wordt geïmporteerd. Het meeste komt uit Rusland. Om niet afhankelijk te zijn van Rusland zijn veel West-Europese landen op zoek naar andere energiebronnen, zoals zonne-, wind- en kernenergie. In Nederland wordt veel aardgas gewonnen uit de bodem van de Noordzee en in Groningen.

VERBOND VAN STATEN
EENHEID IN EUROPA

Europese Unie

De meeste landen in Europa zijn lid van de Europese Unie (EU). Inwoners van deze landen mogen overal binnen de EU reizen en werken. De meeste EU-landen betalen met de euro. Vanaf juli 2013 telt de EU 28 lidstaten: België, Bulgarije, Cyprus, Denemarken, Duitsland, Estland, Finland, Frankrijk, Griekenland, Hongarije, Ierland, Italië, Kroatië, Letland, Litouwen, Luxemburg, Malta, Nederland, Oostenrijk, Polen, Portugal, Roemenië, Slovenië, Slowakije, Spanje, Tsjechië, het Verenigd Koninkrijk en Zweden.

Auto-industrie
Duitsland, Frankrijk en Italië zijn belangrijke autoproducenten in Europa.

LAGE LANDEN
POLDERS

Landwinning

Polders zijn voormalige meren of stukken zee die zijn drooggepompt met molens en/of gemalen. Ze liggen laag en worden meestal omgeven door een dijk. Het drooggelegde gebied dient als landbouwgrond of woongebied. De techniek van het droogleggen werd voor het eerst toegepast in Nederland in de 12de eeuw.

TALEN EN VOLKEN

Er zijn drie belangrijke taalgroepen in Europa: 300 miljoen inwoners spreken een Slavische taal, zoals Russisch en Pools, 200 miljoen Europeanen een Romaanse taal, zoals Frans, Italiaans en Spaans, en nog eens 200 miljoen een Germaanse taal, bijvoorbeeld Nederlands, Duits, Engels en Zweeds.

Beschermd

Fins, Hongaars en Ests zijn Oeraalse talen, die beschermd zijn als nationale taal. Andere Oeraalse talen zijn verdrongen door het Russisch.

BASKISCH
In delen van Spanje en Frankrijk wordt Baskisch gesproken, Dit is de enige Europese taal die niet tot de Indo-Europese taalgroep hoort.

Wereldtalen

Door de Europese kolonisatie tussen de 16de en de 20ste eeuw behoren Engels, Spaans, Frans en Portugees tot de meest gesproken talen in de wereld.

Taal
Spraak is het meest veelzijdig te gebruiken communicatiemiddel.

Traditionele klederdracht
In 2010 woonden er in de EU ongeveer 19 miljoen moslims. De meesten van hen zijn immigranten of kinderen van immigranten. Veel moslima's dragen een traditionele hoofddoek.

Immigranten
Immigranten hebben last van veel vormen van discriminatie. Hier protesteren betogers in Londen tegen de uitzetting van Nigeriaanse immigranten.

MOEDERTALEN
VAN EUROPA

Indo-Europese talen

Bijna alle Europese talen stammen af van Indo-Europese talen. Deze werden gesproken door Aziatische volken die Europa 6000 jaar geleden binnentrokken. Hieruit zijn diverse taalfamilies ontstaan:

1. Albaans
2. Baltisch
3. Germaans
4. Grieks
5. Keltisch
6. Oeraals
7. Romaans
8. Slavisch

Romaanse talen

Afgeleid van het Latijn, dat door het Romeinse Rijk werd verbreid:

1. Castiliaans of Spaans
2. Catalaans
3. Frans
4. Italiaans
5. Portugees
6. Reto-Romaans
7. Roemeens

Godsdienst

De grootste religieuze stromingen in Europa zijn christelijk:

1. **Rooms-katholiek**
   Gebaseerd op de absolute macht van de paus.
2. **Protestant**
   Zoals calvinistisch (hervormd, gereformeerd), luthers en anglicaans.
3. **Grieks- en Russisch-orthodox**
   Oost-Europese kerkgenootschappen die niet zijn erkend door de paus.

ACHTERGRONDINFO
EEN EIGEN IDENTITEIT

OOSTENRIJK
BEIERS

Duits dialect

Het Beiers is een dialect dat wordt gesproken in een groot deel van Oostenrijk en in de Zuid-Duitse deelstaat Beieren. Het is de moedertaal van ongeveer 12 miljoen mensen.

SCANDINAVIË
SAMEN OF SAMI (LAPPEN)

Eigen rechten

De laatste oorspronkelijke Europese cultuur leeft nog in afgelegen delen van Noord-Scandinavië en Rusland. Er zijn zo'n 80.000 Samen. Dankzij eigen parlementen kunnen ze nu beter opkomen voor hun rechten.

DE BALKAN
GRIEKENLAND

Wieg van de beschaving

Het oude Griekenland was een van de grootste beschavingen van de geschiedenis. De moderne Grieken beschouwen zich West-Europeanen, hoewel het land in het oosten van het continent ligt.

OVERAL IN EUROPA
ROMA

Indiase volken

De nomadische (rondtrekkende) Roma, die ook wel zigeuners worden genoemd, kwamen in de 11de eeuw vanuit India in Europa terecht. Er zijn ongeveer 12 miljoen Roma.

SAMEN

De Samen of Sami, ook wel Lappen genoemd, behoren tot de oudste bewoners van Europa. De circa 80.000 Samen leven verspreid over Scandinavië. Hun traditionele levensstijl veranderde pas met de komst van het christendom in dit gebied, zo'n 1000 jaar geleden, en daarna weer met de technische ontwikkelingen van de 20ste eeuw.

VAN AFRIKA NAAR EURAZIË

Een gemeenschappelijke erfenis

De eerste moderne mensen trokken ongeveer 80.000 jaar geleden weg uit Afrika en vestigden zich in Oceanië en Azië. Zo'n 35.000 jaar geleden vond een tweede migratiegolf plaats naar het Midden-Oosten en de Balkan. Vermoedelijk heeft circa 80 procent van de huidige Europeanen voorouders die in die tijd zijn gemigreerd. Ongeveer 20 procent stamt waarschijnlijk af van een nieuwe migratiegolf uit het Midden-Oosten die 10.000 jaar geleden plaatsvond.

Samenfamilie
Op deze foto van rond 1900 zie je een Samenfamilie in Lapland.

Cultuur

De Samen waren een nomadisch volk. Ze trokken van de ene naar de andere plaats met hun kuddes rendieren. De meeste Samen leefden in kleine familiegroepen. Tegenwoordig leven ze nog maar zelden op de traditionele manier.

AANPASSING AAN HET KLIMAAT

Lichte huid

Toen de mensen van Afrika naar Europa verhuisden, werden ze vermoedelijk minder blootgesteld aan de zon. Hierdoor is hun huid in de loop der tijd lichter geworden.

Geloof

Vroeger hingen de Samen een geloof aan waarbij ze dieren en geesten van voorouders aanbaden. Tegenwoordig zijn ze vaak christelijk, vooral luthers.

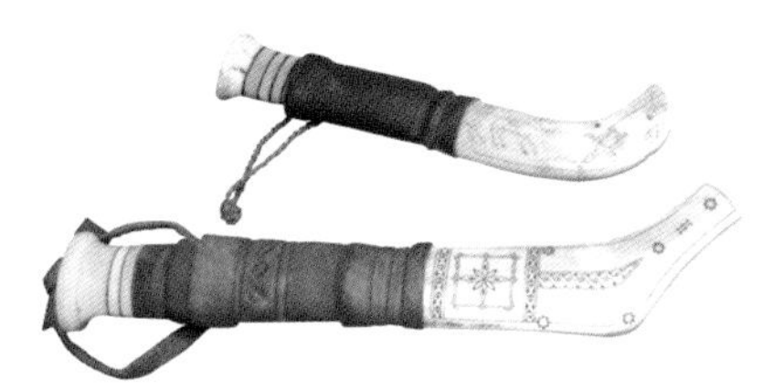

Werktuigen
De Samen zijn knappe handwerkslieden. Ze maken werktuigen van beenderen, hout, geweien en zilver. Hun werktuigen zijn vaak versierd met geometrische patronen.

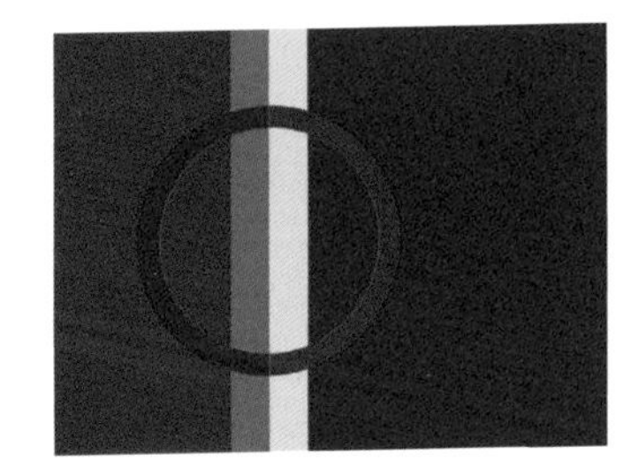

Identiteit
Hoewel de Samen verspreid over vier landen wonen (Noorwegen, Zweden, Finland en Rusland), hebben ze een eigen vlag (links).

Tenten

De tenten van de Samen leken veel op de Noord-Amerikaanse tipi's. Ze waren gemaakt van rendierhuid en makkelijk af te breken als ze naar een andere plaats vertrokken. Tegenwoordig wonen de meeste Samen in huizen in Europese stijl.

Economie
Van oudsher waren de Samen jager-verzamelaars. Tegenwoordig zijn ze rendierhoeders. Ze hebben naar schatting bij elkaar een miljoen rendieren.

Trommel van de sjamaan
De Samen geloofden dat de sjamaan de link tussen hen en de wereld van de geesten was. Tijdens plechtigheden speelde de sjamaan op een trommel.

PRAAG

Praag, de hoofdstad van Tsjechië, ligt in het hart van Europa. Het heeft een rijke muziektraditie en was de woonplaats van de beroemde componist Antonín Dvořák. Je vindt er veel toeristische attracties, zoals musea, kerken, synagogen, paleizen en tuinen.

Land	Tsjechië
Oppervlakte	496 km^2
Bevolking	1.258.106
Dichtheid	2537 mensen/km^2

SYMBOLEN VAN DE STAD

Astronomische klok

De astronomische klok van Praag stamt uit de 15de eeuw en is een van de populairste toeristische attracties. Elk uur verzamelen zich honderden mensen onder de klok om hem in werking te zien.

Karelsbrug

Deze beroemde brug verbindt de Oude en de Nieuwe Stad met elkaar. Hij werd in gebruik genomen in 1503 en is 516 meter lang en 9,5 meter breed. Erlangs staan heiligenbeelden. Op de brug heb je een prachtig uitzicht op Praag.

Bevolking

Volgens officieel onderzoek in 2006 was toen 8,77 procent van de Praagse bevolking in het buitenland geboren.

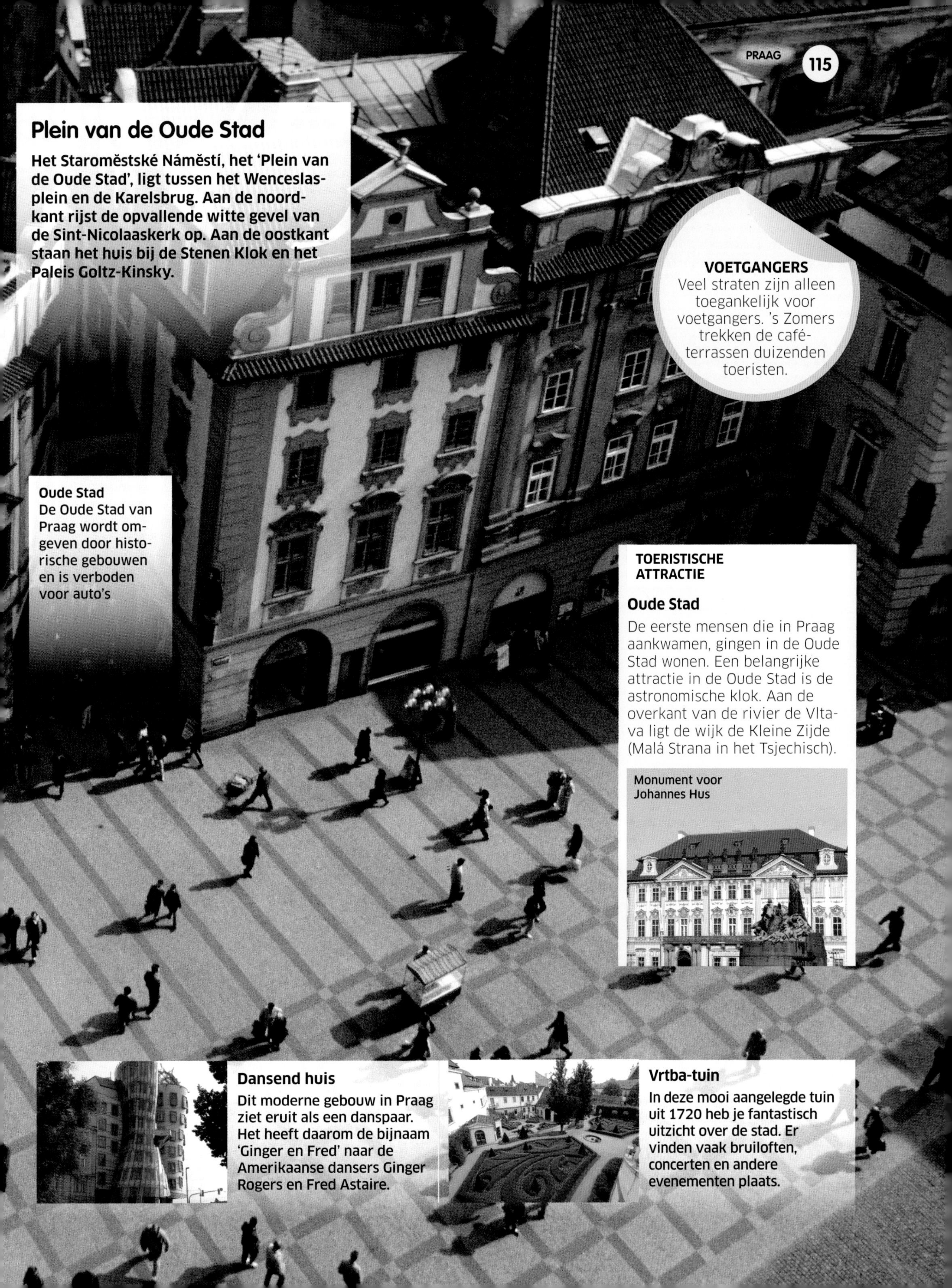

Plein van de Oude Stad

Het Staroměstské Náměstí, het 'Plein van de Oude Stad', ligt tussen het Wenceslasplein en de Karelsbrug. Aan de noordkant rijst de opvallende witte gevel van de Sint-Nicolaaskerk op. Aan de oostkant staan het huis bij de Stenen Klok en het Paleis Goltz-Kinsky.

VOETGANGERS
Veel straten zijn alleen toegankelijk voor voetgangers. 's Zomers trekken de caféterrassen duizenden toeristen.

Oude Stad
De Oude Stad van Praag wordt omgeven door historische gebouwen en is verboden voor auto's

TOERISTISCHE ATTRACTIE

Oude Stad

De eerste mensen die in Praag aankwamen, gingen in de Oude Stad wonen. Een belangrijke attractie in de Oude Stad is de astronomische klok. Aan de overkant van de rivier de Vltava ligt de wijk de Kleine Zijde (Malá Strana in het Tsjechisch).

Monument voor Johannes Hus

Dansend huis

Dit moderne gebouw in Praag ziet eruit als een danspaar. Het heeft daarom de bijnaam 'Ginger en Fred' naar de Amerikaanse dansers Ginger Rogers en Fred Astaire.

Vrtba-tuin

In deze mooi aangelegde tuin uit 1720 heb je fantastisch uitzicht over de stad. Er vinden vaak bruiloften, concerten en andere evenementen plaats.

COLOSSEUM

In de 1ste eeuw n.C. liet keizer Vespasianus in Rome het Colosseum bouwen. In dit amfitheater pasten wel 50.000 toeschouwers. Nu is de ruïne van het Colosseum een van de grootste toeristische attracties in Rome.

COLOSSEUM
ENKELE FEITEN

Ligging:
Rome, Italië

Soort gebouw:
Amfitheater

Geopend:
80 n.C.

Aantal zitplaatsen:
50.000

Afmetingen:

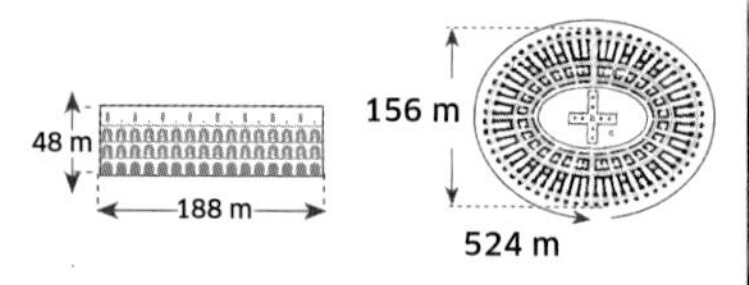

Colossus

Het Colosseum is waarschijnlijk genoemd naar een kolossaal beeld van keizer Nero.

VERSCHILLENDE ZUILEN

Stijlen

De buitenmuren van het gebouw werden versierd met drie soorten zuilen: Dorische, Ionische en Korinthische.

Dorisch | Ionisch | Korinthisch

COLOSSEUM **WEETJES**

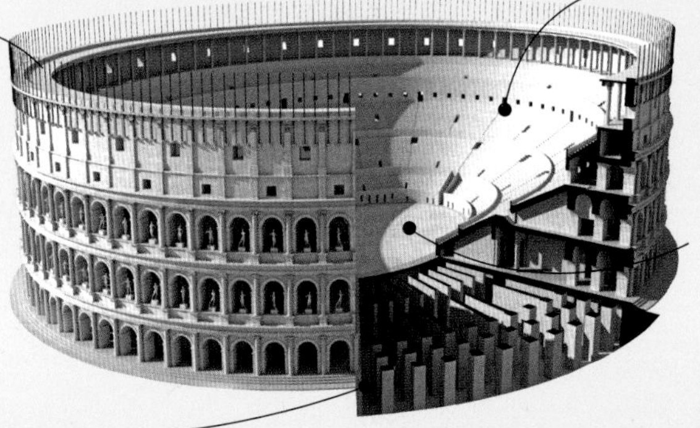

Schuifdak
Een stoffen dak beschermde het publiek tegen de regen en de zon.

Ondergronds
Onder de grond waren diverse cellen en kooien gebouwd voor de gladiatoren en wilde dieren.

Tribune
De tribune was ingedeeld naar sociale klasse. De beste zitplaatsen waren van marmer, het bovenste deel was van hout.

Arena
Er werden wrede gevechten gehouden, zoals namaak-zeeslagen, jacht op dieren, executies en toneelstukken gebaseerd op de mythologie.

1 MILJOEN

Het aantal ton natuur- en baksteen dat gebruikt is om de bogen te bouwen.

Muren

De muren werden verhoogd met blokken natuursteen, baksteen en kalksteen.

RUÏNE
Na een aantal aardbevingen is een groot deel van het gebouw ingestort. Er is een restauratie gaande om verder verval te voorkomen.

DORISCHE ZUIL

Colosseum
De buitenkant van het amfitheater.

ALHAMBRA

Deze ommuurde stad in Zuid-Spanje is een prachtig complex van paleizen, forten en tuinen. Van de 13de tot de 15de eeuw woonden hier de heersers van het Arabische (Moorse) koninkrijk Granada. Het Alhambra is een van de mooiste voorbeelden van islamitische kunst in Europa.

ALHAMBRA
ENKELE FEITEN

Tijd:
9de–14de eeuw

Ligging:
Granada, Spanje

Bouw:
De stad was oorspronkelijk gebouwd voor militaire doeleinden en was zowel een sterk fort als een paleis. De Spanjaarden hebben meer gebouwen toegevoegd, zoals het Paleis van Karel V.

10.000

Het aantal inscripties waarmee het Alhambra is versierd.

VERBONDEN PLEINEN

Leeuwenhof

Zo stelden de moslims zich het paradijs voor. In elke ruimte worden vier watervallen ondersteund door twaalf leeuwen. De zuilen zijn verbonden door panelen die zonlicht doorlaten.

Leeuwenfontein
Deze marmeren fontein ligt op de centrale binnenplaats.

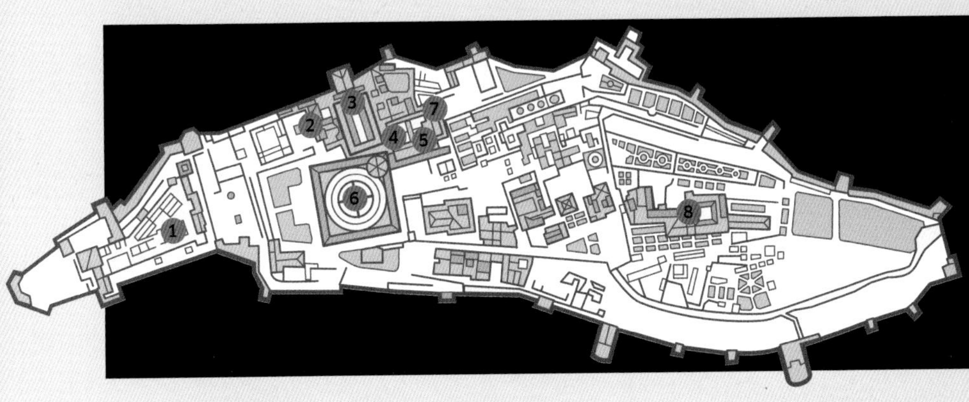

Plattegrond

1. Alcazaba
2. Gouden Zaal
3. Comarespaleis
4. Leeuwenpaleis
5. Leeuwenhof
6. Paleis van Karel V
7. Zaal van de Koningen
8. St.-Franciscusklooster

Laatste koning

Boabdil was de laatste koning van het Moorse Spanje. Hij werd in 1492 verdreven door katholieke troepen uit het noorden.

MOTTO
Op veel van de muren betekenen de inscripties: 'Er is geen andere god dan Allah.'

Het Alhambra Uitzicht op het complex in Granada, Zuid-Spanje.

Mirtenhof
Toen het Alhambra werd gebouwd, was water schaars. Deze grote vijver in het midden was dus een symbool van welvaart en macht. De binnenplaats wordt ook wel de Vijverhof genoemd.

Paleis van Karel V
Het paleis werd in de 16de eeuw gebouwd. Het is een gebouw van twee verdiepingen in renaissancestijl met een grote ronde binnenplaats. Tegenwoordig vind je hier het Museum voor Schone Kunsten.

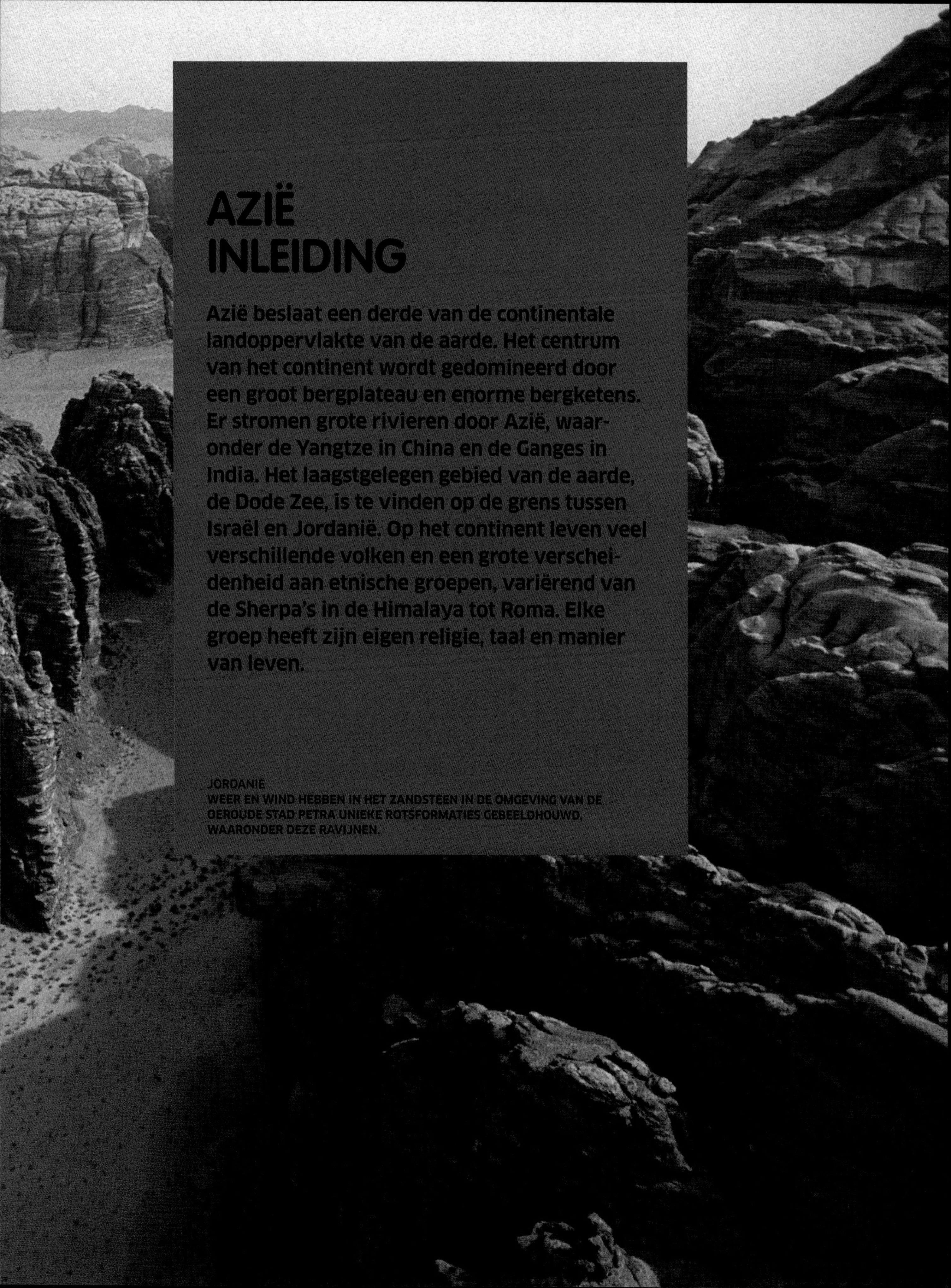

AZIË INLEIDING

Azië beslaat een derde van de continentale landoppervlakte van de aarde. Het centrum van het continent wordt gedomineerd door een groot bergplateau en enorme bergketens. Er stromen grote rivieren door Azië, waaronder de Yangtze in China en de Ganges in India. Het laagstgelegen gebied van de aarde, de Dode Zee, is te vinden op de grens tussen Israël en Jordanië. Op het continent leven veel verschillende volken en een grote verscheidenheid aan etnische groepen, variërend van de Sherpa's in de Himalaya tot Roma. Elke groep heeft zijn eigen religie, taal en manier van leven.

JORDANIË
WEER EN WIND HEBBEN IN HET ZANDSTEEN IN DE OMGEVING VAN DE OEROUDE STAD PETRA UNIEKE ROTSFORMATIES GEBEELDHOUWD, WAARONDER DEZE RAVIJNEN.

AZIË NATUURKUNDIGE KAART

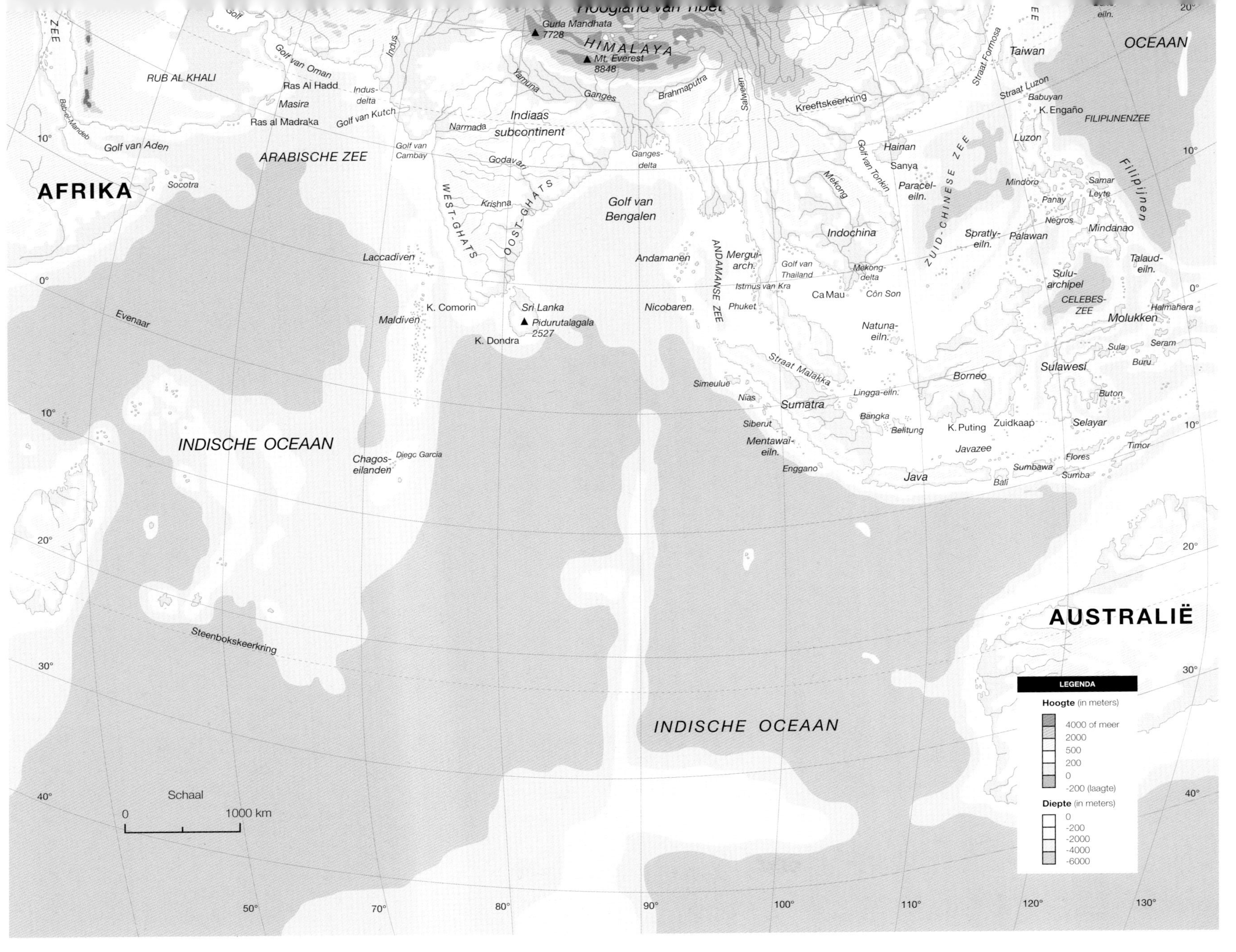
Gurla Mandhata 7728
HIMALAYA
Mt. Everest 8848
RUB AL KHALI
Golf van Oman
Ras Al Hadd
Masira
Ras al Madraka
Indus
Indus-delta
Golf van Kutch
Yamuna
Ganges
Brahmaputra
Salween
Kreeftskeerkring
Straat Formosa
Taiwan
OCEAAN
Straat Luzon
Babuyan
K. Engaño
FILIPIJNENZEE
Luzon
Bab-el-Mandeb
Golf van Aden
ARABISCHE ZEE
Golf van Cambay
Narmada
Indiaas subcontinent
Godavari
Ganges-delta
Golf van Tonkin
Hainan
Sanya
Mekong
ZUID-CHINESE ZEE
Paracel-eiln.
Mindoro
Samar
Leyte
Panay
Negros
Filipijnen
AFRIKA
Socotra
WEST-GHATS
Krishna
OOST-GHATS
Golf van Bengalen
Indochina
Spratly-eiln.
Palawan
Mindanao
Laccadiven
Andamanen
ANDAMANSE ZEE
Mergui-arch.
Golf van Thailand
Mekong-delta
Talaud-eiln.
Sulu-archipel
Evenaar
K. Comorin
Maldiven
Sri Lanka
Pidurutalagala 2527
K. Dondra
Nicobaren
Istmus van Kra
Phuket
Ca Mau
Côn Son
Natuna-eiln.
CELEBES-ZEE
Molukken
Halmahera
Sula
Seram
Buru
Sulawesi
Straat Malakka
Simeulue
Nias
Sumatra
Lingga-eiln.
Borneo
Buton
Siberut
Bangka
Belitung
K. Puting
Zuidkaap
Selayar
INDISCHE OCEAAN
Chagos-eilanden
Diego Garcia
Mentawai-eiln.
Enggano
Javazee
Java
Bali
Sumbawa
Flores
Sumba
Timor
AUSTRALIË
Steenbokskeerkring
INDISCHE OCEAAN
LEGENDA
Hoogte (in meters)
4000 of meer
2000
500
200
0
-200 (laagte)
Diepte (in meters)
0
-200
-2000
-4000
-6000
Schaal
0
1000 km

AZIË
STAATKUNDIGE KAART

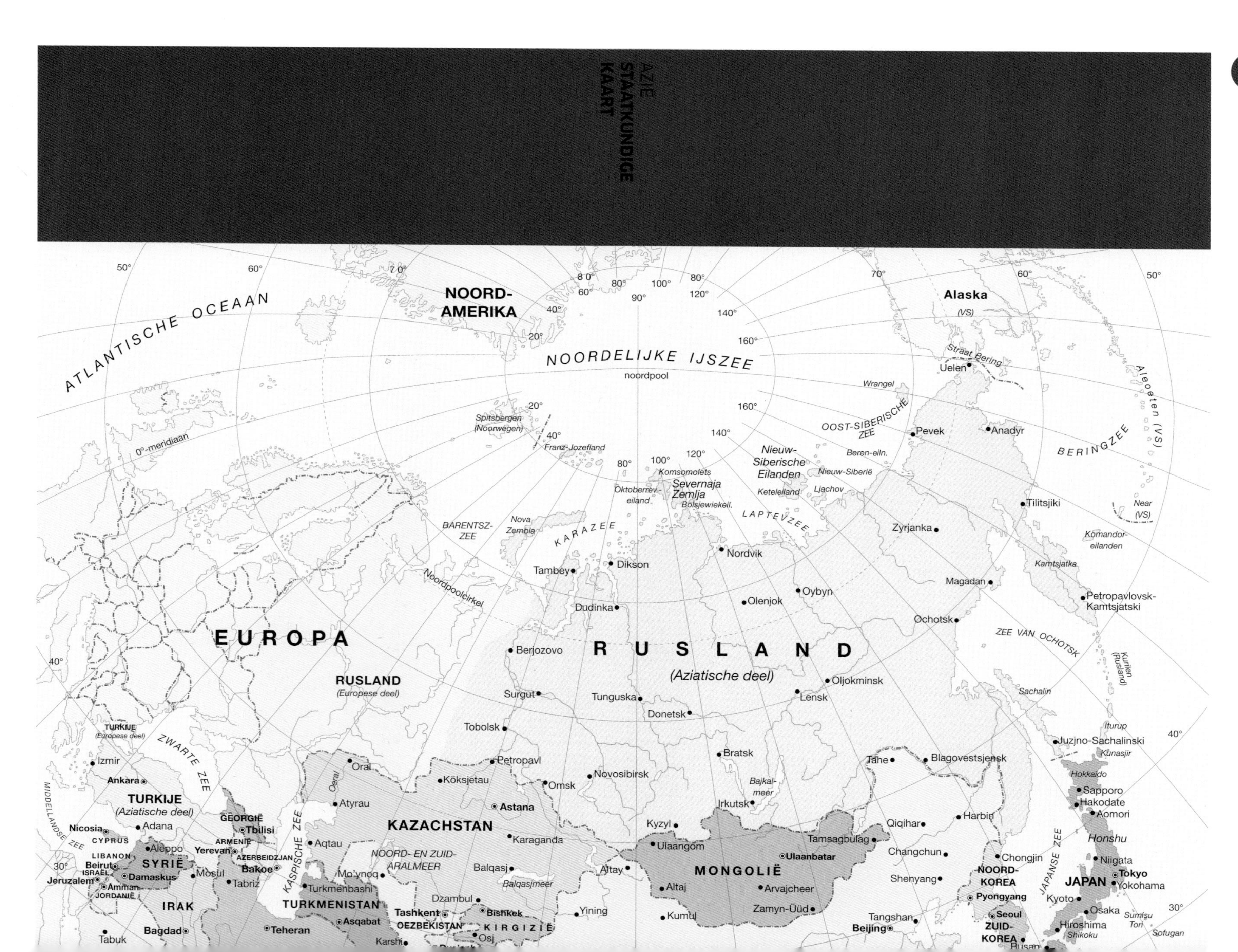

PAKISTAN
SAUDI ARABIË
VERENIGDE ARABISCHE EMIRATEN
OMAN
JEMEN
AFRIKA
INDIA
NEPAL
BHUTAN
BANGLADESH
MYANMAR (BIRMA)
LAOS
THAILAND
CAMBODJA
VIETNAM
TAIWAN
FILIPIJNEN
SRI LANKA
MALDIVEN
MALEISIË
BRUNEI
SINGAPORE
INDONESIË
OOST-TIMOR
AUSTRALIË
INDISCHE OCEAAN
INDISCHE OCEAAN
RODE ZEE
ARABISCHE ZEE
Golf van Aden
Golf van Oman
Golf van Bengalen
ANDAMANSE ZEE
ZUID-CHINESE ZEE
FILIPIJNSE ZEE
CELEBES-ZEE
SUNDA-EILANDEN
Kreeftskeerkring
Steenbokskeerkring
Evenaar
Al-Kunfudha
Doha
Dubai
Abu Dhabi
Masqat
Sa'dah
Sana
Al Juwara
Mukalla
Socotra (Jemen)
Gwadar
Karachi
Ludhiana
Delhi
Jaipur
Ahmedabad
Mumbai
Hyderabad
Bangalore
Chennai
Madurai
Kandy
Kotte
Colombo
Laccadiven (India)
Malé
Chagos-eilanden (VK)
Kathmandu
Bhaktapur
Varanasi
Lhasa
Thimbu
Kolkata
Dhaka
Sittwe
Naypyidaw
Bhamo
Putao
Mandalay
Yangon
Noord- en Zuid-Andaman
Nicobaren (India)
Mergui-arch.
Banda Aceh
Chengdu
Changsha
Anshun
Xiamen
Hongkong
Macau
Beihai
Haikou
Hainan
Hanoi
Luang Prabang
Vientiane
Lampang
Bangkok
Paracel-eiln. (China)
Nha Trang
Phnom Penh
Ho Chi Minhstad
Long Xuyen
Con Son
Trang
Songkhla
Taipei
Gaoxiong
Babuyaneiln.
Laoag
Luzon
Manila
Quezon
Mindoro
Samar
Panay
Leyte
Negros
Palawan
Mindanao
Zamboanga
Sulu-archipel
Talaud-eiln.
Kudat
Sabah
Bandar Seri Begawan
Sarawak
Natuna-eiln.
Kuala Lumpur
Kuching
Singapore
Lingga-eiln.
Borneo
Ketapang
Simeulue
Nias
Sumatra
Siberut
Mentawai-eiln.
Palembang
Bangka
Belitung
Enggano
Jakarta
Surabaya
Java
Bali
Sumbawa
Sumba
Flores
Makasar
Selayar
Sulawesi
Poso
Butung
Sula
Buru
Seram
Molukken
Halmahera
Dili
Timor
Kupang
Schaal
0
1000 km
0°
10°
20°
30°
40°
50°
60°
70°
80°
90°
100°
110°
120°
130°

GEOGRAFISCHE WONDEREN

Azië, het grootste continent van de wereld, heeft een enorm gevarieerd landschap. Het is echt een continent met veel contrasten, van enkele van de grootste zandwoestijnen ter wereld tot kristalheldere meren en de hoogste bergen van de planeet.

Centraal-Azië
Uitgestrekte woestijnen en kale bergen domineren het landschap van Centraal-Azië.

TURAN EN KAZACHSTAN
VERWOESTIJNING

Droog plateau

Centraal-Azië is een gebied met heuvels, woestijnen en plateaus. In het midden van Centraal-Azië ligt het Aralmeer, het op drie na grootste zoutwatermeer van de wereld. Dit meer is sinds 1960 bijna 75 procent gekrompen omdat de rivieren die erop uitkwamen werden omgelegd voor de irrigatie van katoenvelden. Weinig begroeiing en het droge klimaat van de regio – minder dan 381 millimeter neerslag per jaar – droegen bij aan een proces dat verwoestijning heet. Dat treedt op als eerder vruchtbaar gebied in een woestijn verandert.

CENTRAAL-AZIË
ALTAJ

Gouden bergen van Azië

De bergketen Altaj strekt zich uit over delen van Rusland, China, Mongolië en Kazachstan. De bergen worden van elkaar gescheiden door rivierdalen met alpiene weiden. Het hoogste punt is de berg Belucha (4506 meter), waarop een aantal gletsjers ligt. In de streek komen veel verschillende diersoorten voor, waaronder de sneeuwpanter.

CHINA
YANGTZE

Drieklovendam

De Yangtzerivier is de op twee na grootste rivier van de wereld, na de Nijl en de Amazone. Hij ontspringt in Tibet en stroomt 6300 kilometer lang voordat hij in de Gele Zee uitkomt. In het laatste stuk van zijn bovenloop ligt de Drieklovendam. Deze dam, die heel knap is gemaakt, wekt met waterkracht elektriciteit op voor een aantal grote steden.

SAUDI-ARABIË
WOESTIJNZAND

Het lege gebied

In het zuiden van Arabië ligt de Rub al Khaliwoestijn. Deze woestijn is een van de grootste zandwoestijnen ter wereld en omvat het grootste deel van Saudi-Arabië en delen van Oman, de Verenigde Arabische Emiraten en Jemen. Hij heeft een oppervlakte van 650.000 km^2 en is berucht om het extreme weer, waardoor je hem bijna niet kunt doorkruisen.

SIBERIË
BAJKALMEER

Het Blauwe Oog van Siberië

Het Bajkalmeer staat bekend als het Blauwe Oog van Siberië, omdat het water heel helder en blauw is. Het meer, dat 20 procent van het zoetwater in de wereld bevat, is 636 kilometer lang en 1620 meter diep. In 1996 werd het Unesco-Werelderfgoed.

Olchon

Het eiland Olchon (onder) is 730 km^2 groot en het grootste eiland van het Bajkalmeer in Oost-Siberië. Het eiland is bedekt met bossen en een kleine steppe en bezit daarnaast zelf ook twee meren.

Uitzicht op het Bajkalmeer

ZUIDELIJK CENTRAAL-AZIË
DE HIMALAYA

De Himalaya is het hoogste gebergte ter wereld. Het is 2440 km lang. De reusachtige Mount Everest, die 8848 meter hoog is, maakt er deel van uit. De Himalaya is ontstaan door het tegen elkaar duwen van de Indische en de Euraziatische tektonische platen, wat ongeveer 50 miljoen jaar geleden begon. In de Himalaya vind je veel gletsjers, waardoor het gebied over een grote hoeveelheid zoet water beschikt.

AZIATISCH RELIËF
DWARSDOORSNEDE VAN AZIË

Azië heeft een ongelooflijk gevarieerd landschap. Zoals deze dwarsdoorsnede laat zien, vind je er schilden, woestijnen, hooglanden en bekkens.

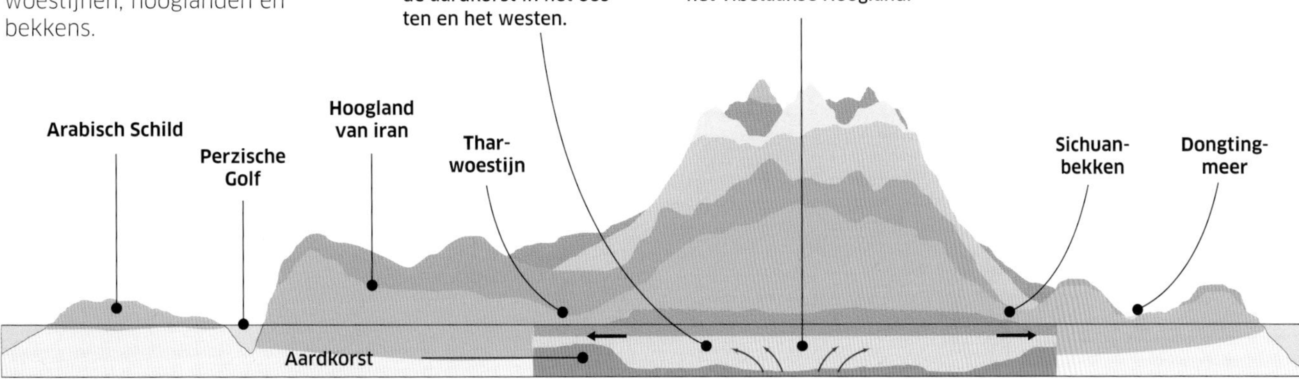

HIMALAYA

In dit Aziatische gebergte vind je de hoogste bergen op aarde, met toppers van bijna 9000 meter. Het Himalayagebergte strekt zich uit over verschillende landen, waaronder Pakistan, India, Nepal, Bhutan en Tibet.

10.000

Het aantal pogingen van de afgelopen 50 jaar om de Mount Everest te beklimmen.

STAMMEND UIT DE HIMALAYA

Bewoners van de hoogten

De Himalaya wordt bevolkt door veel verschillende volken die deel uitmaken van verschillende religieuze stromingen. In het noorden vind je vooral Mongolen, die boeddhistisch zijn. De moslims leven in het zuiden, oosten en westen. Het midden van de regio wordt door hindoes gedomineerd.

De eerste

Op 29 mei 1953 bereikten de Nieuw-Zeelander Edmund Hillary en de sherpa Tenzing Norgay (onder) als eerste mensen de top van de Mount Everest. Het is mogelijk dat het de Engelsman George Mallory in 1924 al eerder is gelukt, maar hij stierf tijdens de afdaling.

DE HIMALAYA
ENKELE FEITEN

Vele ketens

De Himalaya is een systeem dat uit verschillende bergketens bestaat.

Oppervlakte van de keten:
612.000 vierkante kilometer

Ecosysteem:
Hooggebergte

Maximale hoogte:
Mount Everest 8848 meter

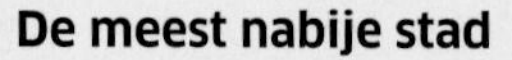

De meest nabije stad

Muzaffarabad, de hoofdstad van Azad Kashmir (Pakistan) ligt aan de voet van de Himalaya. Een groot deel van Muzaffarabad werd op 8 oktober 2005 bij een aardbeving verwoest.

Flora

Sparren, jeneverbessen (onder), berken en rododendrons zijn in het hele gebied verspreid.

Tsomgomeer

Het Tsomgomeer ligt 3780 meter boven de zeespiegel en 40 kilometer van Gangtok, de hoofdstad van de staat Sikkim. Het meer, dat een gevarieerde fauna en flora bezit, vriest in de winter dicht.

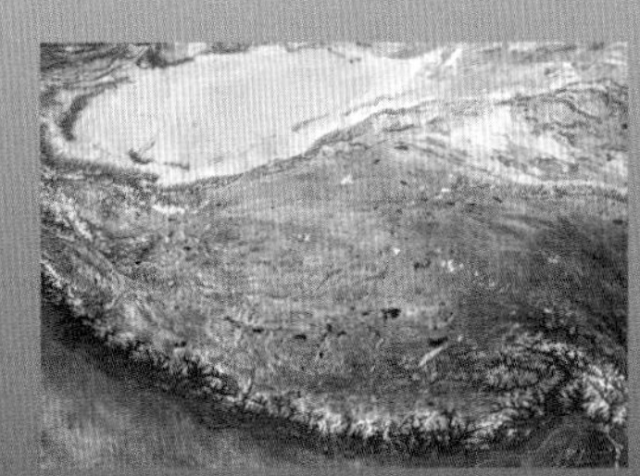

Vanuit de ruimte

Op deze satellietfoto krijg je een beeld van hoe de Himalaya er vanuit de ruimte uitziet. De bergketen is te herkennen aan het gerimpelde uiterlijk dat hij het aardoppervlak bezorgt.

RECORD

Tien van de veertien hoogste bergen op de aarde liggen in de Himalaya.

Sherpa's

De valleien van de Himalaya worden bevolkt door de Sherpa's. Deze mensen zijn gewend aan het leven in de bergen en worden door bergbeklimmers vaak gebruikt als gids en begeleider.

Mount Everest

De besneeuwde pieken van de Himalaya steken hoog boven de wolken uit.

FUJI

De heilige berg van Japan is een vulkaan die al 300 jaar niet meer actief is, maar nog niet is uitgedoofd. Hij geldt als de meest perfecte vulkaan op aarde, omdat zijn kegel heel symmetrisch is. Aan de voet van de Fuji liggen meren, hoogvlakten, watervallen en grotten.

Blauw en wit

De blauw-witte vliegenvanger is een trekvogel. Hij komt voor in Japan, Korea en delen van China en Rusland.

Lente

Men zegt dat het in Japan lente is als de kersenbloesem begint te bloeien.

TEMPERATUUR
De laagste temperatuur ooit gemeten op de Fuji was -38 °C in februari 1981.

Kawaguchimeer

Dit meer is heel beroemd, omdat het de noordkant van de Fuji als een spiegel reflecteert.

Fuji
Panorama van de vulkaan, de stad Fujiyoshida en het Kawaguchimeer.

Zee van bomen

Het bos *Aokigahara Jukai*, of Zee van Bomen, groeit op de ruïnes die de uitbarsting van 864 achterliet.

Vanuit Tokyo

Op deze luchtfoto van de hoofdstad Tokyo kun je de berg Fuji, een symbool van Japan, op de achtergrond zien.

Enkele feiten over de Fuji

De Fuji ligt in Centraal-Japan, ten westen van de hoofdstad Tokyo. Het is een actieve vulkaan, maar hij zal niet snel uitbarsten.

1. **Locatie:** Honshu-eiland
2. **Type:** Actieve stratovulkaan
3. **Maximale hoogte:** 3776 meter

IJskoude top

Op de top van de Fuji komt de temperatuur zelden boven 0 °C.

Heilige plaats

Eeuwenlang was de Fuji zo heilig dat alleen monniken en religieuze bedevaartgangers hem beklommen. Tot 1872 mochten vrouwen hem niet beklimmen.

GESCHIEDENIS

DRIE UITBARSTINGEN

Fuji

De Fuji heeft drie grote uitbarstingen gekend, die elk hun invloed hadden op de vorm en de omvang van de vulkaan:

700.000 jaar geleden: Komitake-uitbarsting. Deze top kijkt tegenwoordig uit op de oostflank van de Fuji.

100.000 jaar geleden: verscheidene uitbarstingen van de Oude Fuji. Deze werd daarna bedolven door een aantal andere uitbarstingen.

December 1707: laatste uitbarsting.

Huidige Fuji
Oude Fuji
Ashitaka (eerste vulkaan)
Komitake

TOERISTEN-INFORMATIE

Shiraitowaterval

Hoewel deze waterval niet meer dan 20 meter hoog is, is het een Japans nationaal monument en is hij heilig voor de Japanners. De waterval wordt omringd door bomen, waardoor het een mooie toeristische attractie is.

MOESSON

Een moesson is een periodieke wind die regen brengt. Moessons beheersen het leven en de economie van een van de dichtstbevolkte regio's van de wereld. De moessontijd begint met zware regens die het eind van de droge winter inluiden. Hoewel de mensen blij zijn met het eind van de winter kunnen de moessons grote overstromingen veroorzaken, waarbij gewassen en huizen worden verwoest.

OORSPRONG
Het woord moesson is afgeleid van het Arabische woord '*mawsim*', wat 'seizoen' betekent.

Het nut van overstromingen

Hoewel de plaatselijke bevolking bang is voor de overstromingen laat het water slik achter dat goed is voor de vruchtbaarheid van het land en dus goed voor landbouw.

Gewassen in Oman

Als moessons geen huizen verwoesten zijn de boeren er blij mee, omdat ze de grond vruchtbaarder maken, wat leidt tot betere gewassen en een grotere oogst.

Hulp van andere landen

Na de verwoestende overstromingen van 2010 was Pakistan afhankelijk van hulp uit andere landen. Hier bestudeert een waarnemer in een legervliegtuig de situatie in het rampgebied.

2400

Het aantal doden tijdens de moessontijd van 2008.

Stortregens

In september 2009 raakten 300 mensen in Vietnam tijdens stortregens hun huis kwijt. Acht mensen kwamen door de stortregens om het leven.

India onder water

In India komen dergelijke taferelen veel voor in de moessontijd, die duurt van juni tot september.

Overstromingen

Rivieren die uitkomen op de machtige Ganges en de Brahmaputra in Bangladesh kunnen door de moessons flink overstromen, waardoor gewassen en huizen worden verwoest en aardverschuivingen optreden.

HOE HET GEBEURT
MOESSON

Temperatuurverschillen

Een moesson is een periodieke wind die, afhankelijk van het seizoen, van richting kan verschillen. De wintermoesson is een koude wind die van het continent naar de oceaan waait. De zomermoesson waait van de Indische Oceaan en de Zuid-Chinese Zee richting Azië, en voert warmte en vochtige lucht mee. Deze wind stuit op de hoge bergen en veroorzaakt tussen april en oktober zware neerslag. In recente jaren zijn de moessons, als gevolg van de klimaatverandering, intenser geworden.

AZIATISCHE MOESSONS
PAKISTAN-LADAKH-CHINA-KOREA

Verwoesting in 2010

Overstromingen in Azië hebben in grote gebieden schade aangericht. In Pakistan werden meer dan 300.000 huizen beschadigd of verwoest. In de streek Ladakh (India) zijn minstens 185 mensen omgekomen. In China vielen meer dan 700 doden, en in Noord-Korea moesten 800.000 mensen hun huis verlaten.

Ramp in Pakistan

Op deze luchtfoto zie je de overstroming van Muzaffargarh, in Zuid-Punjab (Pakistan). Ongeveer 14 miljoen mensen raakten door de overstroming hun huis kwijt.

GANGES

De bron van de rivier de Ganges ligt op 4140 meter hoogte in de Himalaya. Deze 2506 kilometer lange rivier stroomt door gebergten en hoogvlakten en eindigt in de Golf van Bengalen. Op zijn oevers bloeiden beschavingen en tegenwoordig stroomt hij langs steden, vruchtbare rijstvelden en tempels.

Stad van 1000 tempels

De Vishwanath-tempel is de heiligste in Varanasi. Hij is gewijd aan de god Shiva en bekleed met 750 kilogram goud.

GANGESBEKKEN
ENKELE FEITEN

Cultuursymbool

De Ganges is heilig voor hindoes. Ook voorziet hij miljoenen mensen van zoet water.

Stroomgebied:
907.000 km^2

Bron van de rivier:
Gomukh aan de tong van de Gangotrigletsjer in de Himalaya

Lengte: 2506 kilometer

GELOOF
RELIGIEUZE GEBRUIKEN

De rivier is een godin

Voor hindoes wordt de Ganges gepersonifieerd door de godin Ganga. Hindoes geloven dat het belangrijk voor hen is om in de rivier te baden en de as van overledenen in het water te verstrooien.

De heilige rivier

De Ganges is heilig voor hindoes. Zij geloven dat het water van de rivier hun zielen redt. Als hindoes overlijden, worden zij gecremeerd en wordt hun as in de rivier verstrooid.

Varanasi, India
De stad gezien vanaf de rivier.

Besmetting

Miljoenen mensen baden in de Ganges. De rivier is een haard van besmettelijke ziekten omdat hij is vervuild door allerlei soorten bacteriën, riolen en resten van crematies.

1000 miljoen

Het aantal liters rioolwater dat in de rivier wordt geloosd.

140 MILJOEN
Er leven 140 miljoen mensen in de delta van de Ganges.

Hangbruggen

Er loopt een aantal bruggen over de Ganges, waaronder de hangbruggen Lakshman Jhula (die ouder is) en de Ram Jhula. Ze zijn bedoeld voor voetgangers, maar fietsers gebruiken ze soms ook.

Kolkata (Calcutta)

Kolkata is met ruim 14 miljoen inwoners een van de grootste steden aan de Ganges. India was vroeger een kolonie van Groot-Brittannië. Dit gebouw uit 1921 herdenkt de Britse koningin Victoria.

DIEREN VAN DE GOBIWOESTIJN

De Gobiwoestijn in noordelijk China en zuidelijk Mongolië is extreem droog, vooral in de winter. In de woestijn, waar kamelen, ezels, wilde paarden, vogels en reptielen leven, zijn buitengewone fossielen gevonden.

EEN KOUDE PLAATS
De Gobiwoestijn is koud en er ligt vaak rijp op de duinen.

Kleine Gobi

In het natuurpark Small Gobi (*Alashan*) in Mongolië bouwen trekvogels hun nesten in kleine struiken.

Sterke poten

De Mongoolse renmuis is 's nachts actief om de hoge dagtemperaturen te vermijden. Renmuizen gebruiken hun sterke achterpoten en staart om te springen bij het zoeken naar eten, zoals zaden.

1.295.000

Het aantal vierkante kilometers dat de Gobiwoestijn groot is.

Wilde paarden

De wilde paarden van de Gobiwoestijn behoren tot een 20.000 jaar oud ras.

Boa constrictors

De Tartaarse zandboa's bewonen de Gobiwoestijn. Deze slangen doden hun prooien door ze te knijpen totdat ze stikken. Als de prooi dood is, slikt de slang hem in zijn geheel door.

SPECIALE DIEREN VAN DE GOBIWOESTIJN

Kamelen

Kamelen hebben twee bulten. Dankzij een speciale vacht zijn ze opgewassen tegen de extreme temperaturen in de woestijn. In de zomer kan het warmer dan 60 °C worden en in winter is het vaak onder nul.

Planteneterswoestijn

In het Altai-natuurreservaat leven kropgazelles (onder), bruine beren, wilde paarden en ezels. De kropgazelle kan snel rennen en in de winter meer dan 30 kilometer per dag afleggen. In de zomerhitte lopen ze maar 1 tot 3 kilometer per dag.

Fossielen van de Gobi

De eerste in de Gobi gevonden fossielen waren schedels van hagedissen en kleine zoogdieren. Er zijn ook nesten en gefossiliseerde eieren van dinosauriërs gevonden. Ze hielpen wetenschappers uit te vinden hoe dinosauriërs leefden.

BEVOLKING EN ECONOMIE

Azië telt meer inwoners dan enig ander continent, maar ze zijn niet evenwichtig verspreid. Grote onbewoonde gebieden contrasteren met enkele van de dichtstbevolkte gebieden van de planeet. Ook de economische verschillen zijn groot. De oliestaten en de geïndustrialiseerde landen zijn veel rijker dan de arme landen in het centrale deel van Azië.

Tokyo, Japan
Een menigte op een van de straten.

BEVOLKING
DICHTST BEVOLKT

Beijing, China

In Beijing, de hoofdstad van China, leven ongeveer 19,6 miljoen mensen. Tot zijn bezienswaardigheden behoren de paleizen van de Verboden Stad en een deel van de Chinese Muur.

Calcutta (Kolkata), India

Calcutta, de hoofdstad van de staat West-Bengalen, heeft een stedelijk gebied met meer dan 14 miljoen inwoners. De officiële naam is Kolkata en tot 1911 was het de hoofdstad van India.

Toerisme

Azië heeft heel wat toeristische bezienswaardigheden en het toerisme is belangrijk voor de economie. Deze dromedarissen brengen toeristen naar de ruïnes van Petra in Jordanië.

Rijstvelden

Veel Aziaten leven nog in landelijke gebieden. Rijst is het belangrijkste landbouwproduct van Thailand. De Thaise rijst wordt over de hele wereld geëxporteerd.

Rajasthan, India
Het openbaar vervoer in India kan stampvol zijn.

REGIONALE VERSCHILLEN
INFRASTRUCTUUR

Transport

In rijkere Aziatische landen met groeiende economieën is het vervoer hoog ontwikkeld. China heeft bijvoorbeeld grote luchthavens en spoorwegsystemen. In minder ontwikkelde streken, bijvoorbeeld grote delen van India, is het beperkt en onbetrouwbaar.

Chinese vleugels
China Southern Airlines is de grootse luchtvaartmaatschappij van Azië. In India worden olifanten vaak gebruikt voor transport.

Koeweit
Olie heeft van Koeweit een van de rijkste landen van Arabië gemaakt.

MENSENRECHTEN
KINDEREN

Armoede

Afghanistan, Bangladesh, Cambodja en Laos behoren tot de armste landen in Azië. De mensen in deze landen, waar de economie zich nauwelijks ontwikkelt, hebben een lagere gemiddelde levensverwachting. In India en Zuidoost-Azië moeten kinderen slavenarbeid verrichten in ruil voor eten.

INDUSTRIE
LOKAAL VERSUS EXPORT

Grote verschillen

China en Japan worden gezien als industriële mogendheden. In China en Japan worden veel spullen gemaakt en naar het Westen geëxporteerd. Sommige delen van Azië zijn grootschalig geïndustrialiseerd, maar in andere landen is lokale nijverheid, zoals de productie van handgemaakt textiel, nog steeds belangrijk.

VOLKEN EN TALEN

Vanwege de omvang en de diversiteit van het uitgestrekte Aziatische continent leven er zeer veel verschillende mensen. Er handhaven zich tientallen etnische groepen op het continent en de meeste spreken hun eigen taal.

Hangul

Noord- en Zuid-Korea hebben hetzelfde alfabet, dat Hangul wordt genoemd. Het bestaat uit 24 klinkers en medeklinkers.

Religies

Islam, boeddhisme en hindoeïsme zijn de belangrijkste religies in Azië.

MEEST GESPROKEN
Mandarijn is een van de meest gesproken talen van de wereld.

Monniken lezen religieuze teksten in Tibet.

Papier en drukken

Het papier werd in China uitgevonden in 104 n.C. In de 11de eeuw gebruikten de Chinezen als eersten een drukpers.

Hebreeuws

Het oude Hebreeuws stierf in de 1ste eeuw n.C. uit. Bijna 2000 jaar later werd de taal nieuw leven ingeblazen, en nu spreken bijna alle Israeliërs het weer.

EEN COMPLEXE GESCHIEDENIS

Oude beschavingen

Enkele van de oudste beschavingen van de wereld bloeiden in Azië. Bijvoorbeeld:

1. **Soemer (3200–2300 v.C.):** Beschaving ontstaan in het huidige Irak. De Soemeriërs vonden het schrift en de wiskunde uit.
2. **China (vanaf 221 v.C. verenigd):** Het Chinese Rijk bloeide tot 1912.
3. **Harappa (2600–1800 v.C.):** In noordwestelijk India. Men ontwikkelde een schrift.
4. **Perzië (550 v.C.):** Het Perzische Rijk had als centrum het huidige Iran.

Islamitische rijken

Na de opkomst van de Islam ontstonden verschillende rijken:

1. **630:** De stammen in Arabië werden verenigd in één staat, die zich later uitbreidde en Syrië, Palestina en Noord-Afrika omvatte.
2. **1200–1300:** De Mongolen van Centraal-Azië bekeerden zich tot de Islam en veroverden China en India.
3. **1300:** De Turken in West-Azië schiepen het Osmaanse Rijk, dat tot 1923 een groot gebied omvatte.

Europese kolonisatie

Vanaf de 15de eeuw begonnen de Portugezen handel te drijven en zich te vestigen in delen van Zuid-Azië. Vanaf de 16de eeuw bezaten de Nederlanders, Engelsen en Fransen handelsposten en overheersten hele landen, zoals India en Indonesië.

ETNISCHE GROEPEN
VERSCHILLENDE TALEN

MYANMAR
KAYAN

Langnekkige vrouwen

De vrouwen van de Kayans verlengen hun nek door een hoge kraag te dragen. Dit volk telt circa 130.000 mensen en is een van de etnische minderheden van Myanmar.

CHINA – VIETNAM – MYANMAR
MIAO

Leven in de bergen

Het Miaovolk telt 7 miljoen mensen. Ze leven in de bergachtige gebieden van China, Vietnam en Myanmar. Hun taal wordt in een groot deel van Zuidoost-Azië gesproken.

VAN AZIË TOT DE WIJDE WERELD
ROMA

Moeder en dochter

De geschiedenis van de Roma kan worden teruggevoerd tot Noordwest-India (Punjab, Gujarat, Rajasthan) en Sindh (tegenwoordig Pakistan). Leden van deze groep spreken Romani.

INDIA
TODA

Herdervolk

Dit volk, dat een Dravidische taal spreekt, leeft in het Nilgirigebergte in Zuid-India. De Toda zijn herders die wonen in huizen met houten geraamtes en rieten daken.

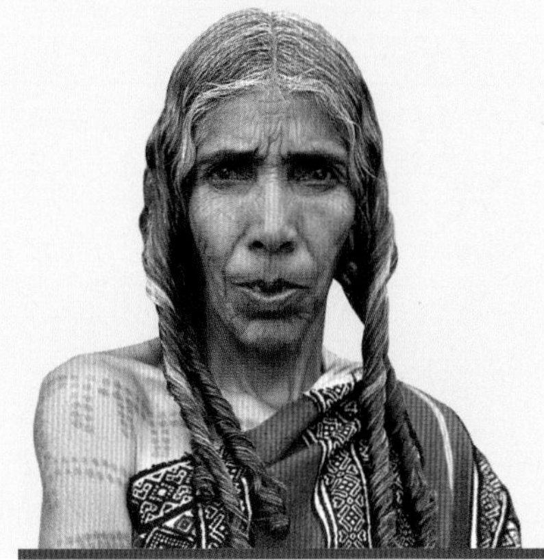

MONGOLEN

De Mongolen zijn nakomelingen van de stammen die onder leiding van Dzjenghis Khan aan het het begin van de 13de eeuw het grootste deel van Eurazië veroverden. Ze leven nog altijd op de steppen van Azië, net als hun voorouders. Hun manier van leven is goeddeels onveranderd gebleven; het bestaan draait om hun paarden en het weiden van vee.

UIT AZIË
STRAAT BERING

Over continenten

Ongeveer 15.000–20.000 jaar geleden liep de laatste ijstijd op Aarde ten einde. Rond die tijd trok een kleine groep mensen Noordoost-Azië binnen. Waarschijnlijk volgden ze de dieren waar ze op jaagden. Deze mensen staken de Straat Bering over, waar de zeespiegel waarschijnlijk lager was dan tegenwoordig. Ze verlieten Azië en kwamen via Alaska terecht op het Noord-Amerikaanse continent. Deze mensen vestigden zich uiteindelijk in Noord-Amerika.

EEN GROTE FAMILIE

Aziatisch en Noord-Amerikaans

De meeste wetenschappers geloven dat de oude Aziaten die nu in zuidelijk Siberië leven verwant zijn aan de Indianen in Amerika. Hun afstammelingen zijn hieronder te zien.

Nieuw maanjaar

Mongolen vieren Nieuwjaar volgens de oude maankalender. Het feest valt eind januari en wordt drie dagen lang gevierd. Er komen gasten en er is speciaal eten.

Traditionele huizen

Veel Mongolen leven nog altijd in grote tenten, die joerts worden genoemd. Ze zijn gemakkelijk te vervoeren en passen goed bij de nomadische levenswijze van de Mongolen.

Nomadische economie

Het vee levert de Mongolen voedsel (vlees en melk) en huiden op en dient ook als transportmiddel. Families leggen grote afstanden af om eten voor hun kuddes te zoeken.

Jagen
Een nomade op de steppen van Mongolië.

Cultuur

Er zijn ongeveer 7-7,5 miljoen Mongolen. Traditioneel waren het jagers. Tegenwoordig speelt de jacht nog altijd een grote rol in hun leven. Ze kunnen goed samenwerken en zijn gewoonlijk heel erg aardig tegen elkaar.

Geloof

De Mongolen bouwden *oboos*, heiligdommen van stenen en hout. Zij geloven dat er lokale geesten en goden in wonen. Ze zijn meestal naar het zuiden of zuidoosten gericht.

Mongoolse zang en dans

Mongolen dansen de *tsam* – een traditionele gemaskerde dans – om kwade geesten te verdrijven. Ze maken muziek op verschillende instrumenten en zingen traditionele liedjes.

TAJ MAHAL

De Taj Mahal is een mooi mausoleum (graf) aan de Yamunarivier in de Indiase stad Agra. De grootmogol Shah Janah bouwde hem in de 17de eeuw als eerbetoon aan zijn vrouw Mumtaz Mahal, die in het kraambed overleed. Ze liggen nu samen begraven in dit schitterende mausoleum, gebouwd van wit marmer met ingelegde edelstenen.

LICHT
De edelstenen die in het marmer zijn vastgezet glinsteren in het licht, en geven zo kleur aan het marmer.

DE TAJ MAHAL
ENKELE FEITEN

Locatie:
Agra, India

Type:
Mausoleum

Gebouwd:
Tussen 1631 en 1654

In opdracht van:
grootmogol Shah Jahan, uit de Mogoldynastie

Hoogte:
74 meter

Constructie:
43 soorten marmer en edelstenen (turkoois, agaat, lapis lazuli, koraal, jade en malachiet)

1. Koninklijke tombe
2. Moskee
3. Jawab
4. Kanaal
5. Paleistuinen
6. Hoofdingang

Symmetrie

Het paleis werd achter in het veld gebouwd, achter de fonteinen en tuinen. Dat betekende dat het uitzicht op het mausoleum door niets wordt belemmerd.

TAJ MAHAL **DETAILS**

Bogen
De bogen van elke poort geven het gebouw diepte en reflecteren zonlicht.

Randen
Tekeningen en verzen uit de Koran zijn gebruikt als decoratie.

Uivormige koepel
Koepels van deze vorm zijn typerend voor islamitische architectuur.

Minaretten

Sokkel
Het mausoleum staat op een sokkel, die het gebouw hoger maakt. Hierdoor oogt het indrukwekkender.

Traliewerk
De ruimte rond de koninklijke graven wordt omgeven door tralies van filigraan.

Minaretten

Het graf wordt omgeven door vier torens of minaretten, eentje op elke hoek van de sokkel. Minaretten worden gebruikt om moslims op te roepen tot het gebed.

22

Het aantal kleine koepels symboliseert het aantal jaren dat de bouw duurde.

Tuinen

De tuinen zijn onderverdeeld in zestien secties, met veel bloembedden, verhoogde paden, bomenrijen, fonteinen, kanalen en brede vijvers. Het majestueuze paleis wordt weerspiegeld in het water.

DETAIL **DE GRAVEN**

Kenmerken
De graven, die zijn gemaakt van marmer met bergkristallen als versiering, liggen in het hoofdgebouw. Ze zijn verder versierd met een ring van lotusbloemen. Deze decoratie wordt op elke minaret herhaald.

Shah Jahan

Mumtaz Mahal

Grafkamer
De graven van het stel zijn te vinden in de centrale hal van het mausoleum.

BEIJING

Beijing, de hoofdstad van de Volksrepubliek China, is een van de dichtstbevolkte steden van de wereld. De stad bestaat uit een mengeling van ultramodern en oud, met wolkenkrabbers en kantoortorens naast oude paleizen, tempels en pleinen.

Dashalar
Uitzicht op het levendige winkelcentrum, even ten zuiden van het Tiananmenplein.

Land	China
Oppervlakte	16.801 km^2
Inwonertal	19.612.000
Dichtheid	1167 mensen/km^2

BINNENSTAD ICONEN

Tempel van de hemel
Dit ronde tempelcomplex is typerend voor de gebouwen van de Mingdynastie. Elke ochtend beoefenen mensen tai chi en qigong op het terrein van de tempel.

Plein van de Hemelse Vrede
Dit is een groot plein met openbare gebouwen in het centrum van Beijing. Het is het op twee na grootste plein van de wereld. Er vonden veel belangrijke gebeurtenissen uit de Chinese geschiedenis plaats.

Draak
In de Chinese cultuur is de draak een symbool van kracht en macht.

WINKELEN
In deze winkelstraat kun je alles vinden, van moderne sieraden en designerkleren tot traditionele genezers en medicijnen.

Ingang van Dashalar

Dashalar is een winkelstraat met een geschiedenis van meer dan 580 jaar. In dit levendige gebied kun je zien hoe het oude Beijing er moet hebben uitgezien.

Vervoer

De stad bezit een uitgebreid openbaarvervoernetwerk met metro, treinen, bussen, trams en vliegtuigen. Op de foto links zie je het centraal station van Beijing.

Nationaal stadion Beijing

Dit Olympisch Stadion uit 2008 heeft als bijnaam 'vogelnest' vanwege het ingewikkelde stalen netwerk aan de buitenkant. Het stadion is 330 meter lang, 220 meter breed en 69 meter hoog.

CULTURELE UITINGEN

Nationaal Theater (Het Ei)

Dit gebouw werd ontworpen door Paul Andreu en lijkt op een doormidden gesneden ei. De lagune waarop hij ligt weerspiegelt de andere helft, zodat er een complete ovaal ontstaat. In het theater kun je kijken naar toneel, dans en opera.

Peking-opera
De Peking-opera is twee eeuwen oud. Het wordt beschouwd als een van de hoogste Chinese cultuuruitingen.

Bevolking

Men verwacht dat het inwonertal van Groot-Beijing in 2020 zo'n 20 miljoen mensen zal bedragen.

DE VERBODEN STAD

De bouw van de Verboden Stad in Beijing (China) begon in 1406, ten tijde van de Mingdynastie. De voltooiing van de bijna 1000 gebouwen duurde veertien jaar. Er hebben 24 keizers gewoond.

Uitzicht op het museum
Beijing, China.

DAKEN
De Verboden Stad wordt door aardewerken beelden van draken en gevleugelde leeuwen tegen kwade geesten beschermd.

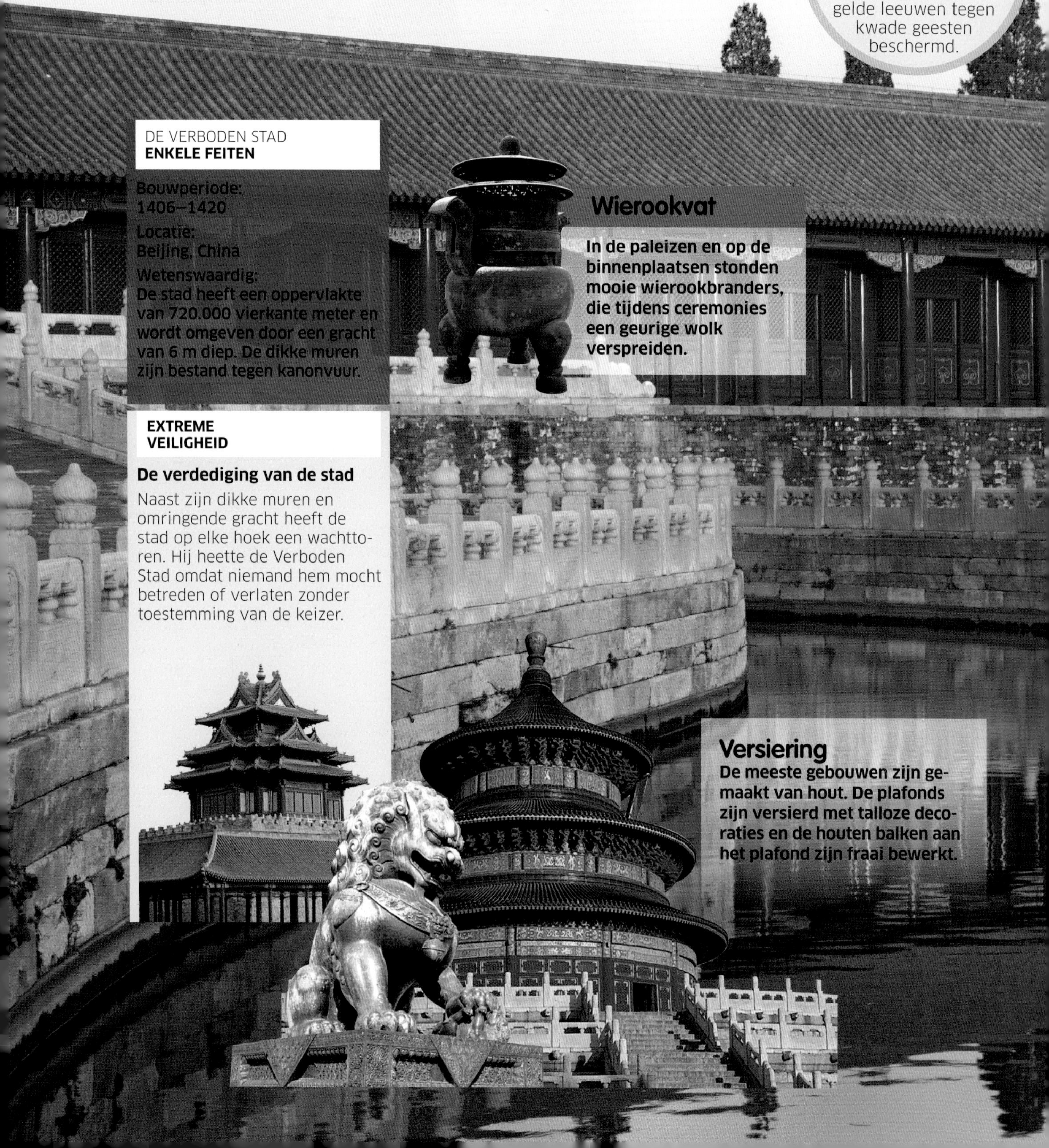

DE VERBODEN STAD
ENKELE FEITEN

Bouwperiode:
1406–1420
Locatie:
Beijing, China
Wetenswaardig:
De stad heeft een oppervlakte van 720.000 vierkante meter en wordt omgeven door een gracht van 6 m diep. De dikke muren zijn bestand tegen kanonvuur.

Wierookvat

In de paleizen en op de binnenplaatsen stonden mooie wierookbranders, die tijdens ceremonies een geurige wolk verspreiden.

EXTREME VEILIGHEID

De verdediging van de stad

Naast zijn dikke muren en omringende gracht heeft de stad op elke hoek een wachttoren. Hij heette de Verboden Stad omdat niemand hem mocht betreden of verlaten zonder toestemming van de keizer.

Versiering

De meeste gebouwen zijn gemaakt van hout. De plafonds zijn versierd met talloze decoraties en de houten balken aan het plafond zijn fraai bewerkt.

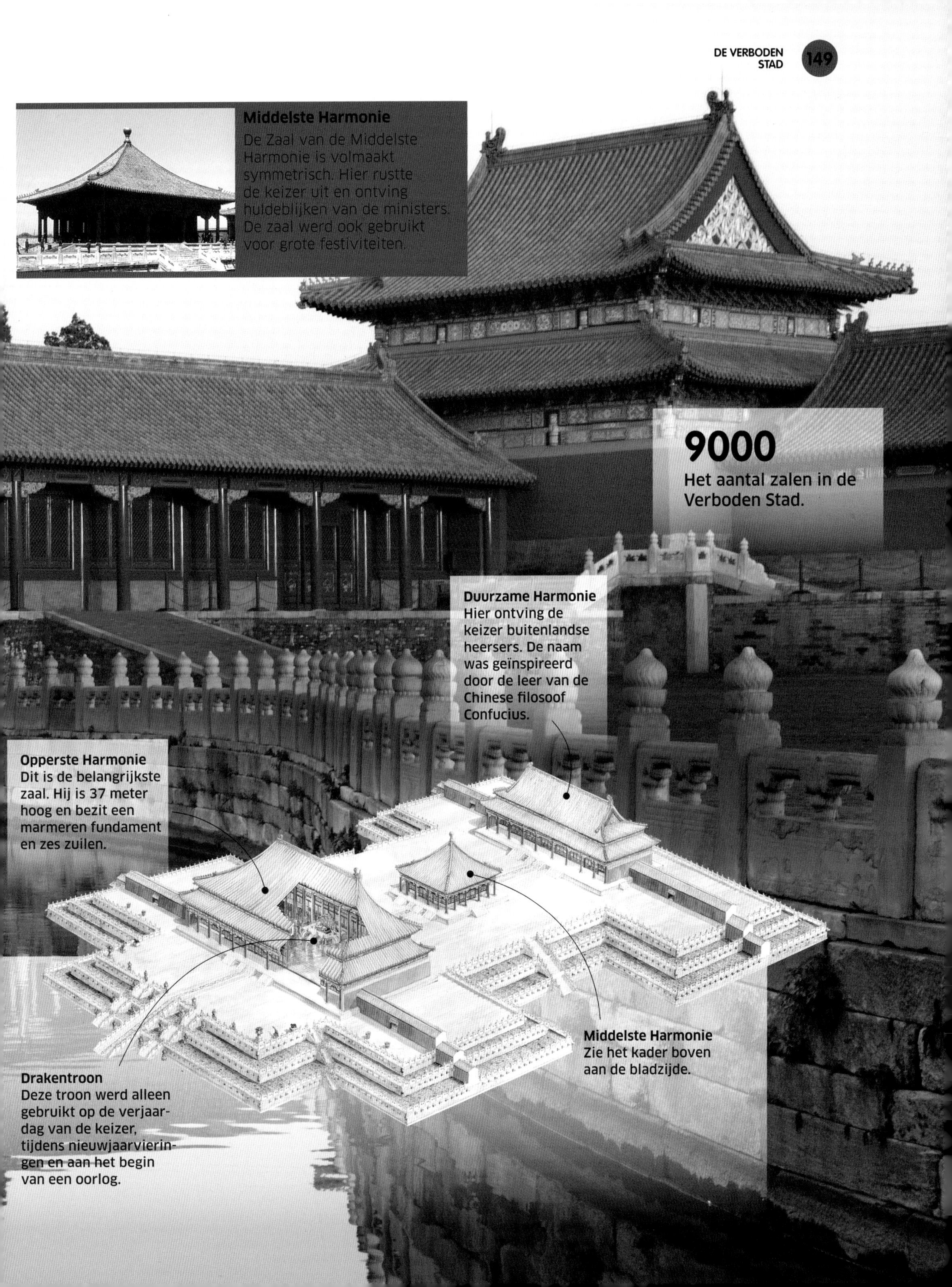
Middelste Harmonie
De Zaal van de Middelste Harmonie is volmaakt symmetrisch. Hier rustte de keizer uit en ontving huldeblijken van de ministers. De zaal werd ook gebruikt voor grote festiviteiten.
9000
Het aantal zalen in de Verboden Stad.
Duurzame Harmonie
Hier ontving de keizer buitenlandse heersers. De naam was geïnspireerd door de leer van de Chinese filosoof Confucius.
Opperste Harmonie
Dit is de belangrijkste zaal. Hij is 37 meter hoog en bezit een marmeren fundament en zes zuilen.
Middelste Harmonie
Zie het kader boven aan de bladzijde.
Drakentroon
Deze troon werd alleen gebruikt op de verjaardag van de keizer, tijdens nieuwjaarvieringen en aan het begin van een oorlog.

AFRIKA INLEIDING

Het landschap in Afrika gaat van droge, verschroeiende woestijnen tot groene oerwouden en de besneeuwde top van de Kilimanjaro. Water is schaars in een groot deel van het continent, maar de Nijl heeft water in overvloed en dat levert vruchtbaar land op. De vlakke Afrikaanse savannes zijn droog en heet, maar toch leven er enorme kuddes grazers en roofdieren. Dat varieert van olifanten en leeuwen tot kleinere dieren, zoals bavianen en antilopen.

MADAGASKAR
HET EILAND MADAGASKAR LIGT VOOR DE KUST VAN MOZAMBIQUE. DEZE VULKAANKEGEL LIGT BIJ HET ITASYMEER.

AFRIKA
NATUURKUNDIGE KAART

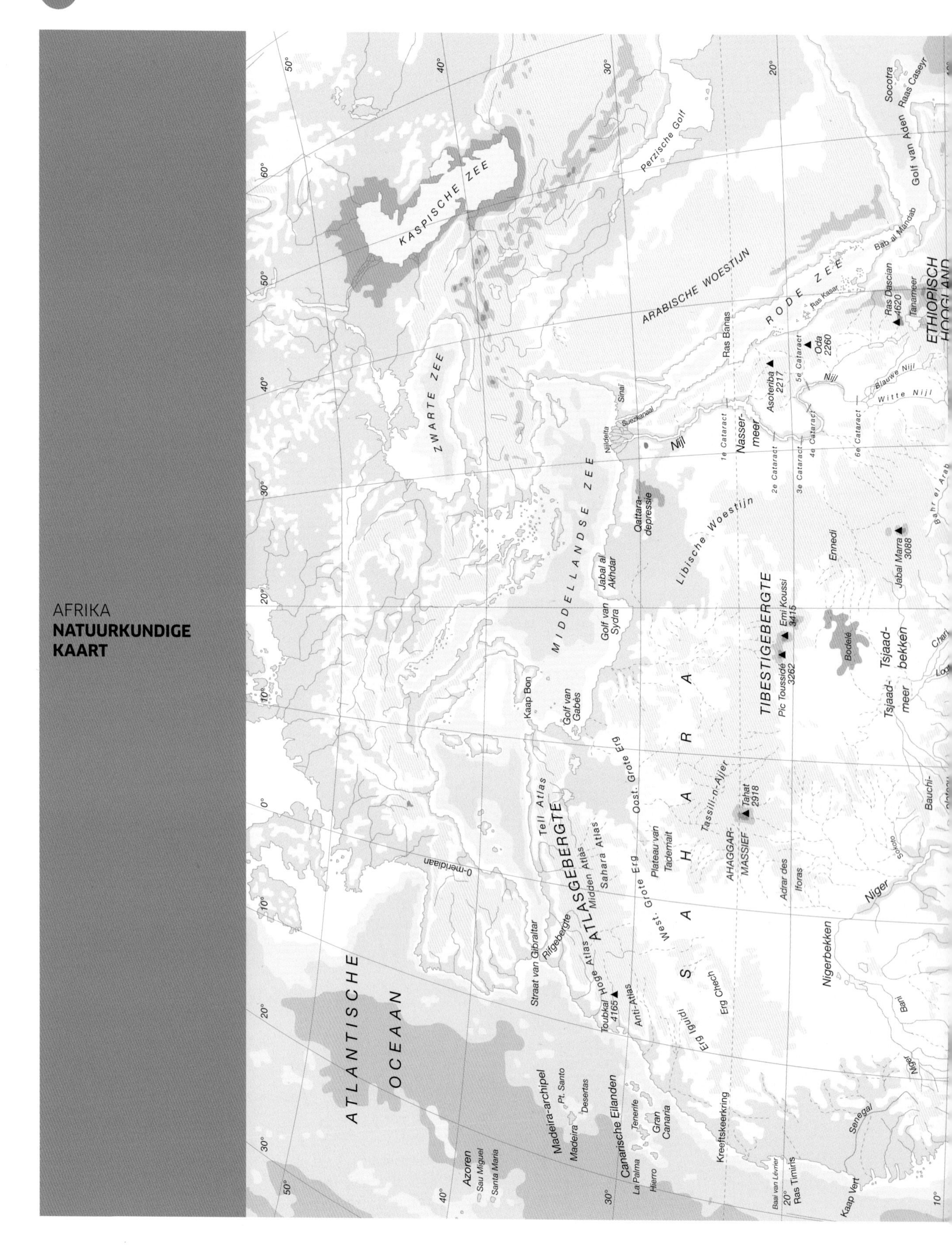

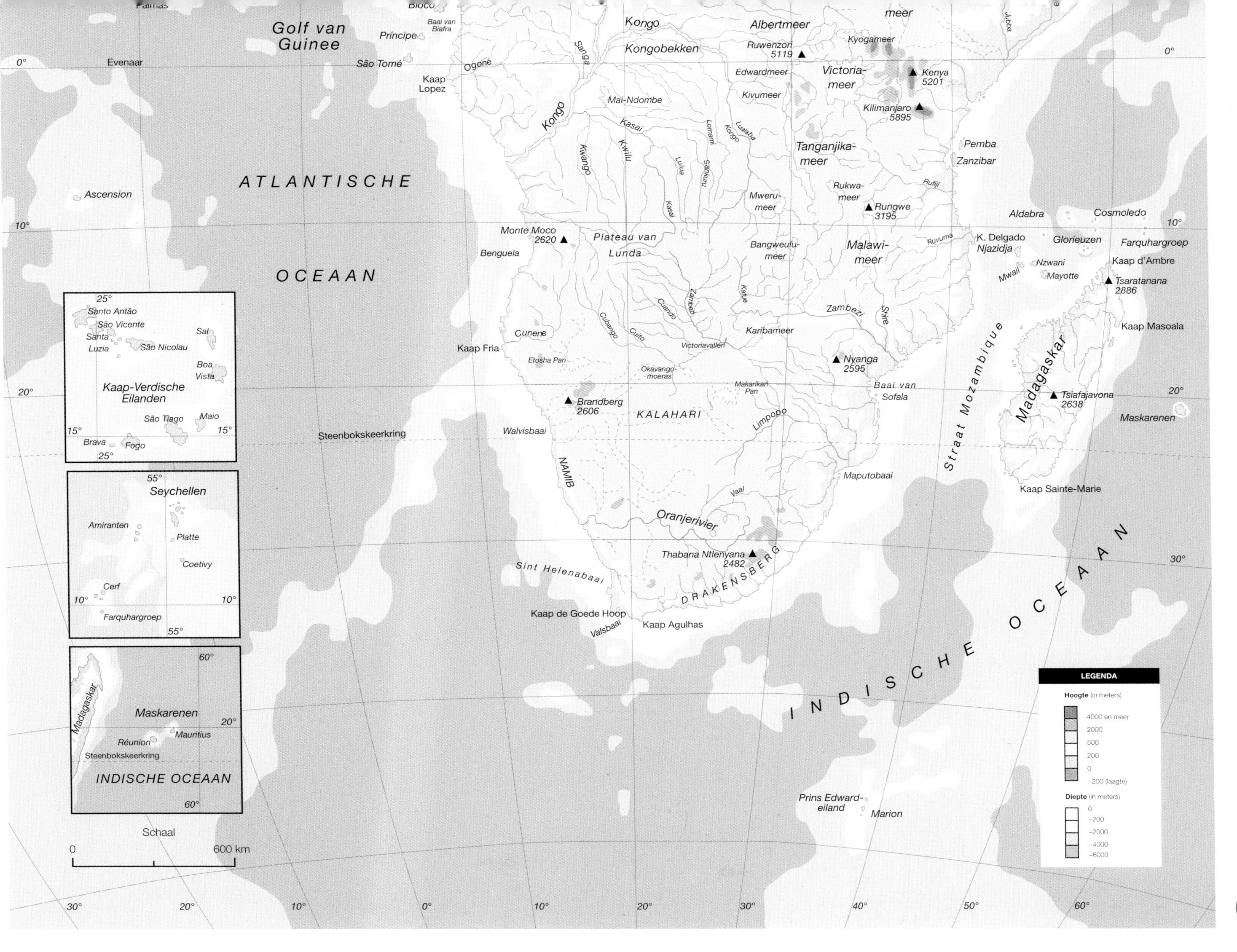
Golf van Guinee
ATLANTISCHE
OCEAAN
INDISCHE OCEAAN
Straat Mozambique
Madagaskar
Príncipe
São Tomé
Baai van Biafra
Kaap Lopez
Ogooué
Ascension
Evenaar
Steenbokskeerkring
Kongo
Kongobekken
Sanga
Kwango
Kwilu
Kasai
Lulua
Sankuru
Lomami
Lualaba
Mai-Ndombe
Plateau van Lunda
Monte Moco 2620
Benguela
Kaap Fria
Cunene
Etosha Pan
Walvisbaai
Brandberg 2606
NAMIB
KALAHARI
Okavango-moeras
Cubango
Cuito
Cuando
Zambezi
Victoriavallen
Kafue
Karibameer
Makarikari Pan
Limpopo
Vaal
Oranjerivier
Thabana Ntlenyana 2482
DRAKENSBERG
Kaap Agulhas
Kaap de Goede Hoop
Valsbaai
Sint Helenabaai
Albertmeer
Ruwenzori 5119
Edwardmeer
Kivumeer
Kyogameer
Victoria-meer
Tanganjika-meer
Mweru-meer
Bangweulu-meer
Rukwa-meer
Malawi-meer
Rungwe 3195
Kenya 5201
Kilimanjaro 5895
Pemba
Zanzibar
Rufiji
Ruvuma
Shire
Nyanga 2595
Baai van Sofala
Maputobaai
Jubba
Aldabra
Cosmoledo
Farquhargroep
K. Delgado
Njazidja
Mwali
Nzwani
Mayotte
Glorieuzen
Kaap d'Ambre
Tsaratanana 2886
Kaap Masoala
Tsiafajavona 2638
Kaap Sainte-Marie
Maskarenen
Prins Edward-eiland
Marion
LEGENDA
Hoogte (in meters)
4000 en meer
2000
500
200
0
-200 (laagte)
Diepte (in meters)
0
-200
-2000
-4000
-6000
Kaap-Verdische Eilanden
Santo Antão
São Vicente
Santa Luzia
São Nicolau
Sal
Boa Vista
Maio
São Tiago
Fogo
Brava
Seychellen
Platte
Coetivy
Amiranten
Cerf
Farquhargroep
Maskarenen
Mauritius
Réunion
Steenbokskeerkring
INDISCHE OCEAAN
Madagaskar
Schaal
0
600 km

AFRIKA
STAATKUNDIGE KAART

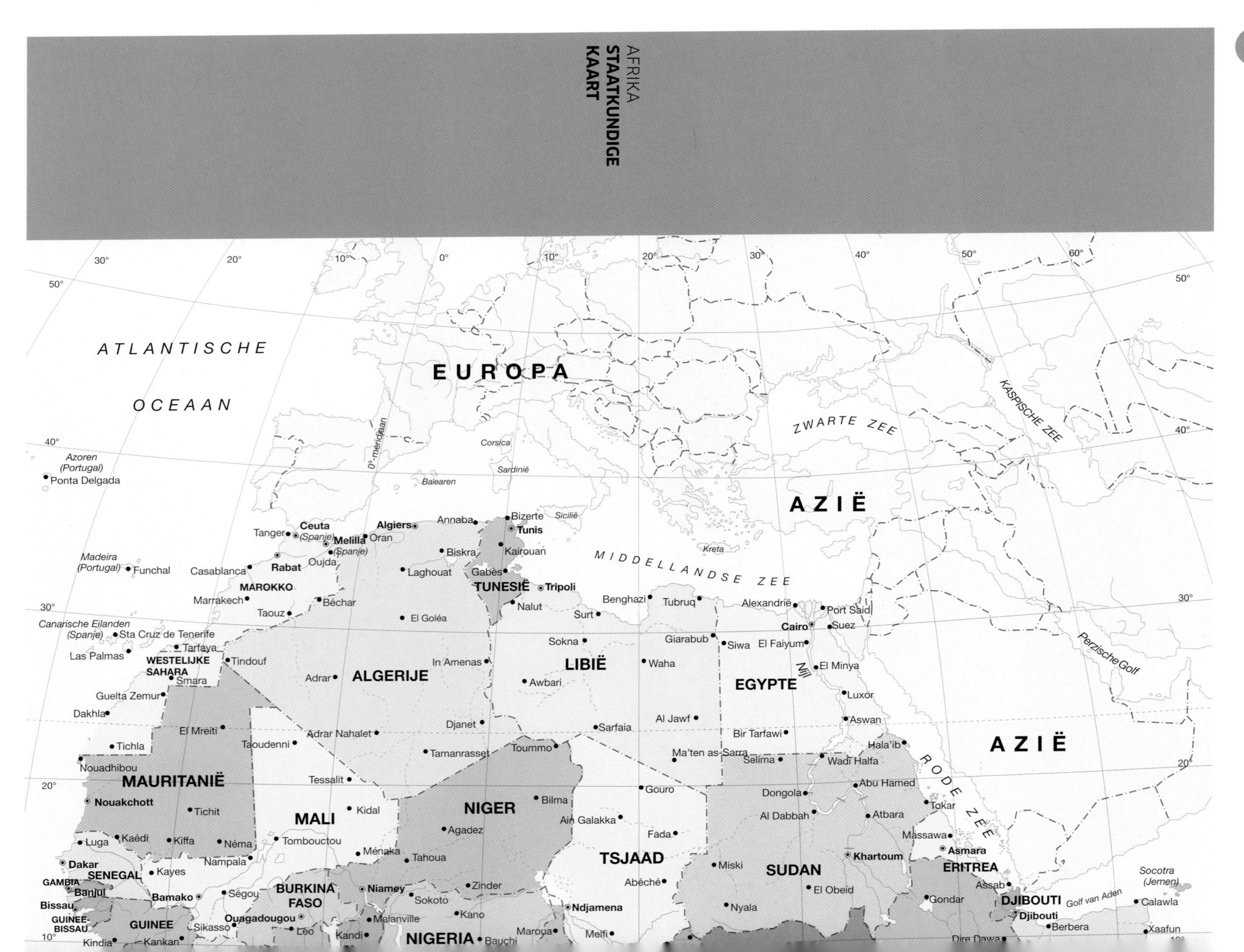

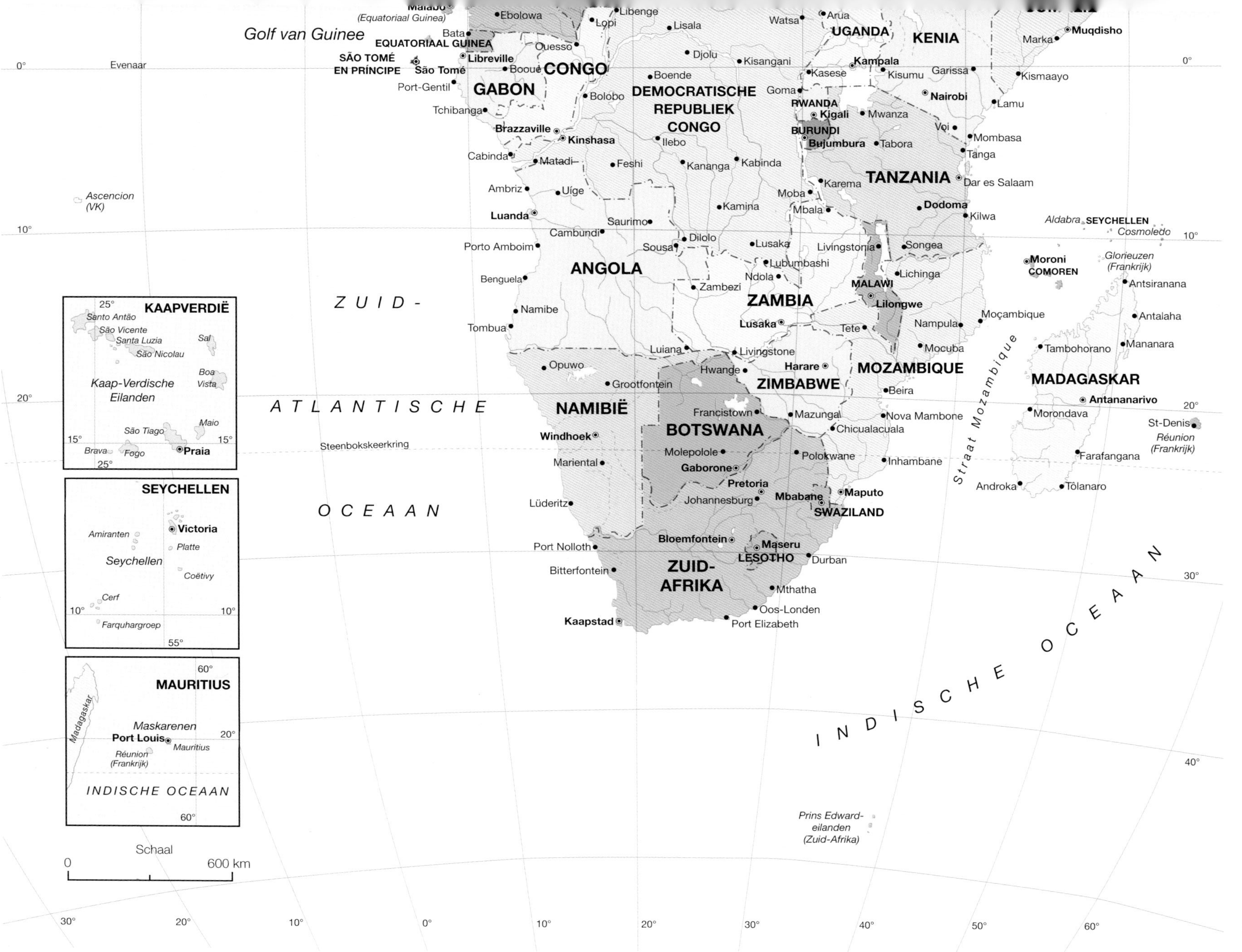
Golf van Guinee
(Equatoriaal Guinea)
EQUATORIAAL GUINEA
Bata
SÃO TOMÉ
EN PRÍNCIPE
São Tomé
Libreville
Port-Gentil
Tchibanga
GABON
Booué
Ebolowa
Ouesso
CONGO
Brazzaville
Lopi
Libenge
Lisala
Bolobo
Kinshasa
Cabinda
Matadi
DEMOCRATISCHE
REPUBLIEK
CONGO
Djolu
Boende
Kisangani
Ilebo
Feshi
Kananga
Kabinda
Kamina
Watsa
Arua
UGANDA
Kampala
Kasese
Goma
RWANDA
Kigali
BURUNDI
Bujumbura
KENIA
Kisumu
Garissa
Nairobi
Marka
Muqdisho
Kismaayo
Lamu
Mwanza
Tabora
Voi
Mombasa
Tanga
TANZANIA
Dar es Salaam
Karema
Moba
Mbala
Dodoma
Kilwa
Ambriz
Uíge
Luanda
Saurimo
Cambundi
Porto Amboim
Sousa
Dilolo
ANGOLA
Benguela
Zambezi
Namibe
Tombua
Lusaka
Lubumbashi
Ndola
Livingstonia
Songea
Lichinga
MALAWI
Lilongwe
ZAMBIA
Lusaka
Tete
Nampula
Moçambique
Mocuba
Luiana
Livingstone
Hwange
Harare
ZIMBABWE
MOZAMBIQUE
Opuwo
Grootfontein
NAMIBIË
Windhoek
Mariental
Lüderitz
Francistown
BOTSWANA
Molepolole
Gaborone
Mazunga
Chicualacuala
Polokwane
Beira
Nova Mambone
Inhambane
Pretoria
Johannesburg
Mbabane
Maputo
SWAZILAND
Bloemfontein
Maseru
LESOTHO
Durban
ZUID-
AFRIKA
Port Nolloth
Bitterfontein
Kaapstad
Mthatha
Oos-Londen
Port Elizabeth
Straat Mozambique
Aldabra
SEYCHELLEN
Cosmoledo
Moroni
COMOREN
Glorieuzen
(Frankrijk)
Antsiranana
Antalaha
Mananara
Tambohorano
MADAGASKAR
Antananarivo
Morondava
Farafangana
Androka
Tôlanaro
St-Denis
Réunion
(Frankrijk)
Evenaar
Ascencion
(VK)
ZUID-
ATLANTISCHE
OCEAAN
Steenbokskeerkring
INDISCHE OCEAAN
Prins Edward-
eilanden
(Zuid-Afrika)
KAAPVERDIË
Santo Antão
São Vicente
Santa Luzia
São Nicolau
Sal
Boa
Vista
Kaap-Verdische
Eilanden
Maio
São Tiago
Praia
Brava
Fogo
SEYCHELLEN
Amiranten
Victoria
Platte
Seychellen
Coëtivy
Cerf
Farquhargroep
MAURITIUS
Madagaskar
Maskarenen
Port Louis
Mauritius
Réunion
(Frankrijk)
INDISCHE OCEAAN
Schaal
0
600 km

GEOGRAFISCHE WONDEREN

Door de eroderende werking van wind en water bestaat het grootste gedeelte van Afrika uit afgevlakte plateaus. In het noorden van het continent ligt het Atlasgebergte. In het oosten deelt de Grote Riftvallei Afrika van noord tot zuid in tweeën.

Een karavaan kamelen trekt door de Sahara.

SAHARA
GROOTSTE WOESTIJN TER WERELD

Temperatuur

De Sahara is de grootste woestijn van de wereld; hij meet bijna 9 miljoen vierkante kilometer. Zo nu en dan worden de zandduinen afgewisseld met bergen, zoals het Ahaggarmassief in Zuid-Algerije (met bergen die wel 3000 meter hoog zijn). Het verschil tussen de dag- en nachttemperatuur is ontzettend groot. Overdag kan het meer dan 50 °C zijn, terwijl het 's nachts tot het vriespunt kan dalen.

TUNESIË – ALGERIJE – MAROKKO
BERGEN

Atlasgebergte

Met toppen die meer dan 4000 meter hoog zijn, liggen in het Atlasgebergte in het noorden van Afrika een paar van de hoogste bergen van het continent. De bergketen is zo'n 1500 kilometer lang en loopt van oost naar west door drie landen heen.

ZAMBIA – ZIMBABWE
ZAMBEZI

Karibastuwdam

In heel Afrika zijn wel 1200 stuwdammen gebouwd. Net als die van Kariba werden de meeste aangelegd als antwoord op problemen als droogte. Maar de aanleg heeft veel schade toegebracht aan de ecosystemen en een heleboel mensen moesten ervoor verhuizen.

DJIBOUTI – MOZAMBIQUE
GEOLOGISCHE BREUK

Riftvallei

De Grote Riftvallei is een van de belangrijkste geografische bijzonderheden van Afrika. Hij ontstond 20 tot 25 miljoen jaar geleden, toen de aardkorst op een zwak punt doormidden brak. De breuk loopt van het westen van Azië tot het zuidoosten van Afrika.

KENIA
VULKANISCHE BERGEN

De laatste gletsjers

Er zijn nog maar drie bergen met eeuwige sneeuw in Afrika: de Kilimanjaro, de Kenya (foto links), die allebei vulkanisch zijn, en de Ruwenzori in Uganda. Door de opwarming van de aarde lopen ook deze gletsjers ernstig gevaar te verdwijnen.

Oude vulkaan

De Kenya lag duizenden jaren onder het ijs. Het resultaat is een ernstig geërodeerde helling en talloze gletsjerdalen. Er liggen nu nog elf kleine gletsjers.

Kilimanjaro
De ijzige top is heel wat anders dan het omringende landschap.

ZAMBIA – ZIMBABWE
VICTORIAVALLEN

Watervallen

De Victoriavallen liggen op de grens van Zambia en Zimbabwe. De waterval is niet de hoogste of de breedste ter wereld, maar de combinatie van een hoogte van 100 meter en een breedte van 1700 meter maakt hem wel de machtigste ter wereld. De waterval is door de Unesco uitgeroepen tot Werelderfgoed.

PROFIEL
HET AFRIKAANSE CONTINENT

Deze dwarsdoorsnede van noordwest naar zuidoost laat zien hoe groot de verschillen in het reliëf van het continent zijn.

5895 m

De hoogte van de Kilimanjaro, de hoogste berg van Afrika.

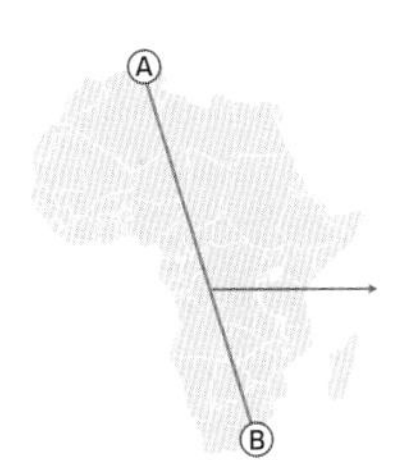

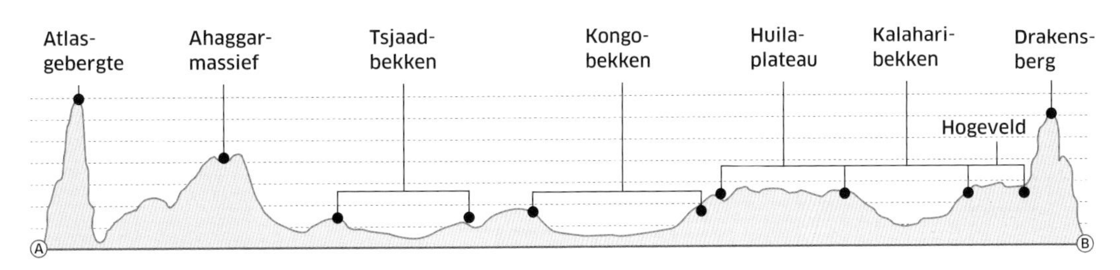

KILIMANJARO

De hoogste berg van Afrika is een enorme vulkaan van 5895 meter boven de zeespiegel. Hoewel de Kilimanjaro maar 330 kilometer ten zuiden van de evenaar ligt, is de top bedekt met eeuwige sneeuw. De laatste keer dat de berg vulkanische activiteit vertoonde was zo'n 200 jaar geleden.

Olifanten

Olifanten, buffels en giraffen leven op de vlakten rond de berg.

Gletsjers

De gletsjers op de Kilimanjaro krimpen als gevolg van de opwarming van de aarde en misschien door vulkanische activiteit.

Drie in één

De Kilimanjaro heeft drie kraters: Kibo, Mawenzi en Shira. De Meru, in het Monduligebergte, en de Ngurdotokrater liggen verder naar het westen.

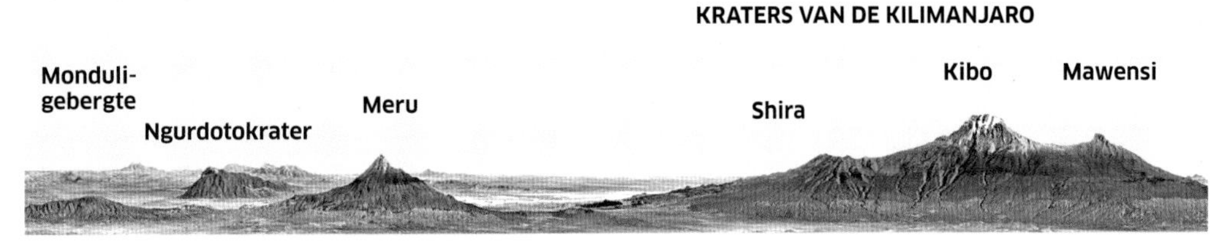

Feiten

De Kilimanjaro is een stratovulkaan, gelegen in Tanzania, Oost-Afrika.

1. **Geologisch systeem:** de Grote Riftvallei die van noord naar zuid loopt.
2. **Ecosystemen in de buurt:** bossen en grasland.
3. **Hoogste punt:** Kibokrater, 5895 meter.

40.000 mensen bezoeken jaarlijks Nationaal Park Kilimanjaro.

Besneeuwde toppen Luchtfoto van de Kilimanjaro.

FASCINEREND LANDSCHAP

BEVOLKING
ETNISCHE GROEPEN

Dagelijks leven

De Chagga, Masai en Hadza zijn slechts drie van de vele etnische bevolkingsgroepen die rond de Kilimanjaro leven. De Chagga leven van de landbouw en verbouwen bananen, yams (een bepaalde knol), bonen en mais. De Masai vormen een halfnomadisch volk, dat in het noorden van Tanzania leeft. Ze zwerven over de savanne met hun koeien, schapen en geiten. De Hadza (foto rechts) hoeden geen vee en verbouwen niets op het land. Zij zijn voedselverzamelaars, net als hun voorouders 10.000 jaar geleden.

WEGEN
NAAR BOVEN

Bergbeklimmen en natuur

Wie de Kilimanjaro beklimt, heeft geen speciale ervaring als bergbeklimmer nodig, maar moet wel fit en goed gezond zijn. De meeste mensen beklimmen de berg met de hulp van een plaatselijke gids. Een van de grootste uitdagingen voor klimmers is de hoogte, waarvan je hoofdpijn en ademhalingsmoeilijkheden kunt krijgen. Bijna eenderde van de klimmers haalt de top niet. Er zijn verschillende wegen naar boven, waaronder Rongai, Machame en Marangu. De meesten kiezen voor die laatste route.

NIJL

De legendarische Nijl is de langste rivier van Afrika en trouwens ook van de wereld (de Amazone in Zuid-Amerika is de grootste rivier als je kijkt naar de hoeveelheid water). De loop van het water maakt delen van de woestijn bewoonbaar. Langs de oevers van de Nijl ontstond een van de belangrijkste beschavingen: het oude Egypte.

ELF LANDEN
LOOP

Zonder grenzen

De Nijl stroomt door elf landen: Egypte, Sudan, Zuid-Sudan, Uganda, Rwanda, Burundi, Democratische Republiek Congo, Kenia, Tanzania, Eritrea en Ethiopië. Hij doorkruist woestijnen, bossen, savannes, moerassen en bergen. De Nijldelta is een van de grootste delta's ter wereld. Omdat het land er zo vruchtbaar is, wonen er heel veel mensen.

De grote ontmoeting

In Khartoum, de hoofdstad van Sudan, komt de Witte Nijl uit Uganda samen met de Blauwe Nijl, die uit Ethiopië komt. De zijrivieren stromen samen verder als de Nijl.

VERVAL
Het hoogteverschil tussen de bronnen en de monding van de Nijl is bijna 2000 meter.

95
Het percentage van de bevolking van Egypte dat leeft in een gebied dat van de Nijl afhankelijk is.

6695 km
De lengte van de Nijl.

Satellietbeeld van de Nijl
De enorme delta mondt uit in de Middellandse Zee.

STUWDAMMEN
DIJKEN EN STUWMEREN

Ecologische schade

Sinds het einde van de 19de eeuw zijn er veel dammen en stuwmeren in de Nijl aangelegd. Die dammen hebben de natuur veel schade berokkend. Neem bijvoorbeeld de Hoge Aswandam, gebouwd tussen 1960 en 1970 in Aswan, Egypte. Die dam moest de bevolking permanent van water voorzien en elektriciteit leveren. Maar door de Nijl in te dammen zijn er diersoorten uit de rivier verdwenen en is het water in de delta veel zouter geworden.

Krokodillen

De nijlkrokodil is een sterk roofdier dat in staat is een mens te doden.

Monumenten

Aan weerszijden van de Nijl staan monumenten uit de oudheid, zoals Luxor, de Vallei der Koningen en de Piramiden van Gizeh.

FLORA EN FAUNA

In Afrika regent het maar af en toe, waardoor veel plaatsen geregeld met droogte kampen. Samen met de dingen die mensen doen, heeft die droogte tot gevolg dat veel diersoorten, zoals de gorilla en de neushoorn, met uitsterven worden bedreigd.

Nationaal Park Comoé
Dit park ligt in Ivoorkust.

MADAGASKAR
BIJZONDERE SOORTEN

Fretkat

De fretkat of fossa leeft in de bossen van Madagaskar. Dit zoogdier van 80 tot 90 centimeter lang weegt maximaal 10 kilo. De fretkat is snel en lenig en vangt zijn prooi van lemuren en vogels met gemak.

Handen van steen

Nationaal Park Tsingy ligt in het middenwesten van Madagaskar. Er leven verschillende soorten planten en dieren, waaronder allerlei lemuren. Het gebied staat bekend om zijn rotsen die als vingers omhoog steken.

Gorilla's

Jacht, mijnbouw en ontbossing bedreigen de gorilla. Gorilla's leven in het oerwoud, van Kameroen tot de Democratische Republiek Congo.

Lemuren

Ringstaartmaki's komen in het wild alleen op Madagaskar voor. Net als andere lemuren leven ze van wortels, bladeren, vruchten en insecten.

Zebra's
Er zijn drie verschillende soorten zebra's in Afrika.

Baobab of apenbroodboom

De 'onderstebovenboom' komt voor in de halfdroge gebieden beneden de Sahara. De bomen kunnen zo'n 100.000 liter water opslaan. De mensen in Afrika gebruiken de boom op allerlei manieren: van de bast maken ze touw en manden, de blaadjes en vruchten eten ze op. Het fruit is rijk aan vitamine C.

WOESTIJN
BEGROEIING

Palmen

De vegetatie in de Afrikaanse woestijn is aangepast aan zijn omgeving. In de woestijn zelf groeien lage bosjes, grassen en doornstruiken. Vruchten, granen en dadelpalmen gedijen rond oases. De mensen in de woestijn kunnen vooral dadelpalmen gebruiken. De bladeren dienen voor schaduw en als materiaal voor meubels, matten en manden. De dadels worden gegeten.

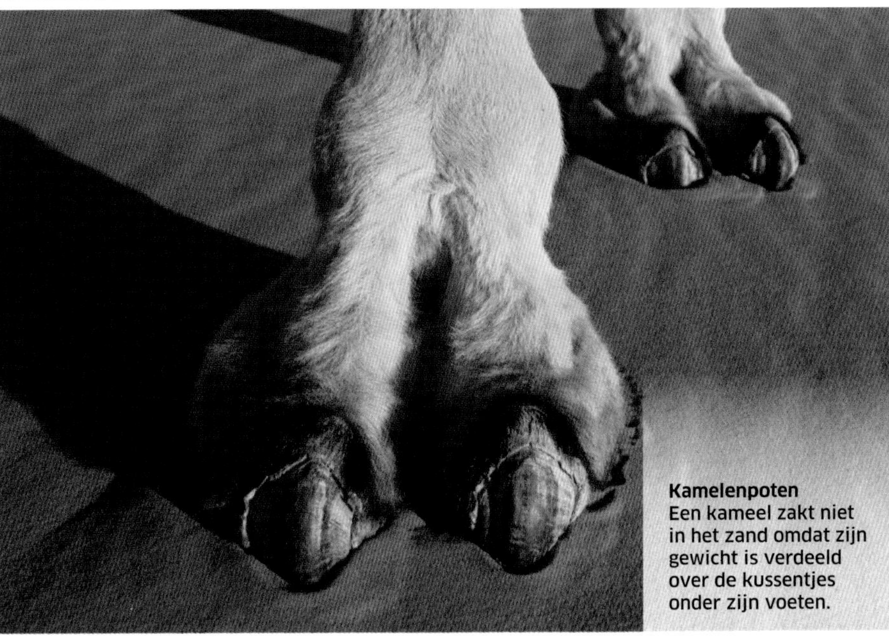

Kamelenpoten
Een kameel zakt niet in het zand omdat zijn gewicht is verdeeld over de kussentjes onder zijn voeten.

STOERE ZOOGDIEREN

Schip van de woestijn

Omdat kamelen zo sterk zijn, worden de dieren ingezet om vracht door de woestijn te vervoeren, maar ook om te helpen op het land. Bovendien worden ze gehouden voor hun vlees, wol en huid.

OKAVANGOMOERAS

Dit bijzondere stuk natuur neemt 6 miljoen hectare in beslag en kent een grote biodiversiteit. Na de zomerregens zwelt de Okavango in Botswana aan en neemt de stroomsnelheid toe. De rivier stroomt door een van de droogste gebieden van de wereld: de Kalahari.

16.800 KM^2

Het totale oppervlak van het Okavangomoeras.

VOLDOENDE DRAAGVLAK
De sitatoenga of moerasantilope heeft gespleten hoeven die bijzonder geschikt zijn voor de zachte ondergrond.

MOERASLAND
Water van zware regens in Angola verandert dor land in vruchtbaar moeras.

AANPASSINGEN
Moerassen vormen voor veel planten en dieren een ideale omgeving. Er leven zowel zoogdieren, reptielen, amfibieën, vissen als insecten. Moerasdieren kunnen ook goed in het water duiken. Krokodillen hebben bijvoorbeeld neusgaten, ogen en oren op de bovenkant van hun kop, zodat ze ademen, horen en zien zonder het water uit te hoeven. Nijlpaarden kunnen hun neusgaten sluiten en hun hartslag zo vertragen dat ze een halfuur onder water kunnen blijven.

REUS IN HET MOERAS

Wilde olifanten

Er leven grote kuddes olifanten in het Okavangomoeras. In totaal komen er ongeveer 30.000 olifanten in deze omgeving voor.

De dieren vormen kuddes van koeien en kalveren. Of er olifanten in de buurt zijn, kun je goed zien aan de beschadigde bomen. Ze strippen de bast van de stam en laten die op de grond liggen.

WATERLEVEN
WATERPLANTEN EN -DIEREN

Papyrus en waterscheuten

Moerasplanten leven helemaal of bijna helemaal onder water. Papyrus, waterlelies en waterscheuten zijn de bekendste planten van het moeras. Veel watervogels lopen over planten om voedsel te zoeken.

Krokodillen

De nijlkrokodil is de grootste krokodil van Afrika. Hij leeft van vis, antilope, zebra, buffel en gevogelte.

AFRIKAANSE SAVANNE

De meeste savannes van de wereld liggen op het Afrikaanse continent. In tegenstelling tot de prairies in Noord-Amerika groeien er op het Afrikaanse grasland struiken en bomen, zoals de acacia en de baobab. In deze omgeving leven veel planteneters, maar ook carnivoren die op ze jagen.

PLANTEN- EN VLEESETERS
Op de savanne leven veel herbivoren, dieren die gras en planten eten, zoals buffels, zebra's, gnoes, olifanten, neushoorns en giraffen. Tot de roofdieren van de savanne behoren leeuwen, luipaarden, jachtluipaarden en arenden. Er leven verschillende soorten gieren, die aaseters zijn.

TERMIETENWERELD
Termieten zijn sociale insecten, net als bijen en mieren. De leden van een kolonie bouwen een groot nest van hun uitwerpselen, waarin zaagsel zit. Binnen in de termietenheuvel leggen ze een uitgekiend netwerk van tunnels aan, zodat er altijd frisse lucht door de heuvel stroomt. Hun vijanden kunnen niet bij de tunnels komen.

DIEREN
AASETERS

Hyena's

De gevlekte hyena leeft ten zuiden van de Sahara: van Senegal en de Opper-Nijl in Sudan tot het zuidelijkste puntje van Afrika. Het dier staat bekend om zijn vreemde, gedrongen lijf. Hij eet wat er overblijft van de prooi van grote katten. Om dat aas vecht hij met gieren en jakhalzen. Daarnaast zijn hyena's handige jagers. Om hun prooi te verschalken, gebruiken ze hun sterke kaken. Ook jagen ze in troepen. Zo kunnen ze grotere dieren aanvallen, zoals zebra's, giraffen en gnoes.

Feiten

Hoogte:	70–90 centimeter
Gewicht:	40–70 kilogram
Draagtijd:	110 dagen
Jongen in nest:	2

ACACIA
De acaciaboom geeft voedsel aan planteneters als de giraf. Het hout is trouwens heel erg sterk.

Gieren

Deze aaseters zijn te herkennen aan hun kale kop. Omdat ze geen veren op hun kop hebben, kunnen gieren de bloedige resten van een dier napluizen zonder dat hun kop een voedingsbodem voor parasieten en ziekten wordt. De vleugelwijdte van gieren is soms wel 2,5 meter. Door handig gebruik te maken van luchtstromen blijven de vogels in de lucht hangen zodat ze eten kunnen zoeken.

Feiten

Hoogte:	95–110 centimeter
Gewicht:	max. 8,5 kilogram
Broedtijd:	55 dagen
Jongen in nest:	1

BEVOLKING

Hoe meer natuurlijke hulpbronnen er in een gebied zijn, hoe meer mensen er wonen. Zo is de bevolking dichter in de vruchtbare kustregio's in het noorden en westen van Nigeria, in het stroomgebied van de Nijl en op het oostelijk hoogland. De afgelopen tientallen jaren zijn er veel mensen van het platteland naar de stad getrokken.

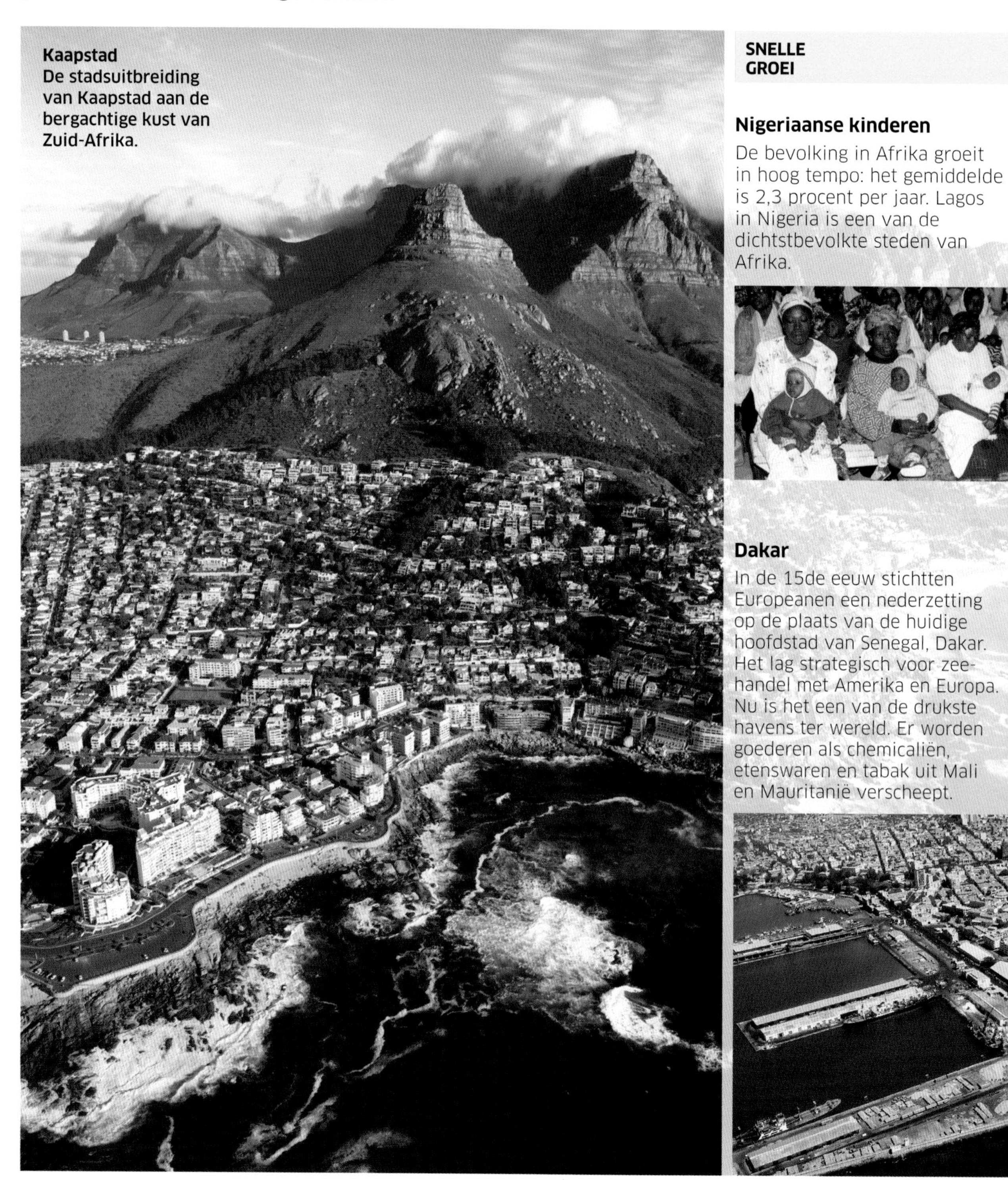

Kaapstad
De stadsuitbreiding van Kaapstad aan de bergachtige kust van Zuid-Afrika.

SNELLE GROEI

Nigeriaanse kinderen
De bevolking in Afrika groeit in hoog tempo: het gemiddelde is 2,3 procent per jaar. Lagos in Nigeria is een van de dichtstbevolkte steden van Afrika.

Dakar
In de 15de eeuw stichtten Europeanen een nederzetting op de plaats van de huidige hoofdstad van Senegal, Dakar. Het lag strategisch voor zeehandel met Amerika en Europa. Nu is het een van de drukste havens ter wereld. Er worden goederen als chemicaliën, etenswaren en tabak uit Mali en Mauritanië verscheept.

EGYPTE
CAÏRO

Belangrijke stad

Caïro, de hoofdstad van Egypte, ligt aan de oevers van en op eilandjes in de Nijl. In de stad zijn theaters, universiteiten en musea. Er zijn maar weinig steden waar je verleden en heden zo vaak samen ziet. Op straat is het heel gewoon om ezelkarren naast dure nieuwe auto's te zien rijden. De markten zijn overvol. Het gerinkel van mobiele telefoons en de oproep tot gebed vermengen zich met het kabaal van de markt.

ZUID-AFRIKA
JOHANNESBURG

Economisch en financieel centrum

Johannesburg is de grootste stad van Zuid-Afrika, een van de rijkste landen van Afrika. Die rijkdom komt van de goud-, diamant- en platinamijnen. In het centrum van Johannesburg wonen 3 miljoen mensen, met de voorsteden erbij ruim 7 miljoen. Het grootste deel van de bevolking is zwart (73 procent).

Kampala Straat in de oude stad.

UGANDA
KAMPALA

Hiv en ondervoeding

In de hoofdstad van Uganda, Kampala, leven 1,6 miljoen mensen. Velen daarvan hebben hiv. Daardoor kunnen de gezinnen minder werken en minder verdienen. En daardoor krijg je weer ondervoeding en erg veel weeskinderen.

Straatverkoper In Uganda is meer dan de helft van de bevolking jonger dan 15 jaar.

MAROKKO
MARRAKECH

Handelscentrum

Marrakech werd in 1062 gesticht door Arabieren. De stad werd steeds belangrijker voor de handel met de rest van Afrika, omdat kooplieden hier aankwamen of vertrokken. De voorspoed en rijkdom van Marrakech trokken pioniers en ambachtslieden aan. Tegenwoordig staat de stad bekend om zijn markt. Daar kun je van alles kopen, van traditionele producten tot moderne apparatuur.

VOLKEN EN TALEN

Er wonen meer dan 3000 verschillende volken in Afrika. Veel volken hebben hun identiteit bewaard door hun eigen taal te blijven spreken. Er worden nog altijd ruim 2000 verschillende talen gesproken. Als gevolg van het koloniale verleden zijn er ook landen waar Engels, Frans of Arabisch de voertaal is.

Meest gesproken

Er wordt erg veel Arabisch gesproken in Afrika. Andere belangrijke talen zijn Swahili, Lingala en Bambara, en daarnaast Engels, Frans, Portugees en Spaans.

NOMADEN
Ook in de 21ste eeuw houden veel volken vast aan hun gebruiken, zoals de nomadische Toeareg in het noorden.

Onderwijs
Vaak wordt buiten lesgegeven, zoals hier in Makpandu, Sudan.

Papyrus

Van de papyrusplant die in het dal van de Nijl groeit, maakten de oude Egyptenaren papier. Door deze uitvinding kennen we de geschiedschrijving.

Moslims

Na hun veroveringen in de 7de eeuw brachten de Arabieren de islam naar hun grondgebied in Noord-Afrika.

CULTUUR
VERSCHILLENDE LIJSTJES

Taalgroepen

Wetenschappers hebben de vele Afrikaanse talen in vier taalfamilies ingedeeld:

1. **Afro-Aziatisch (Arabisch, Berber)**
2. **Niger-Congo (Bantoe, Zoeloe)**
3. **Nilo-Saharaans (Fur, Songhai)**
4. **Khoisan (Khoi, San)**

Godsdiensten

Er zijn heel veel geloven op dit continent. Vaak worden in een religie een of twee andere gecombineerd. Bijvoorbeeld:

1. **Animisme**
2. **Polytheïsme**
3. **Islam**
4. **Christendom**

Grote koninkrijken

Allerlei verschillende beschavingen vormden ooit machtige koninkrijken. Bijvoorbeeld:

1. **Egypte (3000–332 v.C.)**
2. **Ghana (800–1235)**
3. **Mali (1200–1600)**
4. **Benin (1500–1600)**
5. **Arabische kalifaten (641–1171)**

Europese kolonisatie

In 1884 en 1885 verdeelden de Europese grootmachten het grootste deel van Afrika onder elkaar. Behalve door Spanje, Duitsland, Italië en België werden de meeste landen gekoloniseerd door:

1. **Frankrijk**
2. **Groot-Brittannië**
3. **Portugal**

VERSCHILLEN
AFRIKAANSE STAMMEN

KAMEROEN – CONGO – ANGOLA
BANTOEVOLKEN

Dorpsbewoners

Veel volken spreken een Bantoe-taal en houden vast aan hun tradities. Ze zijn economisch afhankelijk van de landbouw.

KONGOBEKKEN
PYGMEEËN

Verzamelaars

Grote groepen Pygmeeën, heel kleine mensen, wonen in het oerwoud van het Kongobekken. Het zijn voedselverzamelaars.

KENIA – TANZANIA
MASAI

Halfnomaden

Het leven van de Masai draait om hun rundvee, schapen en geiten. Er leven zo'n 900.000 Masai op het continent.

WOESTIJNEN
BEDOEÏENEN

Nomadische herders

De bedoeïenen van Noord-Afrika zijn islamitisch en spreken diverse Arabische dialecten.

SAN

De San of Bosjesmannen zijn een volk uit zuidelijk Afrika. Vroeger leefden ze in Zuid-Afrika, Zimbabwe, Lesotho, Mozambique, Swaziland, Botswana, Namibië en Angola, maar de groep wordt steeds kleiner en leeft nu voornamelijk in de Kalahari. Van oudsher zijn de San jager-verzamelaars.

EVOLUTIE
WETENSCHAPPELIJKE INZICHTEN

Afrika: startpunt

Volgens recent genetisch onderzoek zijn de San het oudste nog levende volk ter wereld. Men denkt dat ze een van de volken zijn waarvan alle mensen afstammen. De San zijn klein, hebben een tamelijk lichte huid en kroeshaar. Een typische Bosjesman heeft een dikke huidplooi over de ogen. Zulke amandelvormige oogleden zie je ook bij mensen uit Oost-Azië.

COMMUNICATIE
KLIKTAAL

Eigenaardig

De taal van de San valt op door de vele klikgeluiden. Die hoor je vaker in de talen van oude Afrikaanse stammen.

Kleding

Sanmannen dragen een driehoekige lendendoek, met de punt tusen hun benen door. De vrouwen dragen een schortje, een vierkante lap aan een riem. Ze hebben ook een mantel over hun schouder.

Kalahari

De San leven in de droge Kalahariwoestijn. Ze krijgen voedsel door op dieren te jagen en planten te verzamelen. Sommige San hebben werk als herder gevonden.

Water

Om te overleven moeten de San wel water kunnen vinden. Ze zuigen water uit wortels van planten en drinken uit lege struisvogeleieren. Op de foto links zie je een struisvogelei naast een kippenei.

Jagers

De mannen jagen in hun eentje of met hun kinderen en gebruiken daarbij pijl-en-boog. De pijlen zijn in gif gedoopt, dat ze melken van gifslangen.

In de woestijn Kinderen en vrouwen rond een kampvuur.

Vuurmaken

De San staken traditioneel hun vuren aan door een stokje rond te draaien op zacht hout.

Behuizing

Zodra ze begroeiing vinden, maken de vrouwen hutten. Als de voorraad voedsel op is, trekt de groep weer verder.

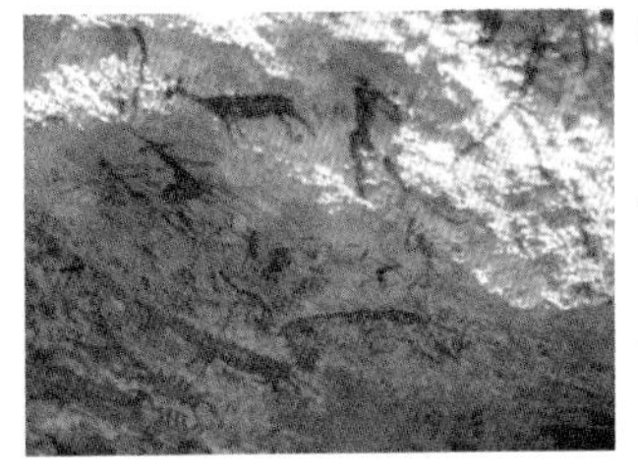

Kunst

De rotstekeningen van de San behoren tot de oudste ter wereld. De tekeningen vertellen vaak iets over de jacht. Op de foto links zie je een tekening uit een grot in Murewa, Zimbabwe.

ECONOMIE

Soms lijkt het of Afrika heel arm is. Toch zouden de natuurlijke hulpbronnen een enorme rijkdom kunnen leveren. In de bodem zit de grootste hoeveelheid edelstenen en metalen ter wereld. In Zuid-Afrika zijn enkele van de rijkste bedrijven en industrieën van het continent gevestigd.

Markt in Marrakech Dagelijks komen er duizenden mensen naar de markt vol ambachtswerk en andere producten.

AFRIKAANSE KUNST
VERSCHILLENDE TRADITIES

Kenmerken

Omdat Afrikaanse kunst vele achtergronden heeft, zie je er allerlei invloeden in terug. Bekend zijn de houten beelden, maskers en ambachtelijke producten van metaal en andere materialen.

Lamp
Traditionele Noord-Afrikaanse lamp van koper en gekleurd glas.

KENIA
LANDBOUW

Levensonderhoud en export

Er zijn twee vormen van landbouw in Afrika. De eerste is zelfvoorzienend. Daarbij bewerkt de boer kleine stukken land, waarop hij genoeg voedsel verbouwt voor hemzelf en zijn directe omgeving. De tweede is grootschalige landbouw voor de export van gewassen. Deze vorm neemt zo'n 40 procent van de geschikte grond in beslag. De grote plantages zijn vaak in handen van buitenlandse bedrijven. De meeste gewassen die worden geteeld zijn cacao, bananen, koffie en thee.

Theeplukker in Kenia.

TOERISME
SAFARI'S

Trekpleisters

Het toerisme is een belangrijke bron van inkomsten in Afrika. Veel toeristen gaan op safari in Kenia en Tanzania om Afrikaans wild in zijn natuurlijke leefomgeving te zien.

Sahara
In de woestijn zijn geiten een goede bron van voedsel.

RIJKDOM
VISVANGST

Lokaal gevangen voedsel

Er is ontzettend veel vis in Afrika. Vis is een goede voedingsbron. De meeste vis die wordt gevangen, eten de mensen zelf op. Alleen Marokko, Senegal, Ivoorkust, Zuid-Afrika en Namibië hebben genoeg te eten om hun vis te kunnen exporteren. Ook in het Grote Merengebied leeft verbazend veel zoetwatervis. Die wordt gevangen in landen als Tanzania, Uganda, Kenia en Malawi.

HULPBRONNEN BENUTTEN
BOSBOUW

Houtproductie

Sinds een paar jaar worden de Afrikaanse bossen bedreigd door mensen die veel bomen omkappen. Daarbij hebben bosgebieden in de buurt van zeehavens en grote lokale markten de meeste bomen verloren. Op die manier worden in de Centraal-Afrikaanse Republiek tussen vijftien en achttien boomsoorten omgekapt, terwijl er in de Democratische Republiek Congo achttien tot twintig soorten aan het verdwijnen zijn. Veel natuurbeschermers zijn bang dat dit het leefgebied van diersoorten verstoort. Ze vrezen vooral voor de gorilla, waarvan er al veel minder dan vroeger zijn.

Een bosbouwer zaagt een boom met een kettingzaag in stukken.

ONGELIJKE WERKVERDELING
ANDERE KANSEN

Boerinnen

Zo'n 70 procent van het werk op het land wordt door vrouwen gedaan. Toch hebben mannen de zeggenschap over het grootste deel van het inkomen uit de landbouw. Dit gebruik heeft tot grote ongelijkheid tussen mannen en vrouwen thuis geleid.

CAÏRO

De stad aan de Nijl is de grootste stad in de Arabische wereld en in Afrika. Het historisch centrum staat vol monumenten uit de oudheid, theaters en musea en is door de Unesco uitgeroepen tot Werelderfgoed.

Land	Egypte
Oppervlakte	453 km^2
Bevolking	7.010.000
Dichtheid	15.475 mensen per km^2

SYMBOOL VAN DE STAD

Albasten Moskee

Deze moskee werd gebouwd tussen 1830 en 1848. De centrale koepel wordt omringd door vier andere. De twee gelijke minaretten zijn 82 meter hoog. Hieronder zie je de voor- en binnenkant.

Caïro Tower
De televisietoren in de wijk Zamalek is 187 meter hoog. Op de 14de verdieping is een ronddraaiend restaurant.

Al-Azharmoskee

Deze moskee is bijna 1050 jaar geleden gebouwd. De naam betekent 'de schitterende'.

Madrasa al-Taybarsiyya

De Madrasa al-Taybarsiyya was bedoeld als uitbreiding van de Al-Azharmoskee. Hij werd in 1309 gebouwd en herbergt het graf van prins Amir Taybars.

Al-Azharmoskee
De moskee ligt in het centrum van Caïro.

Straatmarkten

De soek (markt) van Caïro is een doolhof van nauwe straatjes en kleine winkels waar van alles wordt verkocht, zoals muiltjes, hoofddoeken, waterpijpen, kruiden en sieraden.

Egyptisch Museum

In dit museum wordt de grootste collectie voorwerpen uit het oude Egypte ter wereld bewaard. Het heeft meer dan 120.000 stukken en jaarlijks komen er 2,5 miljoen bezoekers.

Qaitbayminaret

De cilindrische top van de toren met drie balkons uit 1483 heeft boogvensters. Vanuit dergelijke torens klonk al vroeg de oproep tot gebed.

DUIZEND MINARETTEN
Caïro wordt 'de stad met de duizend minaretten' genoemd, wat slaat op de vele moskeeën in de stad.

Egyptisch snoep

Egyptische bakkers verkopen lekkers gemaakt van amandelen, honing, granen en *grits* (een soort mais).

Godsdienst

Het grootste deel van de bevolking is islamitisch. Deze meisjes dragen een traditionele hoofddoek.

Bevolking

De inwoners van Caïro stammen grotendeels af van de oude Egyptenaren, Arabieren, bedoeienen en Berbers.

PIRAMIDEN VAN GIZEH

Aan de rand van Caïro, aan de overkant van de Nijl, rijzen de machtige piramiden van Gizeh statig op. De 4500 jaar oude piramiden bevatten de graven van de farao's Cheops (ook wel Khufu), Chefren (of Khafre) en Mycerinus (of Menkaura). Ze staan symbool voor de cultuur van het oude Egypte.

PLATTEGROND VAN DE PIRAMIDEN VAN GIZEH

Locatie

Op dit terrein liggen de drie bekendste Egyptische piramiden: die van Cheops, van zijn zoon Chefren en van diens zoon Mycerinus. De kaart laat zien hoe het complex in elkaar zat.

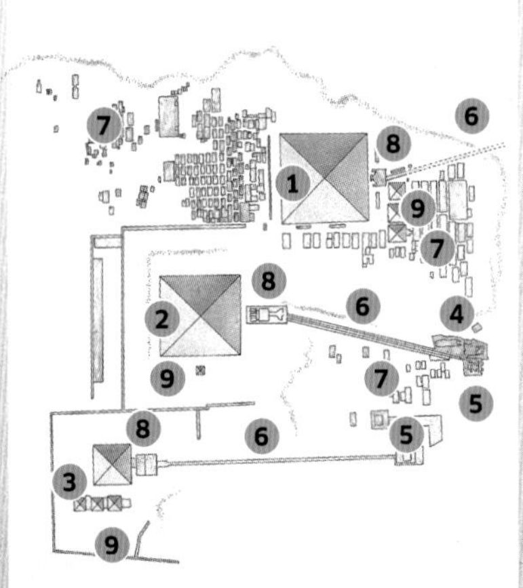

1. Piramide van Cheops
2. Piramide van Chefren
3. Piramide van Mycerinus
4. Sfinx
5. Grote tempel
6. Route processie
7. Graf van een hoge beambte
8. Dodentempel
9. Kleinere piramide

Sfinx
Het beeld met het lichaam van een leeuw en het gezicht van een mens is gehouwen uit één rots.

2.521.000 M³

Het totale volume van de piramide van Cheops.

Gouden top

Het witte kalksteen bovenop was bedekt met een glinsterend metaal, misschien wel goud.

Cheops

Voor deze piramide werden twee miljoen stenen van elk 200 kilo gebruikt. De piramide is even hoog als een wolkenkrabber van veertig verdiepingen.

Kleine piramiden

Ten oosten van de piramide van Cheops zijn drie kleine piramiden gevonden.

TECHNISCHE DETAILS

Hellingbanen

Niemand weet precies hoe de piramiden werden gebouwd, maar we weten wel dat de grote blokken steen over een ingewikkeld stelsel van hellingbanen naar boven gingen.

Mogelijke hellingbaanstelsels

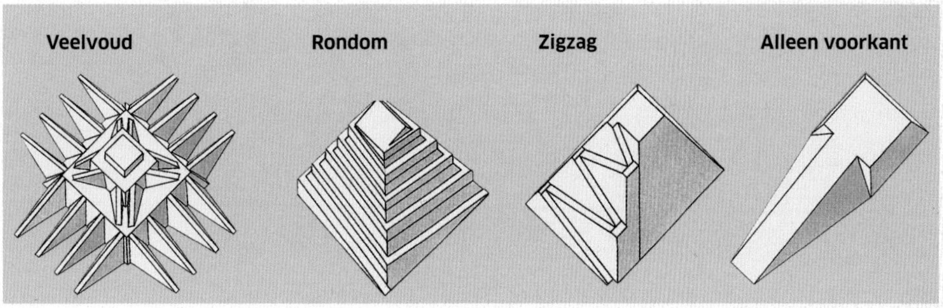

Veelvoud

Rondom

Zigzag

Alleen voorkant

Chefren

De piramide van Chefren wordt bewaakt door de Sfinx, een symbool voor de farao.

Bestemming

De piramiden moesten het lichaam van de dode farao beschermen. De bouw van de piramide van Cheops duurde 33 jaar.

DORP

De ambtenaren en werklieden die verantwoordelijk waren voor de bouw van de piramiden woonden in de buurt van de Sfinx.

Mycerinus

In de grafkamer van Mycerinus werd een lege sarcofaag (stenen doodskist) gevonden.

Spectaculair gezicht
De piramiden bij zonsondergang.

OCEANIË INLEIDING

Oceanië is het kleinste continent van de wereld en omvat Australië, Nieuw-Zeeland, Papoea Nieuw-Guinea en tal van eilanden in de Grote Oceaan, waaronder Micronesia, Fiji, Tonga en Samoa. Voordat Europese ontdekkingreizigers Oceanië bezochten werd de regio bevolkt door de oorspronkelijke inwoners, zoals de Maori. Engelsen, Fransen, Nederlanders en Portugezen stichtten er kolonies. Veel van deze kolonies zijn nu onafhankelijk en hebben een eigen manier van leven en cultuur.

CAMPBELL, NIEUW-ZEELAND
HET EILAND BLIJFT ONBEWOOND. DE WEINIGE MENSEN DIE ER KOMEN ZIJN WETENSCHAPPERS DIE DE NATUUR HIER BESTUDEREN.

OCEANIË
NATUURKUNDIGE KAART

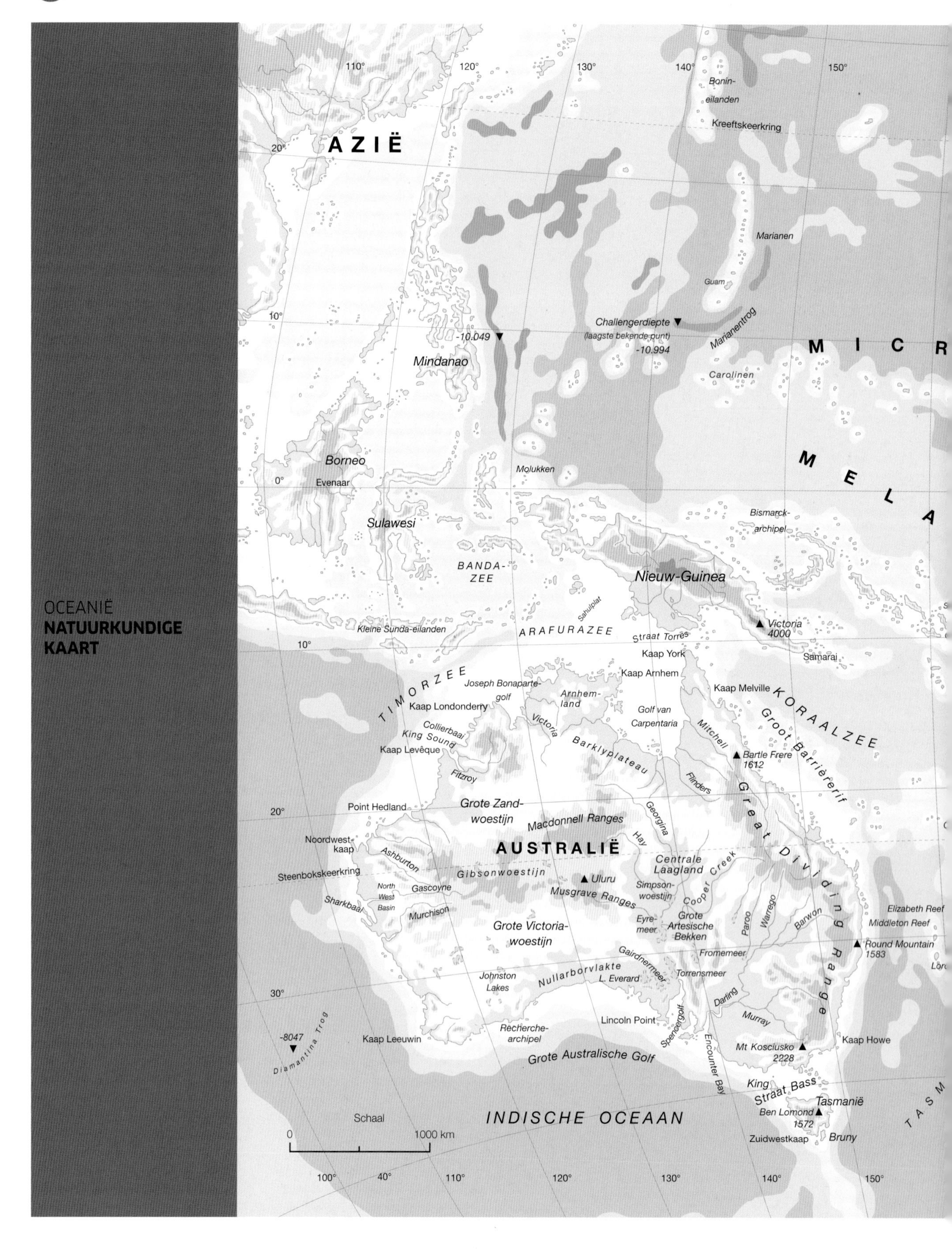

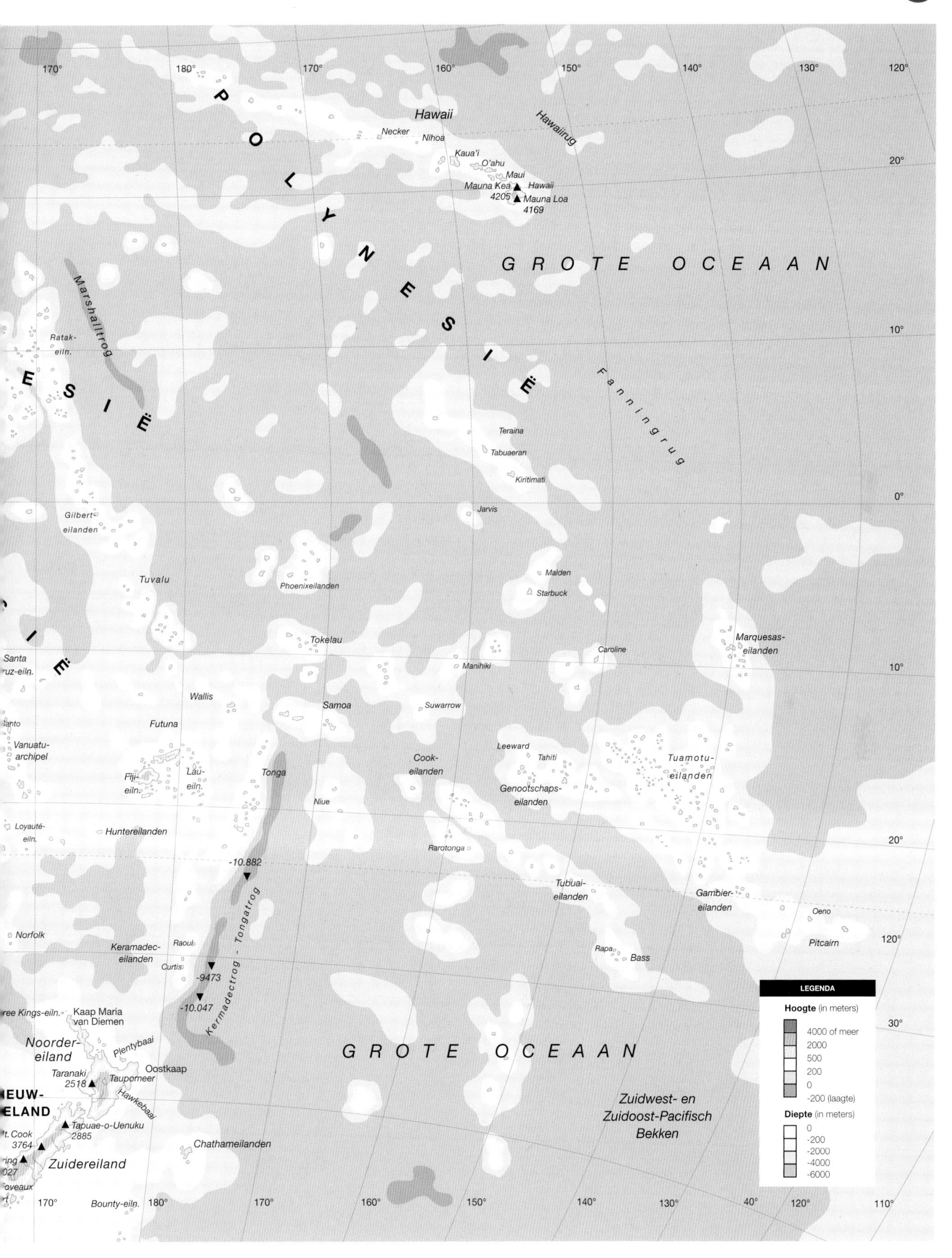
POLYNESIË
Hawaii
Hawaiirug
Necker
Nihoa
Kaua'i
O'ahu
Maui
Mauna Kea 4205
Hawaii
Mauna Loa 4169
GROTE OCEAAN
Marshalltrog
Ratak-eiln.
Fanningrug
Teraina
Tabuaeran
Kiritimati
Jarvis
Gilbert-eilanden
Tuvalu
Phoenixeilanden
Malden
Starbuck
Tokelau
Caroline
Marquesas-eilanden
Santa Cruz-eiln.
Manihiki
Wallis
Samoa
Suwarrow
Futuna
Vanuatu-archipel
Cook-eilanden
Leeward
Tahiti
Tuamotu-eilanden
Fiji-eiln.
Lau-eiln.
Tonga
Genootschaps-eilanden
Niue
Loyauté-eiln.
Huntereilanden
Rarotonga
-10.882
Tongatrog
Tubuai-eilanden
Gambier-eilanden
Oeno
Norfolk
Keramadec-eilanden
Raoul
Curtis
Pitcairn
Rapa
Bass
-9473
-10.047
Kermadectrog
Three Kings-eiln.
Kaap Maria van Diemen
Noorder-eiland
Plentybaai
Taranaki 2518
Oostkaap
Taupomeer
Hawkebaai
NIEUW-ZEELAND
Tapuae-o-Uenuku 2885
Mt. Cook 3764
Zuidereiland
Chathameilanden
Zuidwest- en Zuidoost-Pacifisch Bekken
Bounty-eiln.
LEGENDA
Hoogte (in meters)
4000 of meer
2000
500
200
0
-200 (laagte)
Diepte (in meters)
0
-200
-2000
-4000
-6000
170°
180°
160°
150°
140°
130°
120°
110°
20°
10°
0°
30°

OCEANIË
STAATKUNDIGE KAART

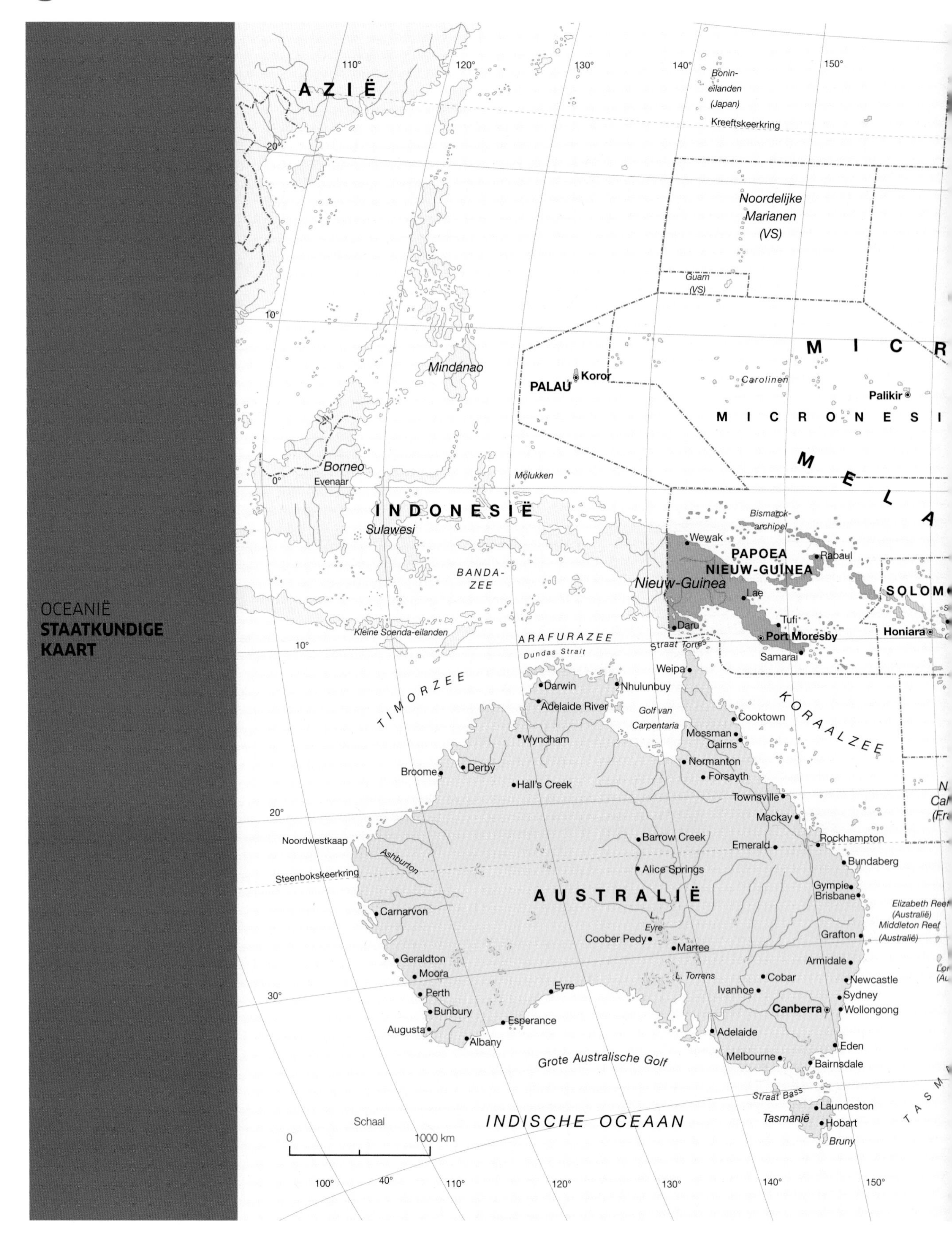

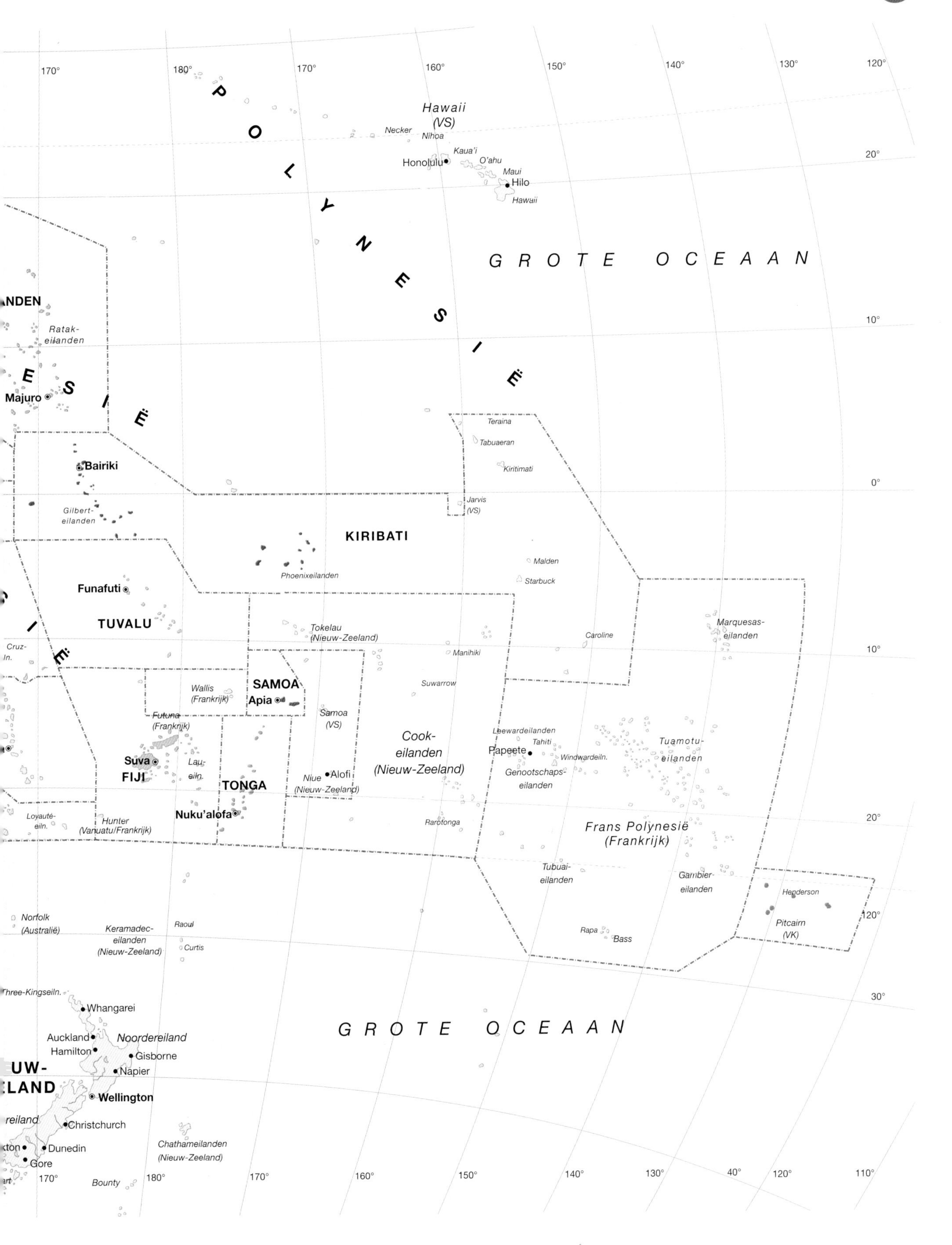
POLYNESIË
Hawaii
(VS)
Necker
Nihoa
Kaua'i
O'ahu
Honolulu
Maui
Hilo
Hawaii
GROTE OCEAAN
NDEN
Ratak-
eilanden
Majuro
Teraina
Tabuaeran
Kiritimati
Bairiki
Jarvis
(VS)
Gilbert-
eilanden
KIRIBATI
Malden
Starbuck
Phoenixeilanden
Funafuti
TUVALU
Tokelau
(Nieuw-Zeeland)
Marquesas-
eilanden
Caroline
Cruz-
In.
Manihiki
Suwarrow
Wallis
(Frankrijk)
SAMOA
Apia
Samoa
(VS)
Futuna
(Frankrijk)
Cook-
eilanden
(Nieuw-Zeeland)
Leewardeilanden
Tahiti
Papeete
Windwardeiln.
Tuamotu-
eilanden
Genootschaps-
eilanden
Suva
FIJI
Lau-
eiln.
TONGA
Niue
Alofi
(Nieuw-Zeeland)
Loyauté-
eiln.
Hunter
(Vanuatu/Frankrijk)
Nuku'alofa
Rarotonga
Frans Polynesië
(Frankrijk)
Tubuai-
eilanden
Gambier-
eilanden
Henderson
Pitcairn
(VK)
Norfolk
(Australië)
Keramadec-
eilanden
(Nieuw-Zeeland)
Raoul
Curtis
Rapa
Bass
Three-Kingseiln.
Whangarei
Auckland
Noordereiland
Hamilton
Gisborne
Napier
UW-
LAND
Wellington
reiland
Christchurch
Dunedin
Gore
Chathameilanden
(Nieuw-Zeeland)
Bounty
170°
180°
160°
150°
140°
130°
120°
110°
20°
10°
0°
30°
40°

GEOLOGIE EN LANDSCHAP

Oorspronkelijk vormden Oceanië en Antarctica één landmassa genaamd Gondwana. Door continentverschuiving dreven de stukken uiteen in de vele verschillende vulkanische eilanden en koraalriffen die je nu in de Grote Oceaan vindt.

Blue Mountains
De Blue Mountains in Australië zijn door de Unesco uitgeroepen tot Werelderfgoed.

BERGEN EN SNEEUW
AUSTRALIË

Three Sisters (Drie zussen)

Deze rotsformaties liggen in de Blue Mountains in de staat New South Wales. Elke 'zus' is iets meer dan 900 meter hoog. Ze zijn ontstaan toen het zandsteen erodeerde.

NATIONALE PARKEN
NIEUW-ZEELAND

Tongariro en zijn heilige plaatsen

Tongariro op het Noordereiland is het oudste nationaal park van Nieuw-Zeeland. Het is van groot spiritueel belang voor de oorspronkelijke inwoners van Nieuw-Zeeland, de Maori. Het park bezit drie actieve vulkanen, die de natuur nog mooier maken. Bezoekers aan het park kunnen langs vele paden lopen, en avonturiers kunnen wildwatervaren.

NATUURLIJKE HULPBRONNEN
TOERISME IN BESCHERMDE GEBIEDEN

Arthur's Pass, Nieuw-Zeeland

Arthur's Pass is de hoogste pas over de Nieuw-Zeelandse Alpen. Hij is genoemd naar Arthur Dudley Dobson, die in 1864 over de pas trok, maar de route was al bekend bij de Maori. De hoogste berg in de Nieuw-Zeelandse Alpen is de 2400 meter hoge Mount Murchison. Populaire activiteiten zijn rotsklimmen, mountainbiken en trekken.

GEOGRAFIE EN KLIMAAT
HET KLEINSTE CONTINENT VAN DE WERELD

Great Eastern Ranges, Australië

The Great Dividing Range (boven) is de op twee na langste bergketen van de wereld. Hij strekt zich bijna over de hele lengte van de Australische oostkust uit. Hier vind je de hoogste berg van het land, de 2228 meter hoge Mount Kosciusko (links).

Groot Barrièrerif

Het Groot Barrièrerif, voor de noordoostkust van Australië, is het grootste levende koraalrif ter wereld.

ZEEËN EN VULKANEN
VERVUILING

Timorzee

De Timorzee, tussen het eiland Timor en Australië, grenst aan de Indische Oceaan. In 2009 vond hier een grote olieramp plaats die veel schade aanrichtte onder vogels, ongewervelde zeedieren, koralen en algen.

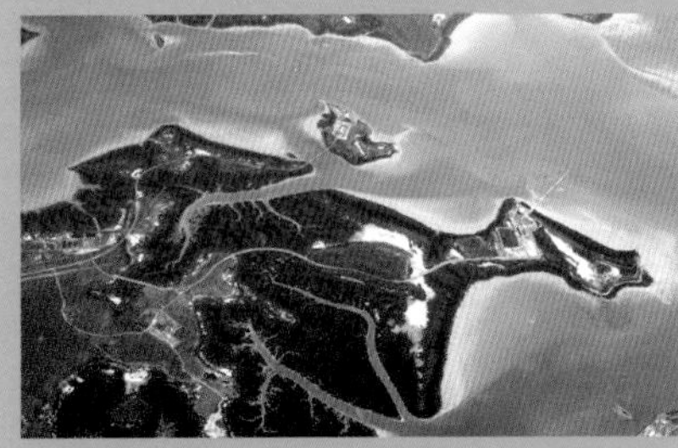

Mount Egmont, Niew-Zeeland

Mount Egmont, die de Maori Taranaki noemen, is een slapende vulkaan van 2518 meter hoog. De vulkaan was voor het laatst actief in 1655. Andere actieve vulkanen op het Noordereiland zijn Ruapehu, Ngauruhoe en Tongariro.

Uluru

Deze rots van rood zandsteen in het midden van Australië is heilig voor de Aboriginals in dit gebied.

AUSTRALIË
ULURU

Heilige rots

Uluru, in Australië's Northern Territory, is slechts een van de attracties in het Nationaal Park Uluru-Kata Tjuta. Deze enorme rode rots is 348 meter hoog. De rots, die als een van de belangrijkste plaatsen voor de Aboriginalcultuur geldt, wordt door Aboriginals veel bezocht voor ceremonies en rituelen.

FLORA EN FAUNA

Buitenlandse ontdekkingsreizigers en kolonisten brachten planten en dieren naar Oceanië die daar eerder niet voorkwamen. Australië bezit nog veel soorten die elders niet voorkomen, waaronder de kangoeroe, de Tasmaanse duivel en de koala.

Lupines
Deze werden door kolonisten uit Europa naar Nieuw-Zeeland meegebracht.

BESCHERMDE SOORTEN
LEVENDE FOSSIELEN

Reptiel

De tuatara komt voor in Nieuw-Zeeland. In het Maori betekent zijn naam 'stekelige rug'. Hij wordt maximaal 70 centimeter lang en geldt als een levend fossiel omdat hij nog de enige tegenwoordiger van een uitgestorven soort is.

EXOTISCHE SOORTEN
NU EEN PLAAG

Myna

De myna is een vogel uit Azië. Hij werd door de Britten in de regio ingevoerd om ongedierte te bestrijden. Nu geldt hij, zowel in de stad als op het platteland, zelf als ongedierte. Hij bedreigt de inheemse vogelsoorten van Oceanië.

FILMMAGIE
OP ZOEK NAAR NEMO

Anemoonvis

Anemoonvissen komen voor in de Grote Oceaan. Ze zijn gemakkelijk te herkennen aan hun fel oranje kleur en drie witte banden. Het zijn vleeseters en ze leven tussen de zeeanemonen in de koraalriffen van de Grote Oceaan.

Fregatvogel

De fregatvogel is een symbool op de vlag van de eilandstaat Kiribati. Hij is gemakkelijk te herkennen aan zijn gezwollen rode keel.

PARADIJS-VOGEL
De paradijsvogel is de nationale vogel van Papoea Nieuw-Guinea.

Bruine gent
De bruine gent komt voor langs de kusten van Tuvalu, Micronesië, Frans Polynesië en Australië. Bruine genten eten voornamelijk kleine vissen of pijlinktvissen die in groepen aan het oppervlak van de Grote Oceaan samenscholen.

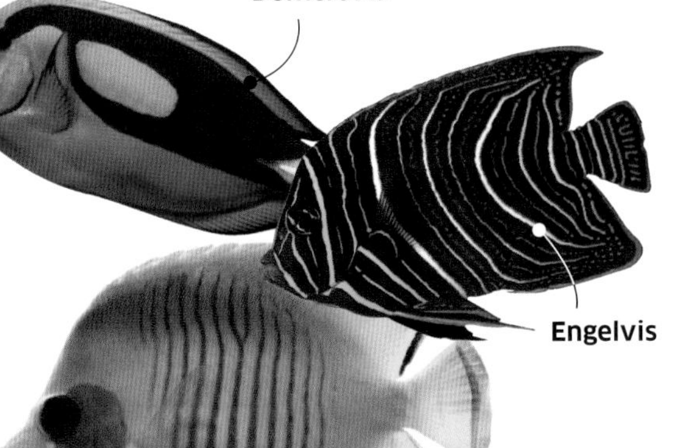

Diversiteit

Er leven 1500 vissoorten en 2200 plantensoorten in het Groot Barrièrerif.

Tasmaanse duivel
De Tasmaanse duivel is een agressief vleesetend buideldier. Hij komt alleen voor op het eiland Tasmanië, voor de zuidkust van Australië.

Koala

Dit plantenetende buideldier kan 75 centimeter lang worden.

Zoutwaterkrokodil
De zoutwaterkrokodil is de grootste en gevaarlijkste krokodil ter wereld.

Kiwi
De kiwi is het officiële symbool van Nieuw-Zeeland. Het is een zeer zeldzame vogel die vooral 's nachts actief is. Kiwi's kunnen niet vliegen omdat hun vleugels te klein zijn.

Eucalyptus
De eucalyptus is de inheemse boom die in Australië het meest voorkomt.

BEVOLKING EN ECONOMIE

Australië en Nieuw-Zeeland zijn de grootste landen van Oceanië, maar behoren wel tot de dunstbevolkte. Deze twee landen hebben ontwikkelde en stabiele economieën en onderhouden nauwe handelsbetrekkingen met Zuidoost-Azië. Vele kleinere landen en kolonies in Oceanië bestaan met moeite van toerisme en landbouw.

Sydney, Australië Voetgangers steken over tussen George Street en Park Avenue, in het hart van de stad.

NIEUW-ZEELAND
STEDEN

Auckland

Auckland, de grootste stad van Nieuw-Zeeland, heeft twee havens. Het is ook het economische en culturele centrum van het land.

Regering

In 1893 werd Nieuw-Zeeland het eerste land ter wereld waar vrouwen mochten stemmen. De meeste landen in de regio zijn democratieën, maar sommige kolonies strijden nog steeds om onafhankelijkheid.

Boottaxi's

Deze worden door de bevolking van Micronesië als vervoermiddel gebruikt. Ze worden ook verhuurd aan toeristen die de eilanden bezoeken.

Australische industrie

Australië is het meest ontwikkelde land in de regio. Het drijft op een grote chemische, petrochemische en levensmiddelenindustrie.

CONTRASTERENDE
INFRASTRUCTUUR

Houghton Highway

De langste brug van Oceanië is de Houghton Highway in Queensland, Australië. Dit viaduct is 2740 meter lang. Terwijl Australië 812.972 kilometer aan wegen bezit, heeft Tuvalu maar 8 kilometer aan weg. De meeste landen in de regio drijven overzeese handel.

Nieuw-Zeeland
Dit land is een van de grootste schapenteeltlanden ter wereld.

Wijnindustrie
Australië is een grote wijnproducent. Het is de op drie na grootste wijnexporteur ter wereld.

Stadstrein
De monorail van Sydney loopt door de stad.

RIJKDOM AAN
VOLKEN EN TALEN

Micronesië

Dit is een groep van duizenden kleine eilanden in het westen van de Grote Oceaan. Veel eilanden zijn nu onafhankelijke staten. Micronesië bezit een grote verscheidenheid aan culturen, en de inwoners spreken veel verschillende talen. De mensen stammen af van kolonisten uit andere delen van de Grote Oceaan.

MIJNBOUW
EEN GROTE INKOMSTENBRON

De mijnbouw van Australië

Australië is de op een na grootste goudproudcent ter wereld en de belangrijkste producent van bauxiet, titanium en diamanten. Er worden ook uranium, nikkel, lood, zink, tin en koper gedolven en het land bezit olievelden. Deze natuurlijke hulpbronnen zijn erg belangrijk voor de economie van het land.

AUSTRALISCHE ABORIGINALS

De Australische Aboriginals waren de eerste mensen die zich in Australië vestigden. Oorspronkelijk leefden ze als jager-verzamelaars, die jaagden en voedsel verzamelden op het land. Verspreid over het continent leven veel verschillende groepen Aboriginals, elk met zijn eigen taal en tradities.

GEMEENSCHAPPELIJKE AFKOMST

Uit Afrika

Ongeveer 80.000 jaar geleden verliet een kleine groep mensen Afrika en trok Arabië in op zoek naar eten. Alle niet-Afrikanen, zowel Europeanen als Amerikaanse indianen en ook de Australische Aboriginals stammen af van deze groep. Een deel van de mensen die rond deze tijd Afrika verliet, trok langs de zuidkust van Azië en bereikte Australië ongeveer 50.000 jaar geleden. Zij zijn de voorouders van de hedendaagse Australische Aboriginals.

Aboriginal-cultuur Jongens voeren een traditionele dans uit.

Dans

Dans is een belangrijk onderdeel van de Aboriginalcultuur. Er wordt gedanst op feesten of bij bepaalde gelegenheden, zoals de opening van een nieuw gebouw.

CULTUUR EN TRADITIES

Lichaamsbeschildering

Het versieren van het lichaam met voorouderlijke motieven is belangrijk bij veel ceremonies. Ze worden op het gezicht en het lichaam geschilderd met okers (natuurlijke kleisoorten) die worden gemalen en met water gemengd.

Grotkunst

Deze rotsschilderingen in het Nationaal Park Kakadu tonen taferelen uit een mythische wereld. De schilderingen zijn vele duizenden jaren oud.

Didgeridoo

Dit blaasinstrument wordt voor dans en muziek gebruikt. Een didgeridoo kan 0,8–2 meter lang zijn. Hoe groter het instrument des te donkerder het geluid.

Stenen vijzels

Een stenen vijzel werd traditioneel gebruikt voor het malen of pletten van kruiden en zaden als onderdeel van het eten.

Mannen en vrouwen

Mannen dansen wild met veel gespring en geschop. Vrouwen hebben hun eigen dansen, die minder beweeglijk zijn, en meer weghebben van een schuifelpas.

Huizen

In het verleden bouwden de Aboriginals geen huizen of hutten, maar leefden in grotten. Tegenwoordig leven veel Aboriginals in huizen op het Australische platteland.

Boemerang

Dit platte, houten wapen werd traditioneel gebruikt voor de jacht. De boemerang werd naar het doelwit gegooid, en als hij doel had gemist, vloog hij terug naar de persoon die hem had gegooid.

SYDNEY OPERA HOUSE

Het Sydney Opera House, een van de markantste gebouwen van de wereld, bestaat uit een grote operazaal, een concertzaal, grote en kleine theaterzalen, een tentoonstellingsruimte en een bibliotheek.

GEBOUW ENKELE FEITEN

Een cultuurpaleis

Het Sydney Opera House werd in 2007 door de Unesco tot Werelderfgoed uitgeroepen.

Plaats:
Sydney, Australië

Soort gebouw:
cultureel centrum

Capaciteit (van zalen):
5700 toeschouwers

Gebruikte materialen:
cement, roze graniet en fineer

1. Operatheater
2. Concertzaal
3. Restaurant

Symbool van Sydney
Het Sydney Opera House werd geopend in 1973. De bouw kostte AU$102 miljoen.

Utzon Hall (operatheater)
In 2004 werd de oude zaal hernoemd naar de architect van het operagebouw. De Utzon Hall wordt gebruikt voor tal van evenementen, waaronder concerten.

GEBRUIK
Het Opera House bezit vijf zalen voor opera, ballet, concerten en theater. Er zijn ook zalen voor conferenties en vergaderingen.

Constructie

Het Operagebouw van Sydney werd tussen 1959 en 1973 in fasen gebouwd. De oorspronkelijke architect was Jorn Utzon uit Denemarken.

233

Het aantal architecten dat ontwerpen inleverde voor het Opera House.

Auditorium (concertzaal)

Nieuwe zuilengang

De nieuwe westelijke zuilengang werd in 2006 geopend. De promenade is 45 meter lang. Hij loopt langs de zijkant van het gebouw, zodat het licht naar binnenvalt en bezoekers van het gebouw op de haven kunnen uitkijken.

De concertzaal

Deze schitterende zaal telt 2679 zitplaatsen. Het is de grootste binnenzaal van het operagebouw en de vaste zaal van het Sydney Symphony Orchestra en het Australia Chamber Orchestra.

N&W
N&W

DE WERELD IN CIJFERS INLEIDING

Elk continent is in deze atlas uitgebreid besproken. Zowel de verschillende landschappen als de volken die in de verschillende gebieden wonen, zijn aan bod gekomen. In dit laatste hoofdstuk kom je feiten en cijfers te weten over veel belangrijke problemen in de wereld, van overbevolking en voedselvoorraden tot waterschaarste en energiebronnen. Ook lees je in dit hoofdstuk hoe deze problemen van invloed zijn op de wereldeconomie.

BRANDSTOF
EINDELOZE RIJEN GOEDERENWAGONS VOL STEENKOOL WORDEN GEËXPORTEERD NAAR LANDEN OVER DE HELE WERELD OM ELEKTRICITEIT OP TE WEKKEN

CONTINENTEN EN LANDEN

De mens heeft de wereld met allerlei soorten grenzen 'staatkundig' ingedeeld in continenten, landen (staten), provincies enzovoort. Veel van deze grenzen zijn bepaald door de natuur, zoals bergen of rivieren, andere zijn het gevolg van historische gebeurtenissen, bijvoorbeeld oorlog.

GRENZEN
Op kaarten zijn grenzen meestal ingetekend als lijnen. Je kunt zo precies zien hoe groot elk land is.

Landmassa

Het aardoppervlak is voor het grootste deel bedekt met water. De landmassa, ongeveer een derde van de aarde, is verdeeld in zeven continenten. Midden-Amerika en de Cariben worden samen soms als één subcontinent beschouwd en maken deel uit van Noord-Amerika.

Noord-Amerika
24.315.410 km²

Midden-Amerika en de Cariben
758.154 km²

Afrika
30.272.922 km²

Zuid-Amerika
17.870.218 km²

38
miljoen

Rusland, het grootste land ter wereld, is 38 miljoen keer zo groot als Vaticaanstad, het kleinste land ter wereld.

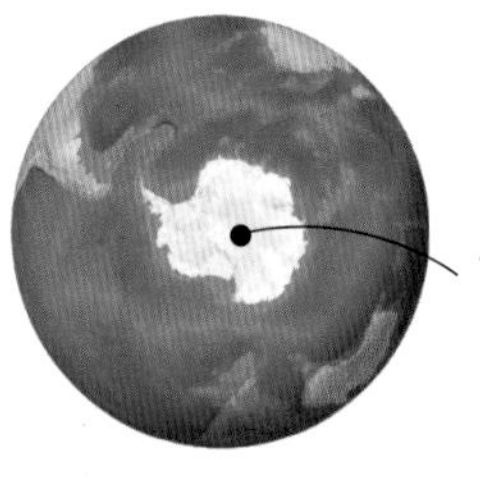

Antarctica
14.000.000 km²

VEEL LANDEN

In de tekening rechts staat ieder vlaggetje voor een land. De kleur van het vlaggetje laat zien in welk continent of subcontinent het land ligt. Antarctica is het enige continent zonder afzonderlijke landen.

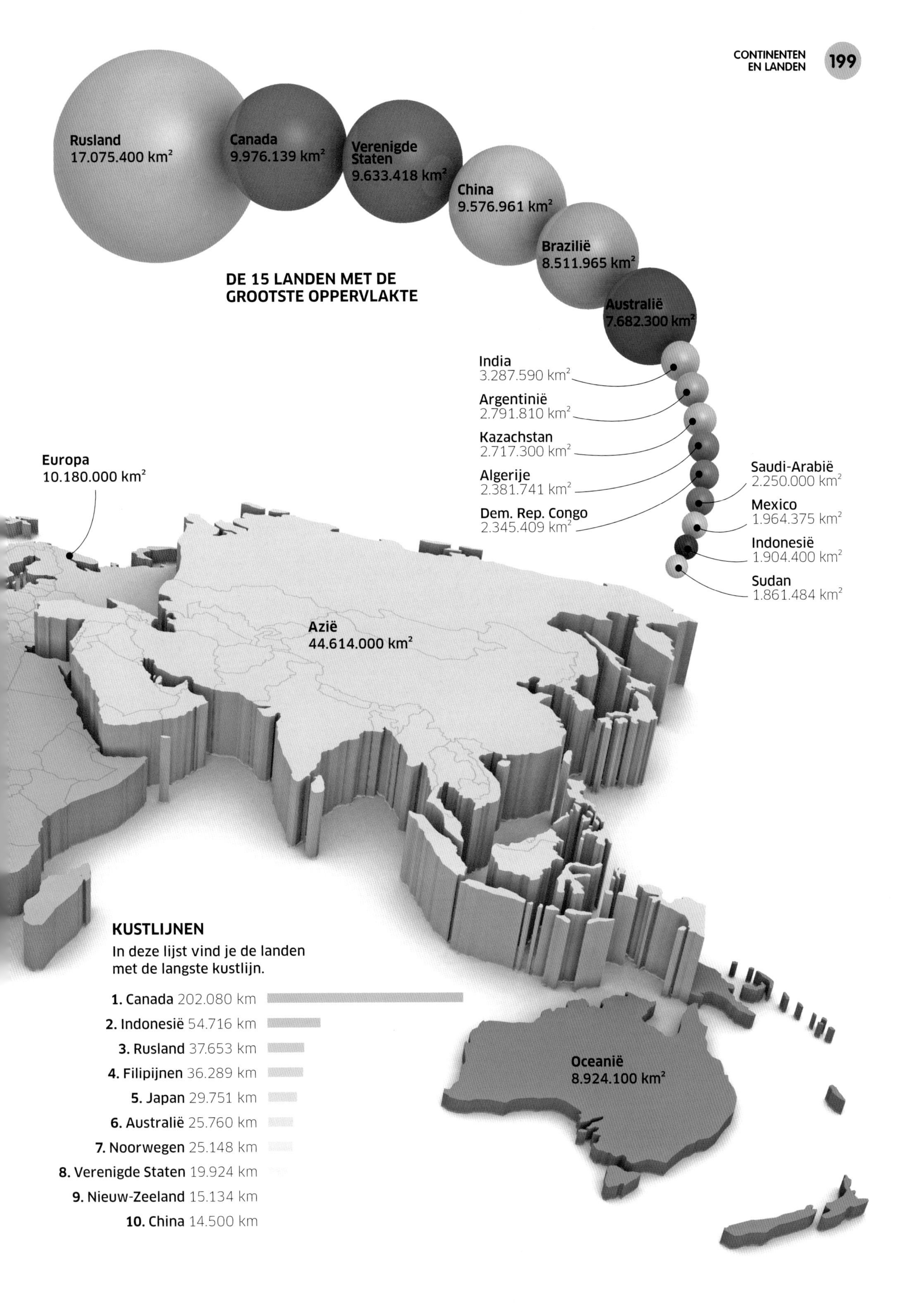

KUSTLIJNEN

In deze lijst vind je de landen met de langste kustlijn.

1. **Canada** 202.080 km
2. **Indonesië** 54.716 km
3. **Rusland** 37.653 km
4. **Filipijnen** 36.289 km
5. **Japan** 29.751 km
6. **Australië** 25.760 km
7. **Noorwegen** 25.148 km
8. **Verenigde Staten** 19.924 km
9. **Nieuw-Zeeland** 15.134 km
10. **China** 14.500 km

KLIMAATZONES

De wereld kan worden verdeeld in verschillende klimaatzones. Dit zijn gebieden met overal ongeveer dezelfde temperatuur, luchtdruk, hoeveelheid regen en andere neerslag en luchtvochtigheid.

KLIMAATZONES

- Regenwoud
- Savanne
- Steppe
- Woestijn
- Vochtig gematigd (droog seizoen)
- Gematigd vochtig
- Gematigd
- Bergklimaat
- Landklimaat
- Toendra
- Sneeuwklimaat
- Poolklimaat
- Hooggebergte

IJskap

HUDSON-BAAI

Gematigd

Rocky Mountains

NOORD-AMERIKA

Appalachen

ATLANTISCHE OCEAAN

MIDDEN-AMERIKA EN DE CARIBEN

Gematigd klimaat

Bij een gematigd klimaat zijn de temperaturen en neerslag het hele jaar door gematigd. De winters zijn zacht met lange perioden zonder vorst. De gematigde regio's zijn ideaal voor de meeste soorten landbouw.

GROTE OCEAAN

Amazonebekken

ZUID-AMERIKA

Andes

Pampas

Patagonië

Jungle

Tropisch klimaat

In tropische gebieden zijn de temperaturen het hele jaar door hoog en komen zware regens voor. Ongeveer de helft van de wereldbevolking woont in een tropisch klimaat. In deze gebieden is de begroeiing heel welig en is het heel vochtig door regenval en doordat planten water verdampen.

Extreme temperaturen

De hoogste temperatuur werd gemeten in 1922 in Libië: 57,8 °C. De laagste temperatuur werd geregistreerd in 1983 in het Vostokstation in Antarctica (-89,2 °C). Het gebied Marble Bar in West-Australië heeft een constant hoge temperatuur. Van 7 oktober 1923 tot 31 april 1924 kwam de temperatuur nooit lager dan 37,8 °C .

Landklimaat

Karakteristiek voor deze gebieden zijn zeer koude winters waarin het regelmatig vriest. Omdat de gemiddelde temperatuur zo laag is, vind je hier heel weinig landbouw en is het landschap grotendeels bedekt met natuurlijke begroeiing.

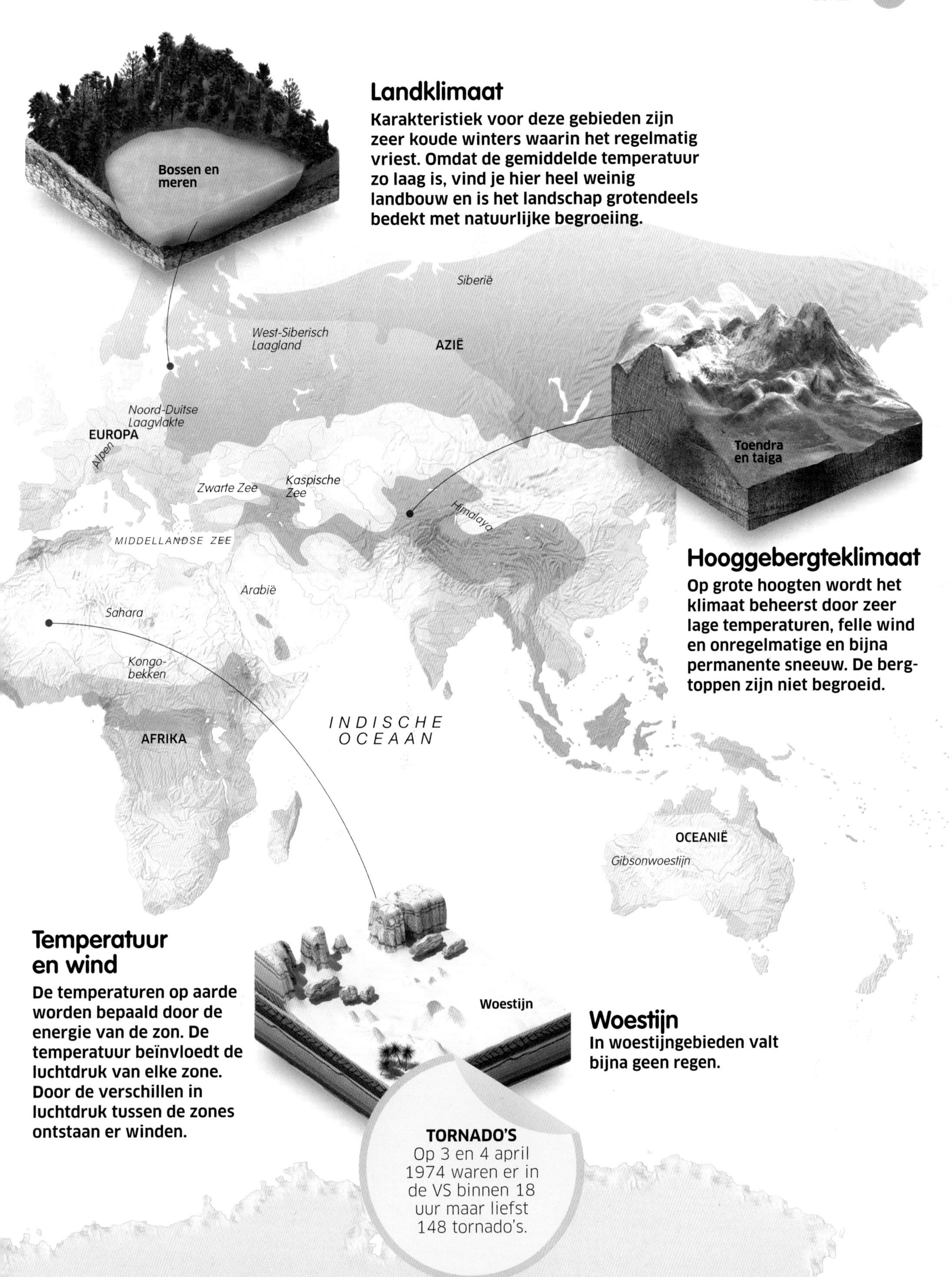

Hooggebergteklimaat

Op grote hoogten wordt het klimaat beheerst door zeer lage temperaturen, felle wind en onregelmatige en bijna permanente sneeuw. De bergtoppen zijn niet begroeid.

Temperatuur en wind

De temperaturen op aarde worden bepaald door de energie van de zon. De temperatuur beïnvloedt de luchtdruk van elke zone. Door de verschillen in luchtdruk tussen de zones ontstaan er winden.

Woestijn

In woestijngebieden valt bijna geen regen.

TORNADO'S
Op 3 en 4 april 1974 waren er in de VS binnen 18 uur maar liefst 148 tornado's.

OVERBEVOLKING

Als de wereldbevolking nog verder blijft groeien, wordt de vraag naar basisbehoeften steeds groter. De verschillen tussen de levensstandaard van de economisch meest ontwikkelde en minst ontwikkelde landen blijven groot, omdat in arme landen de bevolking nog sterker zal toenemen.

Japan
Propvolle straten in Tokyo.

VERSCHILLENDE WAARDEN

Levensverwachting

Dit is het gemiddelde aantal jaren dat iemand naar verwachting zal leven. In Europa was de gemiddelde levensverwachting in de Romeinse tijd 25 jaar. In 1900 werden mensen over de hele wereld gemiddeld 50 jaar. Dankzij de vele verbeteringen van de medicijnen is de gemiddelde levensverwachting tegenwoordig 67 jaar. Maar er zijn wel grote verschillen tussen de levensverwachting van rijke en arme mensen.

Een wereld van verschil

Levensverwachting in sommige landen

LAND	LEEFTIJD
JAPAN	82
NEDERLAND	81
VERENIGDE STATEN	78
ARGENTINIË	75
VENEZUELA	73
MONGOLIË	67
NIGERIA	47

DE TOEKOMST
De Verenigde Naties voorspelt dat er in 2050 9,1 miljard mensen op aarde leven.

Azië aan kop

Oost-Azië heeft de hoogste concentratie mensen ter wereld.

Overbevolking

In Kolkata, een grote stad in India, wonen bijna 17 miljoen mensen. Dat is nog meer dan in heel Nederland. Problemen als armoede, watervervuiling, verkeer en lawaai zijn enorm.

Oplossingen

Voor problemen zoals tekort aan voedsel, water en energie – en onvoldoende gezondheidszorg en onderwijs – moeten oplossingen worden gevonden om de almaar groeiende wereldbevolking te helpen.

LANDEN MET DE MEESTE MENSEN

Twee derde van de wereldbevolking leeft in slechts zestien landen.

STEDELIJKE GEOGRAFIE

Enorme stad

Een agglomeratie ontstaat door de uitbreiding van een centrale stad. Omliggende dorpen en stadjes worden opgeslokt door de centrale stad, zodat je een groot stedelijk gebied krijgt.

AGGLOMERATIES	MENSEN
Tokyo, Japan	38.000.000
Guangzhou, China	24.500.000
Seoul, Zuid-Korea	24.200.000
Mexico-Stad, Mexico	23.400.000
Delhi, India	23.200.000

LANDBOUW

De productie van genetisch gemodificeerde gewassen neemt toe. Wetenschappers geloven dat genetische modificatie (GM) gewassen kan verbeteren en de kosten en de gebruikte hoeveelheid chemicaliën kan verlagen. Sommige milieudeskundigen waarschuwen dat er te weinig bekend is over het effect van GM-gewassen op het milieu en op de consumenten.

GEEN GRENZEN
De productie van GM-gewassen heeft invloed gehad op zowel geïndustrialiseerde als ontwikkelingslanden.

Landen met GM-gewassen

Op deze kaart zie je de verspreiding van genetisch gemodificeerde gewassen in 2010, in miljoenen hectaren (ha).

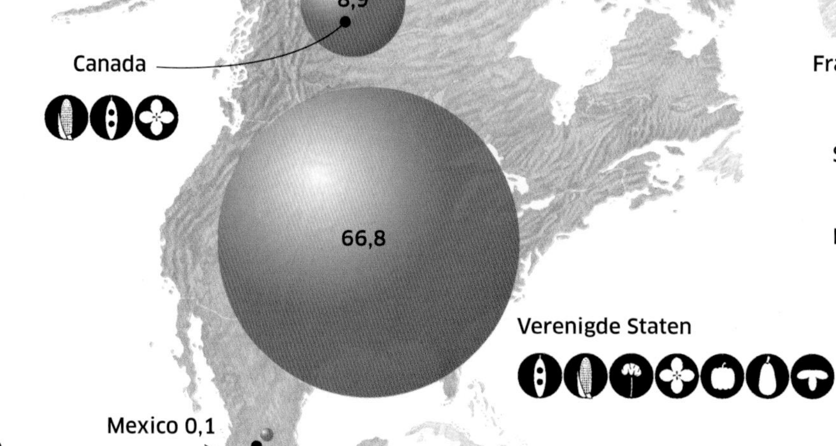

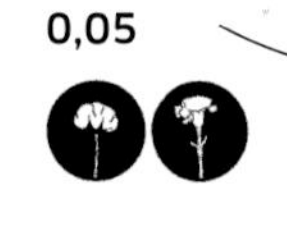

90

Het percentage van alle GM-gewassen die in Argentinië, Brazilië, de VS en Canada worden verbouwd.

PERCENTAGE LANDBOUWGEBIED IN ARGENTINIË

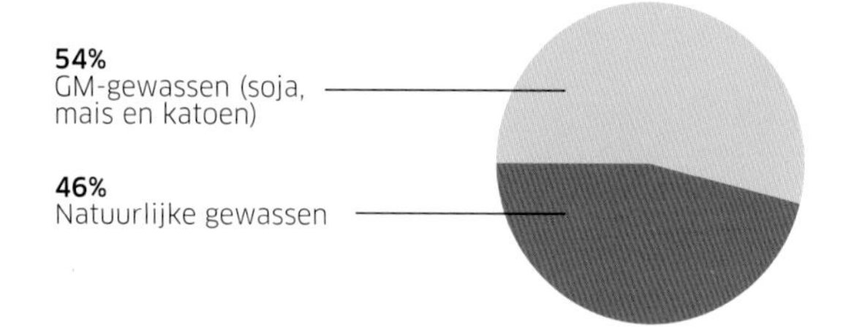

VERBOUW VAN NATUURLIJKE EN GENETISCH GEMODIFICEERDE SOJA EN KATOEN OP DE WERELD

Soja

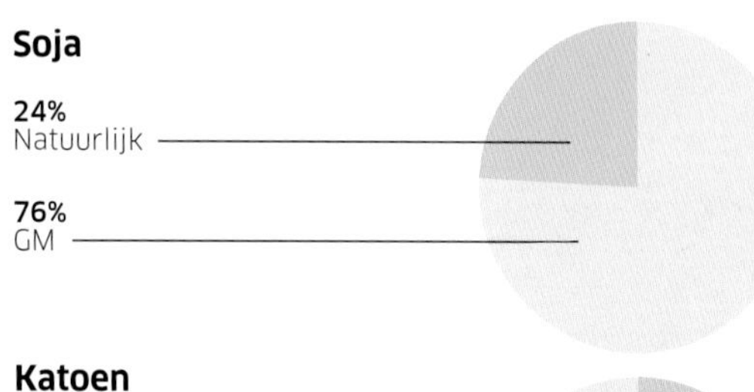

Katoen

62%
GM

38%
Natuurlijk

TOP-PRODUCENTEN VAN TARWE
In miljoenen ton per jaar

1. China 112
2. India 79
3. VS 68
4. Rusland 64
5. Frankrijk 39
6. Canada 29
7. Duitsland 26
8. Oekraïne 26
9. Australië 21
10. Pakistan 21

TOP-PRODUCENTEN VAN AARDAPPELS
In miljoenen ton per jaar

1. China 72
2. Rusland 36
3. India 26
4. VS 20
5. Oekraïne 19
6. Polen 11
7. Duitsland 11
8. Wit-Rusland 8
9. Nederland 7
10. Frankrijk 6

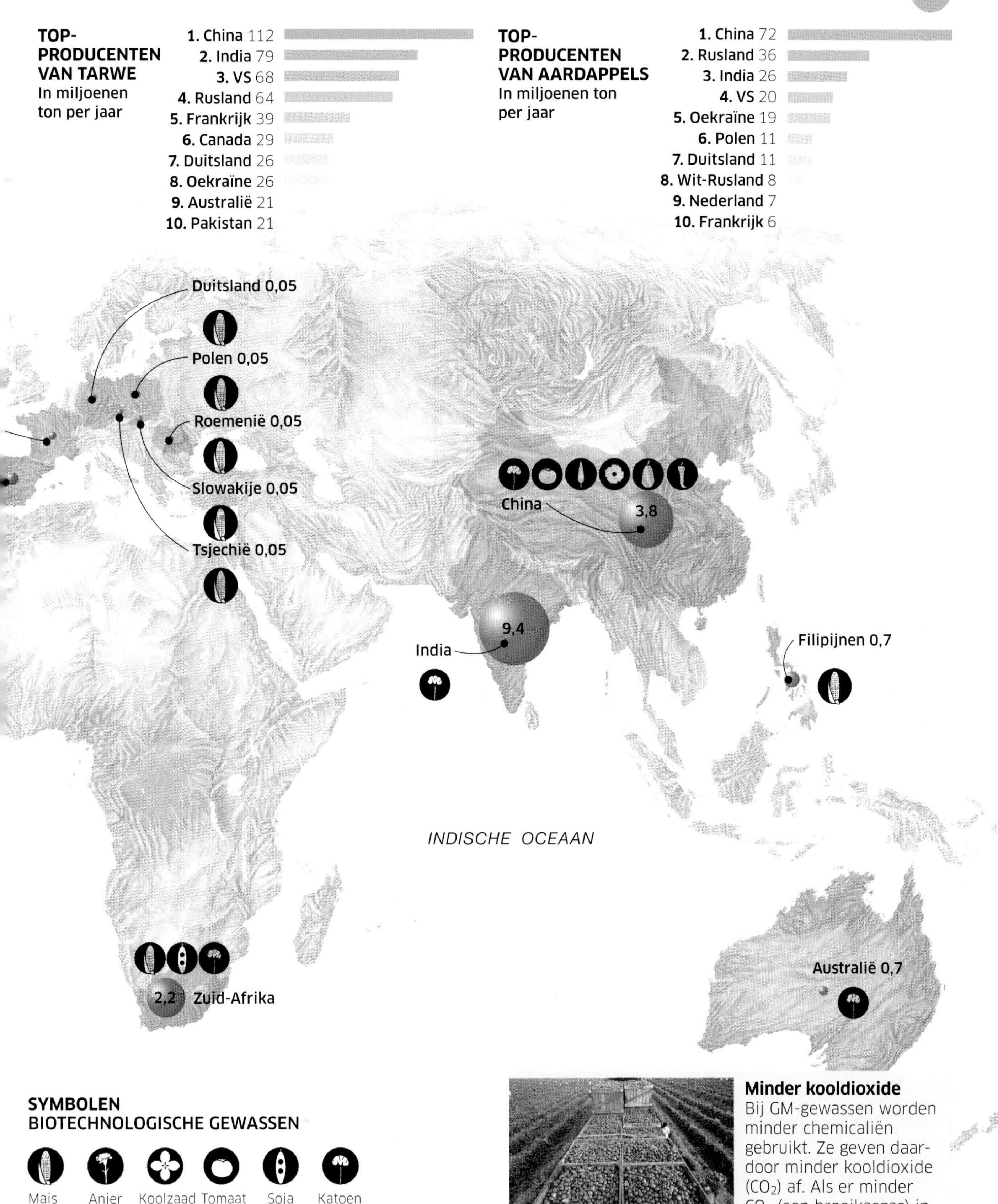

SYMBOLEN BIOTECHNOLOGISCHE GEWASSEN

Mais, Anjer, Koolzaad, Tomaat, Soja, Katoen, Populier, Petunia, Alfalfa, Pompoen, Papaja, Peper

Minder kooldioxide
Bij GM-gewassen worden minder chemicaliën gebruikt. Ze geven daardoor minder kooldioxide (CO_2) af. Als er minder CO_2 (een broeikasgas) in de atmosfeer zit, is het broeikaseffect kleiner.

VISSERIJ

De Voedsel- en Landbouworganisatie van de Verenigde Naties (FAO) schreef in haar rapport over de visserij dat 19 procent van de visgebieden in de wereld wordt overbevist en dat 8 procent is uitgeput. Hoewel de situatie sinds 2000 stabiel is gebleven, zal overbevissing uiteindelijk ernstige gevolgen hebben op de voedselvoorziening in de wereld.

Vis moet zwemmen

De zeeën en oceanen leveren 90 procent van alle vis die wordt gevangen. De overige 10 procent komt uit zoetwaterbronnen. De milieuorganisatie Greenpeace wil dat er een wet komt die 40 procent van de oceanen beschermt tegen overbevissing.

Hongerige oceanen

Door de overbevissing van ansjovis en makreel hebben de natuurlijke vijanden van deze twee vissoorten steeds minder te eten. Dit heeft gevolgen gehad voor zowel het aantal dolfijnen als tonijnen.

Garnalenteelt

De wereldproductie van garnalen blijft gelijk dankzij garnalenkwekerijen. India, China, de Verenigde Staten Thailand, Indonesië, Mexico, Maleisië, Japan, Vietnam en Brazilië zijn de landen met de meeste garnalenkwekerijen.

BELANGRIJKE EXPORTEURS (2008)
Dit zijn de jaarcijfers van de belangrijkste vis-exporterende landen, in miljoenen dollars.

1. China 10,1
2. Noorwegen 6,9
3. Thailand 6,5
4. Denemarken 4,6
5. Vietnam 4,5
6. VS 4,5

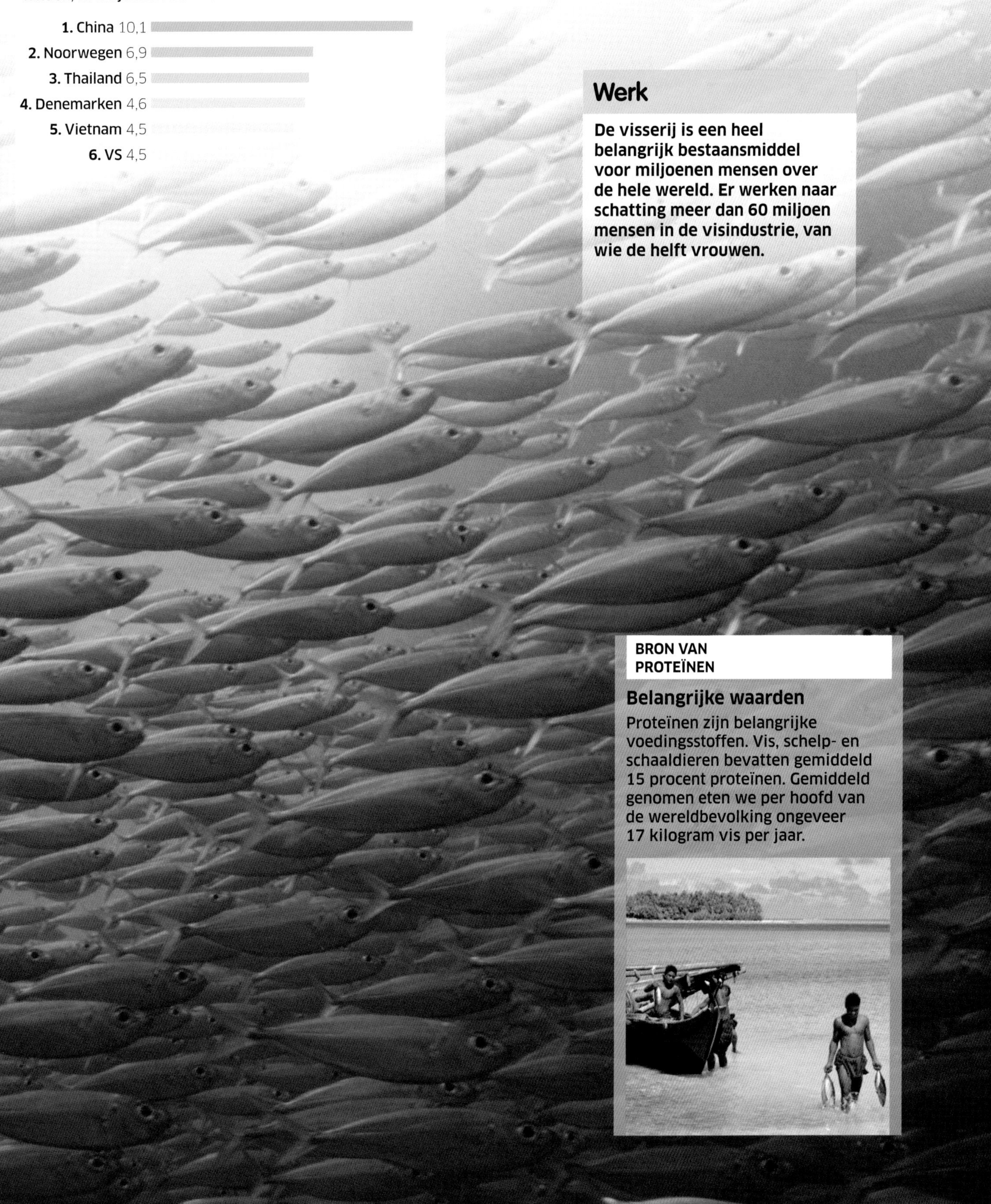

Werk

De visserij is een heel belangrijk bestaansmiddel voor miljoenen mensen over de hele wereld. Er werken naar schatting meer dan 60 miljoen mensen in de visindustrie, van wie de helft vrouwen.

BRON VAN PROTEÏNEN

Belangrijke waarden

Proteïnen zijn belangrijke voedingsstoffen. Vis, schelp- en schaaldieren bevatten gemiddeld 15 procent proteïnen. Gemiddeld genomen eten we per hoofd van de wereldbevolking ongeveer 17 kilogram vis per jaar.

VEETEELT

Veeteelt is een belangrijk bestaansmiddel en geeft een goed beeld hoe de economie van een land er voorstaat. Van vee worden vlees en andere producten gemaakt, zoals leer en wol. In economisch minder ontwikkelde landen worden dieren ook gebruikt om landbouwmachines voort te trekken en als vervoermiddel.

ONTBOSSING
Ongeveer 80 procent van het Braziliaanse Amazoneregenwoud is ontbost om er vee te laten grazen.

BESCHERMING
GEZONDHEID

Gezondheidsproblemen

Volgens de FAO is het risico dat dieren ziekten overdragen op mensen groter geworden, omdat er tegenwoordig meer dieren worden gefokt. Een van de ziekten is influenza A.

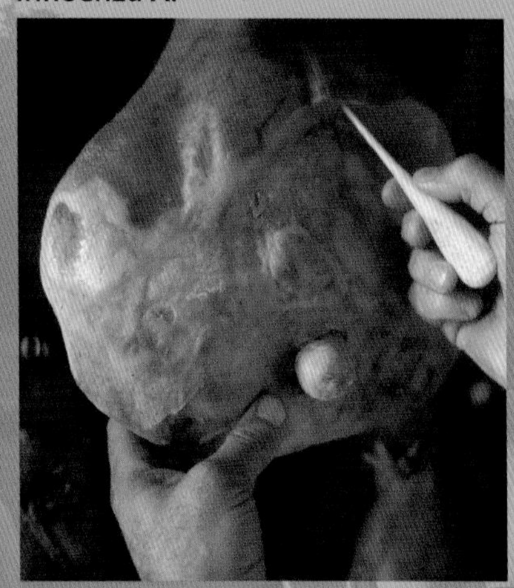

Zuivelproducenten

Deze grafiek laat zien welke landen de belangrijkste zuivelproducenten zijn. De consumptie van zuivelproducten verschilt sterk over de hele wereld en hangt af van de eetgewoonten en welvaart van de bevolking.

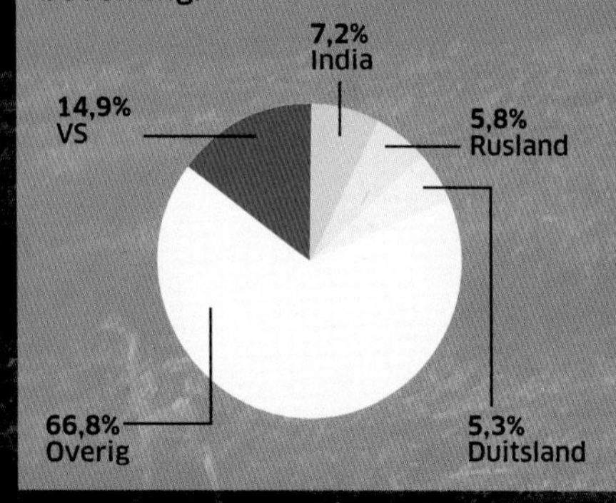

Vleesproducenten

Er zijn ongeveer 1300 miljoen dieren in de wereld die als vee worden gehouden. In landen als de Verenigde Staten, Brazilië en China liggen grote gebieden vruchtbaar land die voor veeteelt worden gebruikt.

Pluimvee

Volgens de FAO is de consumptie van pluimveeproducten in economisch minder ontwikkelde landen de laatste tien jaar gestegen met 5,8 procent per jaar.

PRODUCTIE VAN PLUIMVEE (in miljoenen kilogram)

1. VS	19.691
2. China	15.052
3. Brazilië	9225
4. Mexico	2585
5. India	2313

Vleesproductie

Omdat de wereldbevolking groeit, is er een toenemende vraag naar vleesproducten in economisch minder ontwikkelde landen. Volgens de FAO zal de vleesproductie stijgen van 278 miljoen ton per jaar naar 463 miljoen ton in 2050.

VLEES OF VEGETARISME

Vleesvervangers

Vegetariërs eten in plaats van vlees vleesvervangers, zoals tofu. Zij doen dat omdat ze geen dieren willen eten. Veeteelt heeft bovendien als nadeel dat het veel gebied in beslag neemt waar voedingsgewassen voor mensen verbouwd zouden kunnen worden.

VLEESCONSUMPTIE

Varken **40%** Pluimvee **29%**

Rund **26%** Lam **5%**

PER PERSOON PER DAG

PLAATS	GRAM
Ontwikkelde landen	224
Latijns-Amerika	147
Verre Oosten en Zuid-Azië	112
Midden-Oosten	54
Ontwikkelingslanden	47
Afrika	31

EEN DORSTIGE WERELD

Volgens de Wereldgezondheidsorganisatie hebben ongeveer 900 miljoen mensen ter wereld een tekort aan veilig drinkwater. Daarnaast hebben nog eens 2,5 miljard mensen, ruim een derde van de wereldbevolking, geen goede sanitaire voorzieningen. In sommige landen is het water zo schaars dat er geen druppel wordt verspild: het water waarin de baby wordt gebaad, wordt ook gebruikt om kleren te wassen of de keuken mee schoon te maken.

RECHTEN
Milieuorganisaties vinden dat water niet zomaar een product is, maar een basisrecht van ieder mens.

Waterverbruik door mensen

Op deze kaart kun je zien dat de hoeveelheid water die bedoeld is voor menselijke consumptie veel kleiner is dan de hoeveelheid die in de landbouw en industrie wordt gebruikt.

BELANGRIJKSTE VERBRUIKERS VAN WATER

- Industrie
- Industrie en landbouw
- Industrie plus veel huishoudelijk gebruik
- Huishoudelijk gebruik
- Huishoudelijk gebruik en landbouw
- Landbouw plus veel huishoudelijk gebruik
- Landbouw
- Landbouw plus veel industrieel gebruik
- Landbouw plus een klein deel industrieel gebruik
- Geen gegevens

Watertekorten

In veel Afrikaanse landen moeten de mensen elke dag in de rij staan om water te krijgen. Elk jaar sterven 1,5 miljoen kinderen aan diarree en uitdroging die voorkomen hadden kunnen worden als ze de beschikking hadden gehad over schoon drinkwater.

Gezondheid

Men heeft berekend dat ieder mens dagelijks ongeveer 20 tot 50 liter schoon, niet-verontreinigd water nodig heeft om in al zijn basisbehoeften te kunnen voorzien, zoals wassen, drinken, koken en schoonmaken.

13

Het percentage mensen in Afghanistan dat over veilig water kan beschikken.

Rol van de vrouw

Vrouwen spelen een centrale rol bij het huishoudelijk gebruik van water, omdat het vaak vrouwen zijn die koken, voor de kinderen zorgen, afwassen, kleding wassen en het huis schoonmaken. Op plekken zonder stromend water zijn het meestal de vrouwen die een eind moeten lopen om water te halen. Toch worden vrouwen er vaak niet bij betrokken als er beslissingen worden genomen over de aanleg en het beheer van watervoorzieningen.

OLIE

De rijkste landen ter wereld zijn afhankelijk van aardolie, omdat het hun belangrijkste energiebron is. Maar oliereserves raken uitgeput. De prijs van aardolie is daarom gestegen en dat heeft invloed op de economie overal ter wereld.

MINDER OLIE
De hoeveelheden aardolie en -gas (dat ook in olievelden wordt gevonden) worden de komende tien jaar steeds kleiner.

Kaart van het verbruik en de productie van olie

Op deze kaart zie je welke landen de meeste olie verbruiken en produceren. In een rode bol lees je de hoeveelheid die elke dag wordt verbruikt en in een blauwe de hoeveelheid die dagelijks wordt geproduceerd. De hoeveelheden staan aangegeven in miljoenen vaten (een vat is gelijk aan 159 liter olie).

De grootste verbruikers
Wereldwijd worden er ongeveer 85 miljoen vaten olie per dag verbruikt. De grootste verbruiker is de Verenigde Staten.

De grootste producenten
Saudi-Arabië, Rusland en de Verenigde Staten zijn de grootste olieproducenten.

Belangrijkste olieroutes

Andere scheepvaartroutes

Canada
2264 3288

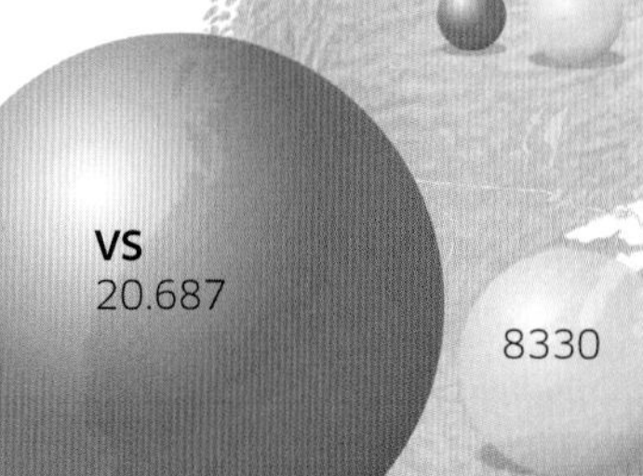

VS
20.687
8330

Mexico
1997 3707

ATLANTISCHE OCEAAN

GROTE OCEAAN

Venezuela
2803

Brazilië
2217

70

Het percentage olie dat in de Verenigde Staten wordt gebruikt als brandstof voor vervoer.

TOEPASSINGEN VAN OLIE

Brandstof
Zo'n 95 procent van de vervoermiddelen op de wereld gebruikt brandstoffen die van olie zijn gemaakt. Daarom wordt het transport van goederen duurder als de olieprijs stijgt.

Elektriciteit maken
Een groot deel van de elektriciteit wordt gemaakt in centrales die op olie of gas draaien. Deze moeten worden vervangen door centrales die andere energiebronnen gebruiken.

Stijgende olieprijzen

Enkele redenen voor de stijging van de olieprijs:
1. De vraag naar olie is gestegen in groeiende economieën, zoals India en China.
2. De hoeveelheid olie in de huidige olievelden daalt en verbruikers van olie hebben tot nu toe nog geen nieuwe oliebronnen ontdekt.

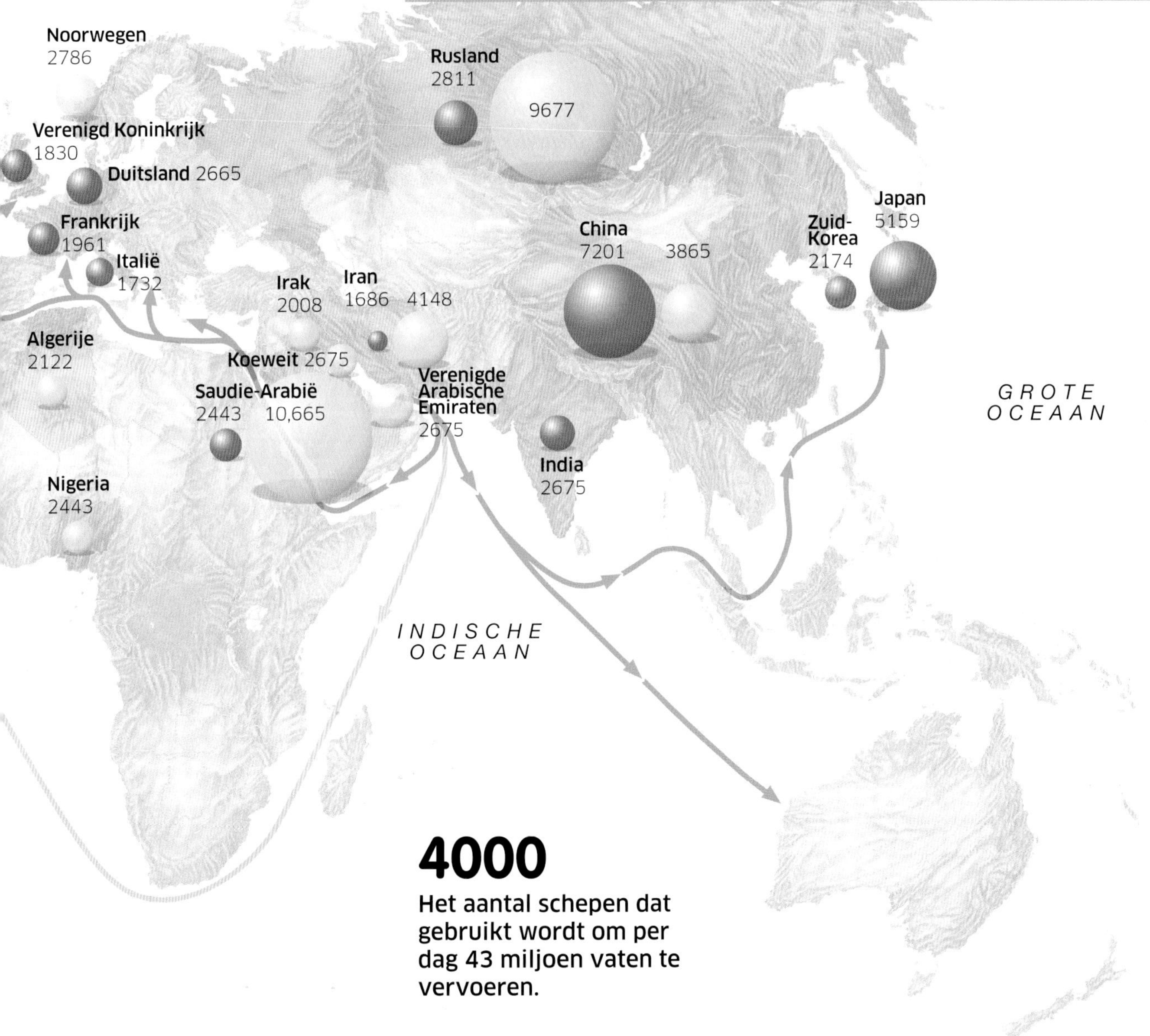

4000

Het aantal schepen dat gebruikt wordt om per dag 43 miljoen vaten te vervoeren.

Plastic

Veel producten zijn van plastic. Plastic wordt gedeeltelijk van olie gemaakt. Wetenschappers zijn nu op zoek naar andere materialen die in plaats van plastic kunnen worden gebruikt.

Andere toepassingen

In veel dingen is olie verwerkt, zoals verf, kunstmest en asfalt (links, voor wegen). De stijging van de olieprijs heeft een effect op enorm veel producten die we gebruiken.

VERLICHTING VAN DE PLANEET

Vanuit de ruimte is goed te zien dat de aarde op grote schaal wordt verlicht met elektriciteit. Het opwekken van elektriciteit door het verbranden van fossiele brandstoffen (steenkool, olie en gas) heeft ernstige gevolgen voor het milieu. Daarom worden er nieuwe technologieën getest en alternatieve energiebronnen gezocht.

GEEN STERREN
In veel steden zijn de sterren 's nachts niet zichtbaar door de weerschijn van de elektrische lampen.

Verlichting 's nachts

Als de avond valt, wordt het zonlicht in veel bewoonde gebieden vervangen door elektrisch licht tot de zon weer opkomt.

Londen, VK
Parijs, Frankrijk
Madrid, Spanje
New York, VS
Los Angeles, VS
Miami, VS
Caracas, Venezuela
Rio de Janeiro, Brazilië
São Paulo, Brazilië
Buenos Aires, Argentinië

ELEKTRICITEIT MAKEN

Elektriciteit moet worden opgewekt. Hiervoor kunnen verschillende bronnen worden gebruikt. De meeste daarvan (waaronder steenkool, olie en gas) zorgen voor veel vervuiling en/of een grotere uitstoot van kooldioxide (CO_2).

Olie (5,8%)
Verantwoordelijk voor 38 procent van de CO_2-uitstoot in de atmosfeer.

Overig (2,3%)
Dit zijn schone en duurzame bronnen, zoals zonne-, wind- en geothermische energie (aardwarmte) en biomassa.

Kernenergie (14,8%)
Schoon en vrijwel duurzaam. Nadelen zijn het radioactieve afval en de kans op ongelukken.

Steenkool (41%)
De meest vervuilende energiebron en verantwoordelijk voor 42 procent van de CO_2-uitstoot in de atmosfeer.

Waterkracht (16%)
Schoon en duurzaam, maar het afdammen van rivieren leidt tot ecologische problemen en dwingt bewoners te verhuizen.

Gas (20,1%)
Verantwoordelijk voor 19 procent van de CO_2-uitstoot in de atmosfeer.

65
Het percentage mensen dat onder een elektrisch verlichte hemel woont.

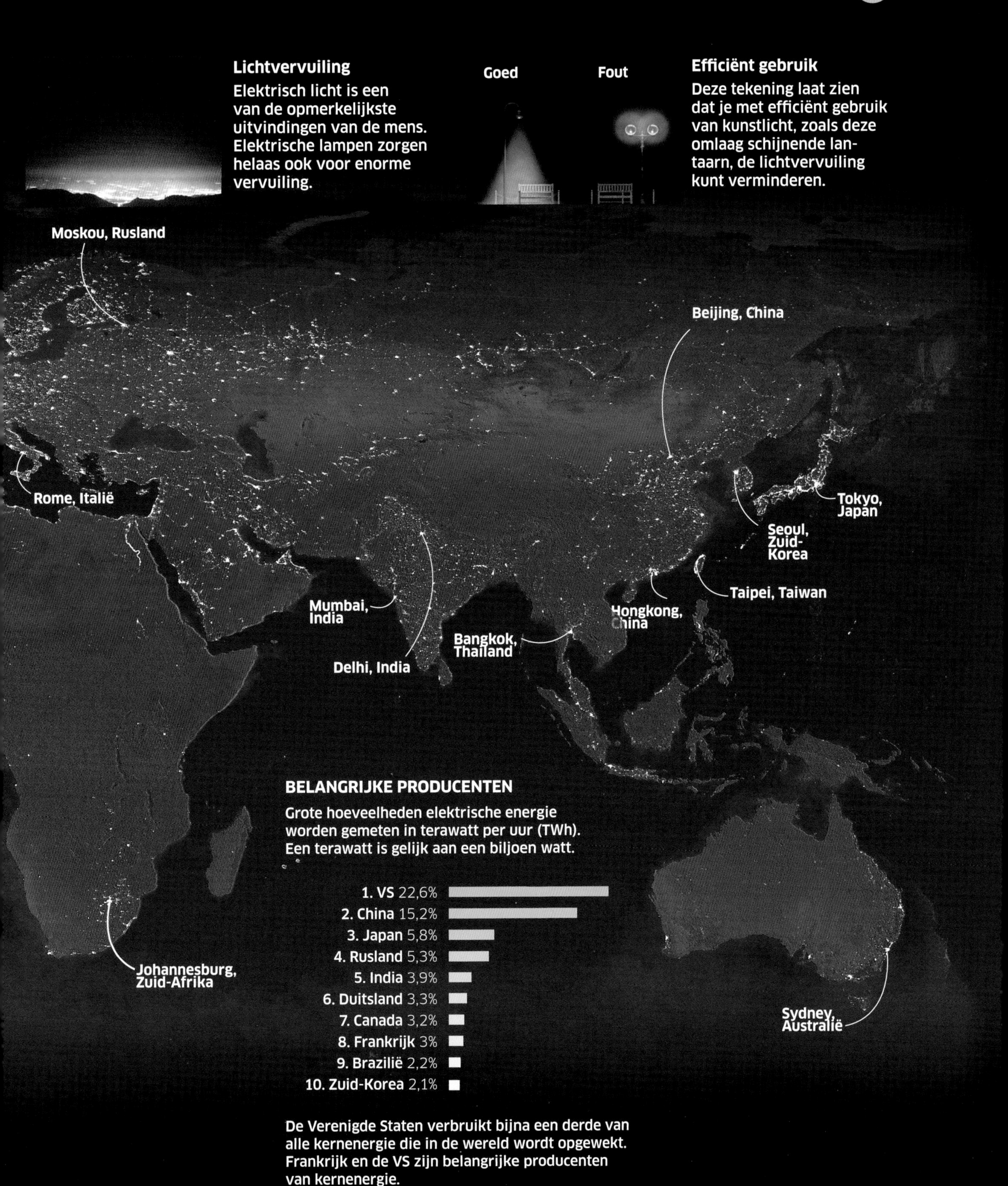

Lichtvervuiling

Elektrisch licht is een van de opmerkelijkste uitvindingen van de mens. Elektrische lampen zorgen helaas ook voor enorme vervuiling.

Efficiënt gebruik

Deze tekening laat zien dat je met efficiënt gebruik van kunstlicht, zoals deze omlaag schijnende lantaarn, de lichtvervuiling kunt verminderen.

BELANGRIJKE PRODUCENTEN

Grote hoeveelheden elektrische energie worden gemeten in terawatt per uur (TWh). Een terawatt is gelijk aan een biljoen watt.

De Verenigde Staten verbruikt bijna een derde van alle kernenergie die in de wereld wordt opgewekt. Frankrijk en de VS zijn belangrijke producenten van kernenergie.

COMMUNICATIE

Volgens recent onderzoek maakt ongeveer een op de drie mensen op de wereld gebruik van internet. Dankzij internet is het proces van de globalisering enorm versneld.

FACEBOOK
In 2012 waren er wereldwijd 1 miljard Facebook-gebruikers.

Gebruik van het netwerk

Van alle mensen op de wereld heeft 32 procent toegang tot internet. Dit percentage verschilt echter sterk per land. In de dichtstbevolkte landen, met ten minste een redelijk mate van ontwikkeling, is de toegang het grootst.

INTERNETGEBRUIKERS, IN MILJOENEN

- Meer dan 100
- 50-100
- 20-50
- 10-20
- 5-10
- 2-5
- 1-2
- 0,5-1
- 0,1-0,5
- 0,01-0,1
- Minder dan 0,01

OP 1000 INTERNETGEBRUIKERS...

Chinezen	203
Amerikanen	144
Japanners	56
Indiërs	49
Brazilianen	40
Duitsers	33
Fransen	25
Russen	23
Koreanen	22
Andere nationaliteiten	405

2011

In dat jaar waren er volgens de Internet World Stats (IWS) 2000 miljoen internetgebruikers.

IS HET ENGELS DE TAAL VAN INTERNET?

Het Engels lijkt misschien de 'officiële taal' op internet, maar dat is niet zo. Het Engels is wel de taal die het meest wordt gebruikt. Toch is maar 31,2 procent van het totaal aantal websites in het Engels. Op de tweede plaats staan de sites in het Chinees (15,7 procent), gevolgd door die in het Spaans (8,7 procent).

De talen op internet (in miljoenen gebruikers, 2010)

Engels	536
Chinees	444
Spaans	153
Japans	99
Frans	82
Portugees	75
Duits	75
Arabisch	65
Russisch	59
Koreaans	39
Andere talen	350

Binnen seconden

Informatie verspreidt zich over internet opgedeeld in datapakketjes die binnen enkele seconden de wereld rondgaan.

BEGRIPPENLIJST

AASETERS
Dieren die leven van dode dieren, plantenmateriaal of afval, zoals hyena's en gieren.

AGGLOMERATIE
Groot stedelijk gebied waarin verschillende stadjes overgaan in de buitenwijken van een centrale grote stad.

AKOESTIEK
De eigenschappen van een ruimte of gebouw die bepalen hoe geluid daarin wordt verbreid en voortgeplant.

AMFITHEATER
Open, rond of ovaal gebouw met oplopende rijen zitplaatsen om een middenruimte, gebruikt voor evenementen als toneel of sport.

ANIMISME
Godsdienstige overtuiging dat alles op aarde is bezield door geesten.

ANTROPOLOOG
Iemand die de verschillen tussen beschavingen bestudeert.

ASTRONOMISCHE KLOK
Klok die de stand van de zon, maan, planeten en grote sterrenstelsels aangeeft.

BAUXIET
Aardachtig gesteente waaruit aluminium wordt gewonnen.

BIODIVERSITEIT
De verscheidenheid aan planten- en dierenleven op een bepaalde plaats.

BIOTECHNOLOGIE
Technieken om eigenschappen van planten en dieren te veranderen (zie ook genetisch gemodificeerd).

BUIDELDIER
Zoogdier, meestal uit Australië, dat de jongen in een buidel op de buik van de moeder draagt.

CARNIVOREN
Dieren die uitsluitend vlees eten.

CONTINENTVERSCHUIVING
Uiterst langzame beweging van de continenten over het aardoppervlak.

CREMEREN
Een dode verbranden.

DEHYDRATIE
Uitdroging door verlies van water. Je krijgt er een droge, mond van en kunt slecht slapen, daarna moet je overgeven en uiteindelijk kun je doodgaan.

DUURZAME ENERGIE
Energie van een bron die nooit uitgeput raakt, zoals de zon of de wind.

EROSIE
Geleidelijk afslijten door water, wind en ijs.

EUROPESE UNIE (EU)
Economisch en politiek verbond van 27 landen binnen Europa.

EXPEDITIE
Reis van een groep mensen om een nieuw gebied te ontdekken of te verkennen.

FARAO
Heerser over het oude Egypte.

FAUNA
Dieren.

FLORA
Planten.

FOSSIEL
Overblijfsel of afdruk van oude levensvormen in gesteenten.

GENETISCH GEMODIFICEERD
Dat een plant of dier zo door wetenschappers is veranderd dat het bepaalde gewenste kenmerken heeft. Zo worden gewassen behandeld zodat ze minder snel ziek worden.

GLETSJER
Langzaam bewegende massa of rivier van ijs.

HERBIVOREN
Dieren die uitsluitend planten eten, zoals olifanten en giraffen.

HIV
Afkorting voor humaan immunodeficiëntievirus. Van dit virus kun je aids krijgen, een dodelijke ziekte.

HYDRAULISCH
Dat iets aangedreven wordt door een vloeistof onder grote druk.

IMMIGRANT
Iemand die verhuisd is naar het ene land uit een ander land.

IMPORTEREN
Goederen in een land invoeren.

INDUSTRIALISEREN
Op grote schaal industrie ontwikkelen.

INSCRIPTIES
Dingen die op een monument 'geschreven' zijn.

IJSBERG
Grote drijvende ijsmassa die naar zee is afgedreven.

IJSKAP
Dek van ijs over een groot gebied, meestal aan de polen.

JAGER-VERZAMELAAR
Iemand die leeft van jagen, vissen en het zoeken van voedsel in het wild.

KALKSTEEN
Vrij zacht gesteente dat veel in de bouw wordt gebruikt.

KERNENERGIE
Elektriciteit die wordt opgewekt in een kernreactor.

KOOLDIOXIDE
Kleurloos gas in de dampkring dat vrijkomt bij verbranding.

KOSMOPOLITISCH
Dat de mensen op een bepaalde plek, bijvoorbeeld een stad, tot veel verschillende culturen behoren.

LAVA
Heet gesmolten of halfvloeibaar gesteente dat afkomstig is uit een uitgebarsten vulkaan.

LAWINE
Grote hoeveelheden sneeuw, ijs en stenen die heel snel en met grote kracht van een berg rollen.

MAANKALENDER
Kalender die gebaseerd is op de schijngestalten van de maan.

MAUSOLEUM
Groot gebouw voor een of meer praalgraven.

MIGRATIE
Van het ene land of gebied naar het andere verhuizen.

MODDERSTROOM
Massa modder die met grote snelheid naar beneden glijdt en een aardverschuiving veroorzaakt.

NACHTDIER
Dier dat 's nachts op voedsel uitgaat en overdag slaapt, zoals de uil.

NOMADEN
Mensen zonder vaste verblijfplaats die steeds verder trekken.

OPPERVLAKTESPANNING
Spanning aan de oppervlakte (rand) van een vloeistof die ervoor zorgt dat die vloeistof bij elkaar blijft. Denk aan een druppel of zeepbel.

OSMAANSE RIJK
Turks wereldrijk dat duurde van het eind van de 13de tot het begin van de 20ste eeuw.

OUTBACK
Het binnenland van Australië, waar maar heel weinig mensen wonen.

OZONLAAG
Laag gassen rond de aarde die de meeste straling van de zon absorbeert.

PAPYRUS
Waterplant waarvan in het oude Egypte papier werd gemaakt.

PERMAFROST
Dikke laag grond die het hele jaar door bevroren blijft.

PLATEAU
Vlak land, meestal hooggelegen. Ook wel: hoogvlakte.

PLATINA
Kostbaar zilverwit metaal.

PLOOIINGSGEBERGTE
Gebergte dat is ontstaan doordat twee tektonische platen werden samengedrukt.

POLYTHEÏSME
meer dan één god.

RENAISSANCE
Bloei van de Europese kunsten en literatuur van de 14de tot de 16de eeuw.

SARCOFAAG
Doodskist van steen.

SAWA
Rijstveld.

SCANDINAVIË
De drie Noord-Europese landen Noorwegen, Denemarken en Zweden.

STRATOVULKAAN
Kegelvormige vulkaan die is opgebouwd uit gestolde gesteenten die bij een eerdere uitbarsting vrijkwamen.

SYMMETRISCH
Dat iets bestaat uit precies dezelfde, elkaar spiegelende onderdelen.

TEKTONISCHE PLAAT
Stuk van de aardkorst. Ook wel: schol.

TERRASTUIN
Een tuin met verschillende niveaus of terrassen.

TITANIUM
Hard zilvergrijs metaal.

TROPISCHE STORM
Storm met onweersbuien, heel harde wind en zware regens.

UITGESTORVEN
Dat een plant of dier niet langer bestaat. De mammoet is bijvoorbeeld uitgestorven.

URANIUM
Zilverwit metaal dat gebruikt wordt voor het opwekken van kernenergie.

VERSTEDELIJKING
Proces waarbij een plek steeds meer kenmerken van een grote stad krijgt. Ook wel: urbanisatie.

VERENIGDE NATIES (VN)
Internationale organisatie van 193 landen die samenwerken op het gebied van economie, veiligheid, recht en cultuur.

VOOROUDERS
De mensen van wie iemand afstamt.

VRUCHTBAAR
Dat er goed gewassen groeien in een bepaald gebied.

ZIJRIVIER
Rivier of beek die uitmondt in een grotere rivier of meer.

ZONNE-ENERGIE
Elektriciteit die wordt opgewekt door gebruik te maken van de energie van de zon.

REGISTER

E

F

G

H

I

J

K

T

U

V

W

Y Z